JN295073

経済学叢書 Introductory

財政学入門

西村幸浩

新世社

はしがき

　財政学は，政府の経済活動に関する分析を行う，経済学の一分野である。財政は国民の日常生活にとって身近であるとともに，経済においても重要な役割を果たしている。普段使っている道路や水道，教育や保健衛生など，私たちはさまざまな公共サービスを受けている。納税は国民の重要な義務の一つであり，わが国の福祉国家としての歩みとともに，社会保険料の役割も重要となっている。

　アメリカの著名な財政学者であるスレムロッドとバキジャが，一般向けに書き下ろした書物で，「Taxing Ourselves（私たちに課税する）」というタイトルのものがある[1]。財政学を学ぶに当たっては，この姿勢は非常に重要である。予算，税制，景気対策や社会保障政策は，どこか遠くで決められている印象がないだろうか。しかし，私たちが租税という費用を支払っている以上，政府支出は，国民に対して妥当な便益をもたらすべきである。ここで，政策の執行における，費用や便益の発生についての冷静な科学的考察の基礎を与えるのが，分析ツールとしての経済学なのである。本書では，財政の現状と課題，ありうる改革案などについて考えていくために，ミクロ経済学やマクロ経済学を用いた分析を活用する。

　本書が対象とする読者は，入門レベルのミクロ経済学とマクロ経済学を学習したか，学習しつつある人たちである。事前の予備知識は一切想定していないので，経済学を忘れてしまった方や，財政への経済学的アプローチに興味のある方にも，楽しく読んでもらえることを目指した。本書の特徴は以下のとおりである。第1に，本書は，わが国が直面している経済政策課題を，読者が正しい知見と分析力でもって考察することができるようになることを目的としている。この目的のために，本書はほかの財政学のテキストよりもトピックを厳選

---

[1] Slemrod, J., and Bakija, J. (2008). *Taxing Ourselves : A Citizen's Guide to the Debate over Taxes*, 4 th ed., The MIT Press.

し，各トピックには多くのページ数を充てて，発展的議論，ケーススタディ，応用例などを豊富に掲載した。第2に，分析道具は可能な限り簡単にした。本文においては微分を一切使わず，数学は加減乗除のみを用い，また数式とリンクさせた図（グラフ）を多用して，直観的な説明を充実させた。その上で，必要な限り経済モデルを明示的に用いた分析を紹介することで，読者に長期間使っていただけるしっかりした内容のものを目指した。第3に，読者により発展的思考を啓発するための工夫をした。例えば，章末の練習問題においては，本文の内容の復習（復習問題）のみならず，発展・応用のための問題（発展問題）も用意し，また解答・解説を充実させた（練習問題の解答・解説は，新世社のウェブサイト（http://www.saiensu.co.jp/）の本書サポートページに掲載されている）。より厳密な議論や，やや難しい内容などは，脚注や，本書サポートページの補足に譲っている（なお，サポートページの閲覧に際しては，パスワード（T4p8D）の入力が必要である）。これらは，必要に応じて，飛ばしてもらっても構わないし，より上級の議論・理論にチャレンジしたい読者には，有益なガイダンスになるであろう。

　序章である第1章以降の本文は，おおまかにいって二部構成である。第2章から第6章では，政府支出と財政赤字に関する諸問題を扱い，第7章から第11章までは，租税と社会保険料負担に関するトピックを扱う。この二部構成の内容は，読者の興味などに応じて，どちらから読み始めても差し支えない。

　各章の配置や特色は，以下のとおりである。第2章では，マクロ経済学で用いられる「$IS\text{-}LM$ 分析」を学ぶ。今日のマクロ経済学のテキストでは，短期均衡を説明するモデルを，長期均衡を形成する諸要素の説明の後に行うのが通常であることを重々承知の上で，筆者がこのような構成にしたのは，以下の理由からである。まず，経済政策の効果を概観するのに便利なこのツールは，わが国の政策論議においてたびたび念頭に置かれ，また公務員試験などでも重要度が高い。また，$IS\text{-}LM$ 分析における問題点，留意点，あるいは「分析における思考をどのように発展させるべきなのか」という点に配慮された入門テキストは少ない。そこで本書では，続く第3章で，消費の意思決定に関する代替的な議論として，リカードの等価定理と恒常所得仮説について詳説する。民間

主体が現在のみならず将来の政策変化を織り込んで反応した際には，いわゆる「乗数効果」はその様相が全く異なることを示す[2]。この章で，財政政策が持つ「異時点間の資源配分問題」の側面を詳説した後に，続く第 4 章で，世代間資源配分の問題として，社会保障と財政赤字について議論する。これら 3 つの章の内容は，互いに関連しているにも関わらず，財政学のテキストでは，離れた章で扱われることが多い。本書では，ユニークな組合せによって，読者に各章を連関させた理解を促すことを目指している。第 5 章では，経済の生産性を規定するのに重要な公共投資について，わが国の地方財政制度とリンクさせて議論を進める。前半部分の最後である第 6 章では，現代のマクロ経済学に基づいた，わが国の経済問題と政策的処方を議論する。

第 7 章以降では，議論の焦点を，所得税・法人税・消費税そして社会保険料に絞り，これらの税および保険料負担に関する，理論的側面を明らかにする（第 7 章・第 8 章・第 9 章）。また，現実の制度を理解するために，私たちにとって最も身近な所得税と社会保険料がどのように決定・徴収されるのかを詳説する（第 10 章）。経済学のテキストにおいて，税の適用や徴収制度について踏み込んで紹介・議論をしたものはあまりない。所得税の制度の詳細を見ていくと，税務当局が徴収費用を減らすためにどのような制度を採用しているか，いわゆる「包括的所得税」の原則を貫徹するのがなぜ難しいのか，など，多くのことが勉強できる。これらを踏まえて，第 11 章では，税制改革における選択肢を議論する。

なお，本書で用いるデータ（図表）は，基本的に 2012 年（度）を最新のものとしたが，いくつかの図表では，財政の構造的な特徴を明らかにするために，東日本大震災以前のものを用いた。

本書で取り上げるトピックは，いずれも，わが国の経済政策論議で絶えず話題に上がっているものや，今後の緊急の政策課題である。他方，ほかの財政学のテキストで扱われる，公共財供給の理論などには，本書ではあまり多くを触れていない。これも，市場の失敗の矯正が財政の重要な原則であることを承知の上で，現代の財政の役割が，所得再分配・景気安定化・社会保障と飛躍的に

はしがき

---

[2] ケインズとリカード（ないしバロー）の考えが思想的に対置できるわけでも，*IS-LM* 分析とリカードの等価定理のみがマクロ財政政策の代表的な理論であるわけでもない。

拡大したことを反映したものである。ただし，本書を通じて，財政の資源配分機能（費用と便益の比較，受益と負担の一致など）の重要性はたびたび強調される。公共財など市場の失敗に関するトピック，および政治経済学のトピックは，本書を学んだ後で別のテキストで学んでいただきたい。

　本書は，筆者が横浜国立大学および大阪大学において担当した講義「財政学」「財政」の講義内容をもとに書き起こしたものである。本書の内容や記述については，筆者自身の講義での経験を多く反映させた。また，本書を完成させるに当たっては，多くの方々の支援をいただいた。宮崎智視准教授（神戸大学）からは，本書の企画を進めるに当たって，アドバイスと励ましをいただいた。また，塩路悦朗教授（一橋大学），亀田啓悟准教授（関西学院大学），八塩裕之准教授（京都産業大学），釣　雅雄准教授（岡山大学），小川禎友教授（近畿大学），齊藤　仁専任講師（神戸国際大学）には，お忙しい中，本書の構想や原稿の校正において貴重なご意見をいただいた。大阪大学の学生である蘭哲郎君，赤松礼奈さん，足立泰美さん，内田雄貴君，森田薫夫君，山田麻衣さん，和野康宏君には，文章の見直しを手伝っていただいた。最後に，本書が出版に至ったのは，企画段階から校正作業に至るまで多大なるご尽力をいただいた，新世社の御園生晴彦氏のおかげである。また校正においては，新世社の谷口雅彦氏および清水匡太氏にお世話になった。この場を借りて心より感謝を申し上げたい。

　　2013年5月

西村　幸浩

目　次

第1章　経済における財政の役割　1

1.1　経済における政府とその役割 …………………………… 1
1.2　財政制度と財政の現状 ……………………………………… 8
1.3　わが国の財政の歩み ………………………………………… 17
1.4　経済モデルの使用について ………………………………… 23
■復習問題（26）　発展問題（26）

第2章　政府支出・減税の効果Ⅰ
：ケインズ派モデルにおける総需要管理政策　27

2.1　総供給と総需要 ……………………………………………… 27
2.2　45度線分析による乗数効果 ………………………………… 31
2.3　財・貨幣市場の一般均衡における財政政策の効果 … 38
2.4　長 期 均 衡 …………………………………………………… 46
2.5　今後の議論へ向けて ………………………………………… 47
■復習問題（49）　発展問題（49）
●コラム：総供給への影響を考えた包括的考察（44）　補論：2.3節のモデルについて（47）

第3章　政府支出・減税の効果Ⅱ
：リカードの等価定理および恒常所得仮説　51

3.1　ライフサイクルモデルによる描写 ………………… 51
3.2　リカードの等価定理：導出 ………………………… 57
3.3　等価定理の妥当性 …………………………………… 61
3.4　ま　と　め …………………………………………… 69

■復習問題（74）　発展問題（74）
●コラム：貯蓄–投資バランス再考（60）　補論1：公債の負担に関する伝統的議論と等価定理（70）　補論2：効用最大化消費・貯蓄水準（72）

第4章　世代間資源配分の問題　76

4.1　公的年金と世代間公平性 ………………………………… 76
4.2　公債の持続可能性 …………………………………………… 86
4.3　補足的論点 …………………………………………………… 95
■復習問題（100）　発展問題（100）
●コラム：純債務で考える（93）

第5章　社会資本と地方財政　101

5.1　社　会　資　本 ………………………………………………… 101
5.2　地方財政（地方交付税交付金を中心として）…… 113
5.3　1990年代の地方公共投資 ………………………… 119
■復習問題（126）　発展問題（126）
●コラム：財政投融資（103）　補論：生産関数と利潤最大化（124）

第6章　マクロ経済学の新展開と財政政策のあり方　127

6.1　短期均衡と長期均衡 ……………………………………… 127
6.2　2つのタイプの不況 ……………………………………… 133
6.3　より新しいアプローチ …………………………………… 137
6.4　マクロ財政政策の評価 …………………………………… 143
■復習問題（150）　発展問題（150）
●コラム：*IS-LM*分析から現代のマクロ経済学へ（141）　補論：貨幣市場の均衡と物価（149）

第7章 租税と社会保険料：概観および原則　151

- 7.1 税制の現状 …………………………………… 151
- 7.2 税の種類 …………………………………… 158
- 7.3 課税の原則 ………………………………… 162
- ■復習問題（175）　発展問題（175）
- ●コラム：応益原則と応能原則（171）

第8章 租税の経済効果Ⅰ：物品税と生産要素課税　176

- 8.1 基本モデル：物品税 ………………………… 177
- 8.2 いくつかのポイント ………………………… 182
- 8.3 最適課税 …………………………………… 188
- 8.4 生産要素への課税 …………………………… 190
- 8.5 応用 ………………………………………… 193
- ■復習問題（200）　発展問題（200）
- ●補論：市場需要・市場供給について（199）

第9章 租税の経済効果Ⅱ：所得税　202

- 9.1 貯蓄の意思決定と租税 ……………………… 202
- 9.2 労働供給と租税（1）：消費−余暇選択 ……… 210
- 9.3 労働供給と租税（2）：より発展した分析 …… 218
- ■復習問題（225）　発展問題（225）
- ●コラム：サプライサイド経済学（221）　補論：(9.10)の証明（224）

第10章 所得税制：理念と現実，および変遷　227

- 10.1 所得税の理念と現実 ………………………… 227
- 10.2 所得税の計算と適用 ………………………… 231
- 10.3 所得税および社会保険料における諸問題 …… 238
- 10.4 所得税の変遷と今後 ………………………… 245
- ■復習問題（252）　発展問題（252）

第11章 税制改革の視点　253

11.1　基本モデル：所得税と消費税 …………………… 253
11.2　等価性：いくつかのポイント …………………… 257
11.3　税制改革の諸類型 ………………………………… 264
11.4　税制改革のステップ ……………………………… 272
■復習問題（277）　発展問題（277）

文　献　案　内 …………………………………………… 279
人　名　索　引 …………………………………………… 282
事　項　索　引 …………………………………………… 285
著　者　略　歴 …………………………………………… 292

第1章

経済における財政の役割

　財政とは，政府の経済活動を意味する。私たちは政府に対して税金や社会保険料を納め，その見返りとして公共サービスを受ける。現在の政府はどのような経済活動をしており，また，政府の存在理由および役割は何であろうか。本章ではまず，経済学的な観点からの，財政の必要理由を紹介する。

　財政を概観するために重要となるのは，中央政府・地方政府および社会保障制度といった財政制度と予算制度である。本章では，いくつかの統計数字を用いながら，公共部門の現状をみていく。この際，国際比較や歴史的経緯をともに把握するのは，次章以降の分析においても有用となる。本章の最後では，次章以降で用いる経済モデル（理論）に関する解説を行う。

1.1　経済における政府とその役割

▶国民経済における政府

　一国の経済活動は，主要な経済主体である家計・企業・政府・輸出入など海外との経済活動の4つに大別することができる。一国の経済活動を示すマクロ経済指標の体系である**国民経済計算**（System of National Accounts；SNA）においては，政府（公的部門）は図表1-1のように分類される。

　このうち「**一般政府**」とは，民間の産業活動や家計部門で供給されない公的サービスを社会に供給している主体である。立法・司法・教育・公共事業・国防・治安など，通常の民間活動では供給されないような公共サービス

■図表1-1 国民経済計算における政府

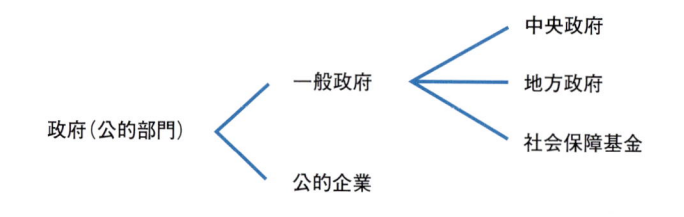

```
                              ┌── 中央政府
                   ┌─ 一般政府 ─┼── 地方政府
政府（公的部門）──┤          └── 社会保障基金
                   └─ 公的企業
```

は，**中央政府（国）**および**地方政府（都道府県・市町村）**を通じて供給され，公的年金や医療・介護などの**社会保障**に関わる財政収入や支出は，社会保障基金という統計上のカテゴリーにまとめられている。一方，**公的企業**とは，原則的に政府が所有ないし運営に関わっている公社・事業団等の非金融法人企業や，公庫等公的金融機関を指す。後述する国の特別会計の一部も，ここに含まれる[1]。

図表1-2は，民間（家計および企業）と政府の経済活動を，消費（最終消費）と投資活動（機械や装置などの設備投資，住宅投資，および政府による道路・港湾・空港整備など）に分類したものである。SNA体系における，国民経済に占める公的部門の大きさを見てみる。投資的支出（公的固定資本形成）は，1980年代・1990年代において，平均でGDPの7.5%であったものが，2001～2010年平均では5.1%と減少した。これに対して，政府最終消費支出は，1980年代平均13.5%，1990年代平均14.7%であったものが，2001～2010年平均では18.6%と増加した。これらを足し合わせた公的支出全体では，1980年代以降はおおむね横ばいで推移している。

▶ 公共部門の役割（機能）

近代国家における，政府の存在理由および役割は何であろうか。第2次世

---

[1] SNAではまず，経済活動を「産業」（非金融法人企業および金融機関）「対家計民間非営利サービス生産者」（家計・個人企業およびその他の民間非営利団体）および「政府サービス生産者」に分類し，**図表1-1**の「一般政府」は，「政府サービス生産者」と同じ範囲にある。公的企業は，金融・非金融の部門別に，「産業」分類の公的部門に属する。

■図表 1-2　国内総支出における政府消費・政府投資

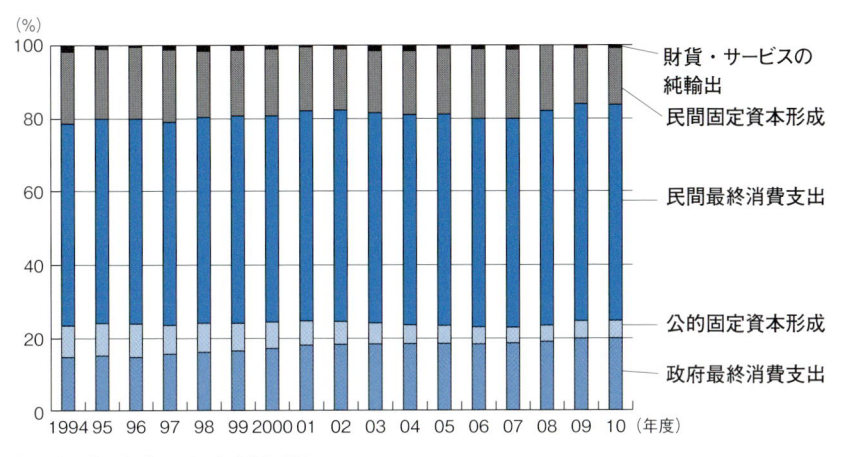

凡例：
- 財貨・サービスの純輸出
- 民間固定資本形成
- 民間最終消費支出
- 公的固定資本形成
- 政府最終消費支出

（出所）　内閣府「国民経済計算年報」

界大戦後の財政学を体系づけた経済学者マスグレイブ（R. Musgrave）[2]は，財政には「**資源配分機能**」「**所得再分配機能**」および「**経済安定化機能**」の3つの役割があると指摘した。ミクロ経済学とマクロ経済学の発展と，蓄積された近代国家の経験は，各々の役割に関する視点を深めていった。以下，順に述べていく。

● 資源配分機能

　家計や企業による諸生産要素および生産技術の私的所有と，各経済主体の利潤・効用最大化行動で記述される**市場均衡**は，限られた資源を，経済効率上望ましい形で配分する（諸個人の一般的な厚生レベルを極大化する）ことが知られている[3]。他方，市場での経済主体の財・サービスや生産要素の需

---

[2]　R. マスグレイブ（著）木下和夫（監訳）(1961)『財政理論——公共経済の研究』（有斐閣）。
[3]　古くはアダム・スミスにより「**見えざる手**」の働きによる帰結として知られている。入門レベルのミクロ経済学では，例えば，G. マンキュー（著）足立英之ほか（訳）(2005)『マンキュー経済学〈1〉——ミクロ編』（東洋経済新報社）における「経済学の10大原理」の6番目として，「通常，市場は経済活動を組織する良策である」と述べられている。本書では第7章で，経済モデルを用いた導出を行う。

要と供給は，市場以外で何が生じているのかに依存する。例えば，公共部門が供給・運営に関わる道路，港湾，鉄道といったものを考える。供給のための資源・財源が限られたもとで，資源の地域間配分は，対応する民間の経済活動と資源配分に大きな影響を与える（本書第5章）。

公共サービスは，国民から強制力をもって集められた租税や社会保険料が財源となることが多い。また，自前で使用料などを徴収できる場合でも，民間企業のような利潤最大化以外の目的で供給・運営されることが多い。このことの経済学的理由とされるのは，公共サービスの持つ「**外部性**」(Externalities) や「**公共財**」(Public Goods) としての性質である。

例として消防サービスを考えてみよう。火災が発生したときの被害は潜在的には広域であり，それを食い止める消防サービスの便益は多数の経済主体に同時に享受される。このような性質のサービスは，個々の経済主体の私的動機のみでは十分に供給されないことが知られている。消費者は，他人に及ぶ便益まで考えて公共サービスに支払おうとせず，またいったん供給されたサービスは，支払いをしなかったもの（**フリーライダー**）にも及ぶので，各消費者は自分の支払意欲に応じた額を支払う誘因を持たないからである（**市場の失敗**）。

別の例として，保険市場を考えよう。保険市場の失敗の原因としては「**情報の非対称性**」が挙げられる。保険会社は，潜在的な被保険者の疾病リスクやライフスタイル（疾病予防や節度ある生活をしているか）に関する情報を完全に持っていない。個々人の疾病リスクが判別できない保険会社は，平均的な疾病リスクに合わせて保険料率を設定するしかない。そのような料率は疾病リスクの低い個人には不利となるため，低リスクの個人は保険に入ろうとしない。市場に残った高リスク者に合わせた保険料率は割高になり，更に低リスク者の退出を生むという悪循環が続くと，結局保険は成立しなくなる。このような形で医療保険市場が消失すると，人々は病気やけがをしたときに大変困ることになる。このとき政府は強制力を持って人々に公的医療保険に加入させ，保険料を徴収することによって，経済厚生を高めることができる。

他方，アダム・スミスの「見えざる手」の原理と異なり，現実の政府は，経済厚生上望ましい公共サービスの供給・徴税や資源配分をするように動機

づけられてはいない。政府はさまざまな利害関係を持った個々の経済主体の集合体である。政府支出や財政赤字が「公共の福祉」のためではなく，多くとも一部の集団の便益しか反映せず，国家経済がむしろ非効率化することもある。このような現象は「政府の失敗」と呼ばれる。

本書第7章以降で学ぶ租税も，企業活動・消費者活動と資源配分に影響を与える。例えば，借入が株式による資金調達よりも税制上優遇されているとき，企業は，租税のない場合と比べて，借入をより多くすることになる。このような現象を引き起こしうるとき，「租税は経済行動に中立的でない」と呼ぶ。また，関税・酒税・自動車関連税など物品に対する税は，消費者選択に影響を与え，市場配分の効率性の鍵である，消費者の限界効用（Marginal Utility）と生産者の限界費用（Marginal Cost）を乖離させ，効率性の観点からは望ましい資源配分が実現されない（本書第8章・第9章）。効率性の観点からは，租税は負担率の大小のみならず，その内容が重要である。

● 所得再分配機能

市場における資源配分は，仮に「市場の失敗」を伴わず，資源が効率的に利用されていたとしても，経済学的には必ずしも望ましい結果ではない。人々の経済状態は，各人が初期に持っている遺産，資産などの経済活動以前の状態，所得稼得能力，また遭遇する病気や災害など個人が回避できない原因といったものに大きく依存する。結果として，人々の間で所得や経済厚生について不平等・不公平な状態が生じる。結果の不平等をどの程度重視するかは，価値判断に依るところもあるが，機会の均等が保証されていない限りは，発生する格差をそのままにしておくべきではない。

先進諸国においては，所得再分配部門の規模と役割は大きい。いわゆる「福祉国家」（Welfare State）の根幹となる原則は，「豊かな者から貧しい者へ」の所得再分配である。伝統的には，高所得者により高い支払税率が適用される累進的所得税や，所得が十分に稼げない人に対して支給される生活保護などの公的扶助（本書第9章・第10章）によって行われてきた。

わが国では，これらの機能が諸外国に比べて小さい一方，高度成長期から形成された「都市から地方へ」の再分配システム（本書第5章で触れる，地

方交付税交付金などを通じた地域間財源の傾斜配分),そして年金,医療,介護などの社会保障制度を通じた「若年世代から老年世代へ」の再分配(本書第4章)が相対的に大きい。また,本来は「市場の失敗」の改善に関連すべきである政府支出が,地方圏・老年世代などをターゲットとした所得再分配的な性質を持つことも多い。例としては,公共財である道路建設を地方圏から優先させたり,市場の失敗をカバーするために「国民皆保険」としている医療保険において,高齢者の自己負担を軽減させたり,などである。周知のようにわが国の財政赤字が大きな社会問題である以上は,これら広義の所得再分配政策の,経済への影響を評価する必要がある。

　所得再分配は,所得を取られる側の,手取りの報酬を下げてしまう。その結果,人々は労働や資産投資への意欲(インセンティブ)を損なうことになるので,経済の効率性や国富を損なってしまう。逆に,インセンティブを重視して帰結を市場に任せると,個人の努力(そして所得)は生来の能力などに依存してしまうため,格差を生んでしまう。このようなときに生じるのが効率−公平のトレードオフ(Equity-Efficiency Trade-off)である。政策的には,「分配の公平性を高めるような再分配政策が経済の効率性を損なうとき,どちらを改善する政策を選ぶべきか?」という問いになる。

● 経済安定化機能

　公共部門の機能として期待される第3の機能は,雇用,インフレーション,財政赤字といった,マクロ経済の諸変数の,財政政策や金融政策による管理である。石油ショック(1970年代)やリーマンショック(2008年後期以降)などの大きな経済ショックに対しては,短期的には,労働の不完全雇用や資本稼働の低下は避けられない。逆に,景気過熱期には,生産要素の過剰利用が生じ,総産出や物価を不安定にする。

　政府がマクロの経済活動に介入することの正当性・有効性については,マクロ経済学では大まかにいって2つの考え方がある。一つは,市場のマクロ変数の制御に信頼をおく「古典派」とその流れを汲む理論である。いわゆる「セイの法則」と呼ばれる古典派の想定では,不況により商品の売れ残りや失業が発生しても,価格や賃金の調整機能により,売れ残りや失業が解消さ

れる。いま一つは，マクロレベルでの市場の失敗と政策によるマクロ経済制御の可能性を考える「**ケインズ派**（ケインジアン）」とその流れを汲む理論である。ケインズ（J. M. Keynes）による『雇用・利子および貨幣の一般理論』[4]において，不況期における国民所得の低下と高い失業は，消費や投資といった経済全体の総需要の不足から生じ，価格機構は不況や失業を解消しない。この場合，政府が公共事業などで積極的に需要を作り出すことで，失業と不況が解消しうる（詳しくは本書第2章を参照）。

これらの理論は，景気対策としての公共事業や財政赤字，また構造改革や規制緩和といったわが国の経済・財政政策と関連されて理解されることが多い。わが国における1990年代初頭以降の長期停滞（いわゆる「失われた10年」）やデフレの要因とその経済対策についての議論も，これらの理論を軸に議論された。両者の違いは，不況期における価格機構および市場の資源配分機能に関する見方，短期と長期のマクロ経済の均衡への調整過程の違い，また政府がマクロ諸変数をコントロールするための**裁量的政策**（Discretionary Policy）の有効性の有無などからくる。景気変動に対する政策も，裁量的政策による対処ではなく，財政の仕組みの中に自動的に景気の波を小さくする**自動安定化装置**を置くことの重要性が強調されることもある。また，近年においては，統一的なフレームワークでマクロ経済を分析することが可能となっている。本書では第2章と第6章にて，これらの問題を包括的に取り扱う。

なお，わが国の公債政策（財政赤字）の内実や効果は，不況期に公債発行を伴う政府支出や減税を行う，いわゆる「ケインズ政策」にとどまるものではない。景気対策を名目とした政府支出が，地方公共団体向けの財政移転である地方交付税交付金制度などを援用して行われた結果，実態として地域間再分配としての色彩が強くなったり（本書第5章），増大を続ける社会保障給付費に見合った税収・社会保険料収入を手当てしなかった結果の財政赤字であったり（本章次節，本書第4章）という状況を，認識することも必要である。

---

[4] J. M. ケインズ（著）間宮陽介（訳）(2008)『雇用・利子および貨幣の一般理論 上・下』（岩波文庫）。

1.2　財政制度と財政の現状

公共部門の経済活動を概観するために重要な指標となるのは，中央政府・地方政府および社会保障関連の**予算**である。以下では主に中央政府の予算を概観する（地方政府に関しては第5章5.2節で取り扱う）。

予算は，一定期間（主なものは原則として4月1日から翌年の3月31日の1年間）における公共部門の歳入と歳出を計上したものである。景気が悪化すれば所得税や法人税の税収減が予測され，また人口の高齢化が進めば社会保障給付費の増加が予測される。予算に関わる官庁はこれらの予測値などを踏まえて，必要と思われる歳出項目に関する折衝を行う。予算の使い道は，国会や地方議会の審議・承認を得て執行されるので，政府の財政運営に関する方針が具体的な数値で表されている。

▶ 国（中央政府）一般会計予算

どのような組織も，その範囲が広く複雑であれば，会計は目的別に区別した方が便利となる。国の予算も，基本的な歳入と歳出を計上する**一般会計予算**と，特定の事業・特定の資金・その他特定の歳入・歳出を区分して経理する**特別会計予算**に分けられる[5]。予算は，年度がはじまる前に年間の歳出入をまとめた**当初予算**（本予算）と，当初予算成立後に生じた，景気悪化や自然災害などの予見し難い事態に対応するために作成される**補正予算**，年度開始までに本予算が成立しない場合に，本予算の成立までの必要最低限の出費を決定する**暫定予算**の3つから成る。以下では，断りのない限り，「予算」といった場合は当初予算を指す。

まず，一般会計から概観する。一般会計では，年度の税収，公債金収入（借金）および福祉・教育・公共事業などの財政項目が，包括的，一般的に経理される。2012年度における，国（中央政府）の一般会計予算は**図表1-3**のとおりである[6]。

---

[5] このほかに，政府が全額出資して特別の法律によって設置された，公庫などの「政府関係機関」（2012年時点で4機関）も予算を編成し，国会の議決を経る。

■図表 1-3　中央政府一般会計（2012 年度）歳出（左）と歳入（右）

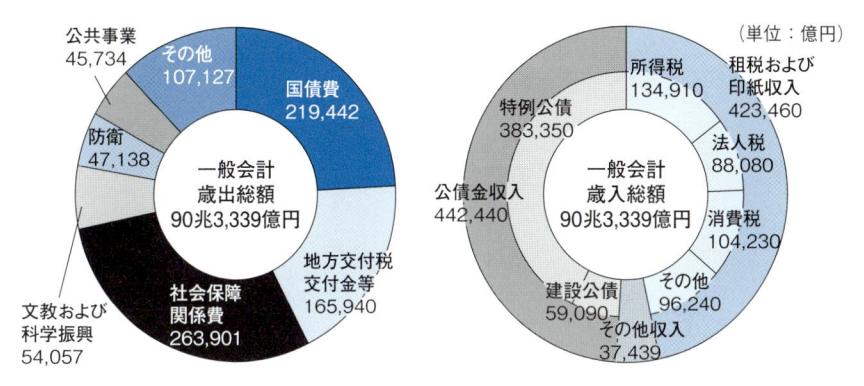

（単位：億円）

歳出：
- 公共事業 45,734
- その他 107,127
- 国債費 219,442
- 防衛 47,138
- 一般会計歳出総額 90兆3,339億円
- 地方交付税交付金等 165,940
- 社会保障関係費 263,901
- 文教および科学振興 54,057

歳入：
- 所得税 134,910
- 租税および印紙収入 423,460
- 特例公債 383,350
- 法人税 88,080
- 公債金収入 442,440
- 一般会計歳入総額 90兆3,339億円
- 消費税 104,230
- その他 96,240
- 建設公債 59,090
- その他収入 37,439

（出所）　東洋経済新報社『図説日本の財政（平成 24 年度版）』

　中央政府は，**所得税**，**法人税**，**消費税**を中心とした租税収入[7]を得る一方，地方公共団体向けの財政移転である**地方交付税交付金**（2012 年度で歳出の 18.4％），公的年金や医療保険への国庫補助などの**社会保障関係費**（同 29.2％），道路・港湾・鉄道といった，社会経済活動や国民生活・国土保全の基盤となる施設（社会資本）向けの予算である**公共事業関係費**（同 5.1％），および国債の利払いと元本償還である**国債費**（同 24.3％）などの歳出を行っている。

　歳出総額（90.3 兆円）に対して，税収（租税および印紙収入）は 42.3 兆円でしかないので，残りは借入などによって賄われなければならない。**公債金収入**（一般に「財政赤字」と呼ばれる部分）は，公共事業費のための財源である建設公債と，歳入の不足（赤字）を補うために特例を制定して発行する特例公債（赤字公債）から成る[8]。一般会計における財政赤字の比率を**公**

6　以下の 2012 年度予算に関する数値は，西田安範（編）（2012）『図説日本の財政（平成 24 年度版）』（東洋経済新報社）を参照。

7　「その他の税収」は，相続税（1.4 兆円），揮発油税（2.6 兆円），酒税（1.3 兆円），たばこ税（9,500 億円），印紙収入（1.0 兆円）などである（数字はいずれも 2012 年度予算）。

8　国の財政に関する基本法である財政法では，国債は原則的に発行すべきでないことになっている（「国の歳出は，公債又は借入金以外の歳入を以て，その財源としなければならない」第 4 条より）が，公共事業費のための財源については，国会の議決を経た金額の範囲内で，公債を発行できる（建設公債）。歳入の不足（赤字）を補うための国債は特例を制定して発行されねばならない。これが特例国債である。

債依存度と呼び，2012年度予算では，約49%にも達する。「その他収入 (3.7兆円)」は特別会計（後述）の剰余金や積立金の取り崩しなどから成るが，これらの一般会計経理での使用は，結局政府全体でみた債務を増やしているのと同義なので，実質的な債務依存度は50%を超えるということもできる。

▶ 特別会計

特別会計とは，国が特定の事業を行う場合，特定の資金を保有してその運用を行う場合，その他特定の歳入を以て特定の歳出に充て一般の歳入歳出と区分して経理する必要がある場合に用いられる会計である。特別会計は，「特別会計法」に基づき設置され，所管の省庁（大臣）によって管理されている。2012年度で，国には18の特別会計がある。形態別にいくつか例示してみると，

(i) 特定の事業を扱う特別会計：年金・地震再保険・森林保険などの保険事業，社会資本整備事業（公共事業）など
(ii) 特定目的の資金運用を扱う特別会計：財政投融資，外国為替資金など
(iii) 資金の経理の明確化：交付税および譲与税配付金，国債整理基金など

2012年度予算においては，東日本大震災からの復興に関する経理（復興特別税収や一般会計からの繰入，および復興債発行を歳入とし，復興事業の財源とする）を扱う特別会計として，東日本大震災特別会計が創設された。

特別会計はその採算において一般会計や他の特別会計からの相互繰入を行いつつ，所管の省庁が財源や使途を計画し，一般会計とともに国会の審議・承認を得て執行される。例えば，「交付税譲与税配付金特別会計」（所管大臣は総務大臣および財務大臣，図表1-4）は，図表1-3左の「地方交付税交付金」，および地方譲与税（地方揮発油税，石油ガス税などの税目につき，その税収の全部ないし一部を，地方公共団体に分配すべく国が徴収したもの）を歳入とし，地方交付税法などに基づいて算定され各地方公共団体へ分配される地方交付税交付金および地方譲与税（地方分配分）を歳出とする特別会計である。ただ，年度によっては国税の税収が伸び悩んだり，地方への財政必要が歳入を上回ったりすることがある。その差額は当該予算年度の借入と

■図表1-4　交付税および譲与税配付金特別会計

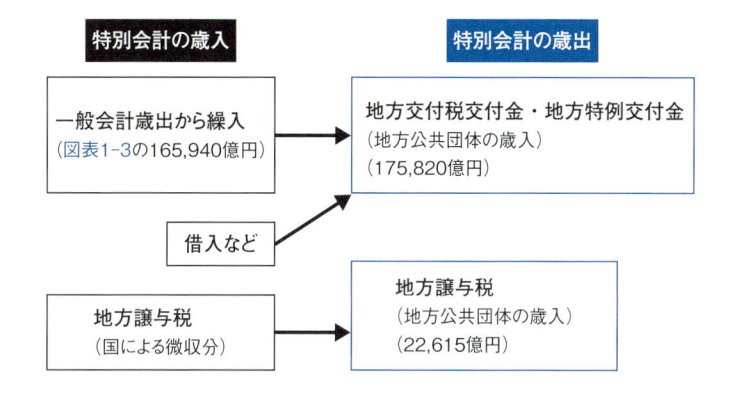

特別会計の歳入
- 一般会計歳出から繰入（図表1-3の165,940億円） → 地方交付税交付金・地方特例交付金（地方公共団体の歳入）（175,820億円）
- 借入など →
- 地方譲与税（国による徴収分） → 地方譲与税（地方公共団体の歳入）（22,615億円）

特別会計の歳出
- 地方交付税交付金・地方特例交付金（地方公共団体の歳入）（175,820億円）
- 地方譲与税（地方公共団体の歳入）（22,615億円）

1.2 財政制度と財政の現状

して計上し（詳しくは第5章5.2節を参照），後年度に税収が増加したときなどを利用して借入とその利子を償還する。

同様に，**図表1-3** 左の「**国債費**」は，定率繰入と呼ばれる，国債残高に応じた毎年度の国債元利の返還資金であり，この額は，「**国債整理基金特別会計**」（所管大臣は財務大臣）の歳入となる。国債の償還は同特別会計を通じて行われる。

「公共事業関係費」は，治水・道路整備・港湾・空港整備といった事業別に，「**社会資本整備事業特別会計**」（所管大臣は国土交通大臣）へ繰り入れられる。同特別会計は公共事業に係る地方公共団体からの負担金や空港使用料などを歳入に加え，各事業に係る費用を歳出としている。

また，一般会計における税収の低迷と国債残高の増大から，特別会計の積立金や余剰金の取り崩しが，**図表1-3** 右の「その他収入」に繰入されている。

▶社会保障財政

ILO（国際労働機関）における「社会保障費用」の給付カテゴリーには，高齢者向け・保健医療・家族向け（母子家庭など）・失業などの9項目が含まれ，各国においてそれぞれの制度が，法律によって定められた公的・準公的・若しくは独立の機関によって執行・管理されている。わが国の社会保障

制度は、業種別の組合を母体とする医療保険（健康保険）や年金保険、市町村が運営主体の国民健康保険や介護保険（特別会計で管理）、都道府県が給付主体の生活保護（一般会計で管理）など、起源・目的や運営主体が異なる制度の総称である。

社会保障の負担と給付の問題が、財政において重要である理由は以下のとおりである。第1に、年金・医療・介護などは、それぞれ保険料が徴収されている。被保険者の社会保険料負担は、図表1-3右の租税収入（国民の租税負担）には含まれていない。つまり、一般会計とは異なる各種社会保険特別会計の歳入としてカウントされている。例えば、サラリーマンの多くや公務員は、勤務先が年金保険組合や健康（医療）保険組合に加入しており（第10章10.3節参照）、年金・医療・介護などの社会保険料は、給与から天引きの形で徴収され、支払いの意味では所得税と同様である[9]。社会保険料の総額は、直近の値で約57.8兆円であり、所得税のみならず国税総額（2012年度予算では42兆3,460億円）を大きく上回る。

第2に、これらの社会保険の多くは歳出（保険給付）を保険料で賄い切れておらず、一般会計歳出からの繰入（中央政府一般会計の社会保障関係費と、

■図表1-5(a)　社会保障財政の資金の流れ

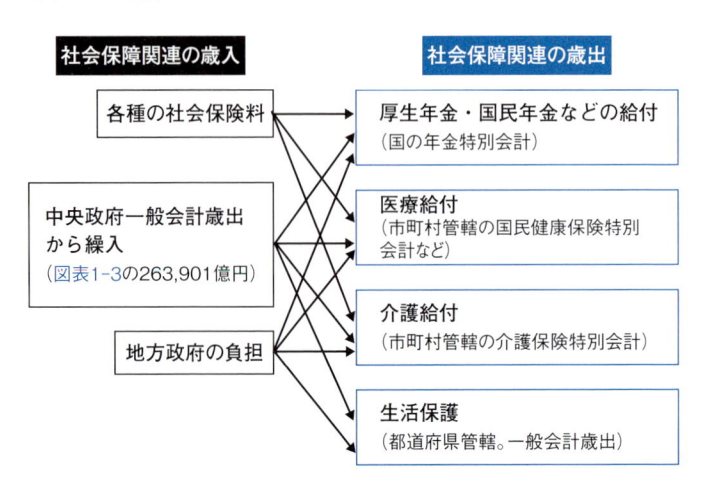

```
社会保障関連の歳入                    社会保障関連の歳出

各種の社会保険料 ──────┐┌──→ 厚生年金・国民年金などの給付
                    ├┤      （国の年金特別会計）
中央政府一般会計歳出 ─┤├──→ 医療給付
から繰入             ├┤      （市町村管轄の国民健康保険特別
（図表1-3の263,901億円）├┤        会計など）
                    ├┤──→ 介護給付
地方政府の負担 ──────┘└      （市町村管轄の介護保険特別会計）
                            → 生活保護
                              （都道府県管轄。一般会計歳出）
```

■図表 1-5(b)　社会保障給付とその財源（2010 年度）

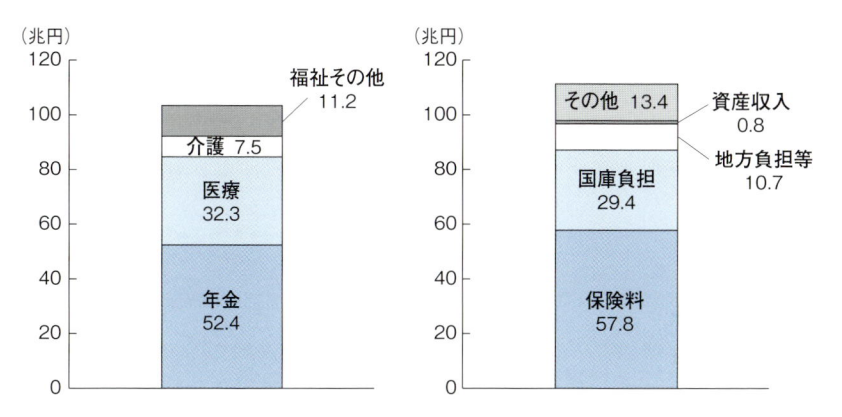

（兆円）
- 福祉その他 11.2
- 介護 7.5
- 医療 32.3
- 年金 52.4

（兆円）
- その他 13.4
- 資産収入 0.8
- 地方負担等 10.7
- 国庫負担 29.4
- 保険料 57.8

（出所）　国立社会保障・人口問題研究所「社会保障費用統計（平成 22 年度版）」

地方政府の一般会計負担）に多くを頼っている（図表 1-5(a)，(b)）。例えば，介護給付においては，介護保険料（40 歳以上の被保険者負担）でカバーする部分は 50％ と決まっており，残りの 50％ は国・地方の公費負担である。このほか，老齢年金の基礎年金部分，および 75 歳以上の高齢者が加入する後期高齢者医療制度は，いずれも公費負担が 50％ である[10]。一般会計の負担元は，租税や公債（後者は将来世代の負担）である。図表 1-5(c) にあるように，景気低迷や雇用の流動化を受け，雇用を主な基軸とした社会保険料が伸び悩んでいる一方，高齢化などを反映して社会保障給付費が増加している。1996 年と 2010 年を比較してみると，社会保障給付費の総額は 35.9 兆円も増加したにも関わらず，主要な歳入である社会保険料は 5.1 兆円しか増加していない。その結果，社会保障給付に必要な公費負担は同じ期間に 18.8 兆円も増加した（うち国庫負担が 12.6 兆円増加）。他方，中央政府の税収（予算ベース）は 14 兆円近くも減少している。

---

[9]　わが国の年金などの社会保険制度は，実質的に，働く世代が払い込んだ保険料を同時期の高齢者に支給する「賦課方式」である（第 4 章 4.1 節）。賦課方式においては，払い込んだ保険料額が自身の受益と必ずしもリンクしていないので，税と同様の負担と考えるのが自然である。

[10]　後期高齢者医療制度では，これに加えて，現役世代の保険料の後期高齢者医療制度への拠出負担（後期高齢者支援金）がある。

■図表1-5(c) 社会保障給付と公費（国＋地方）負担

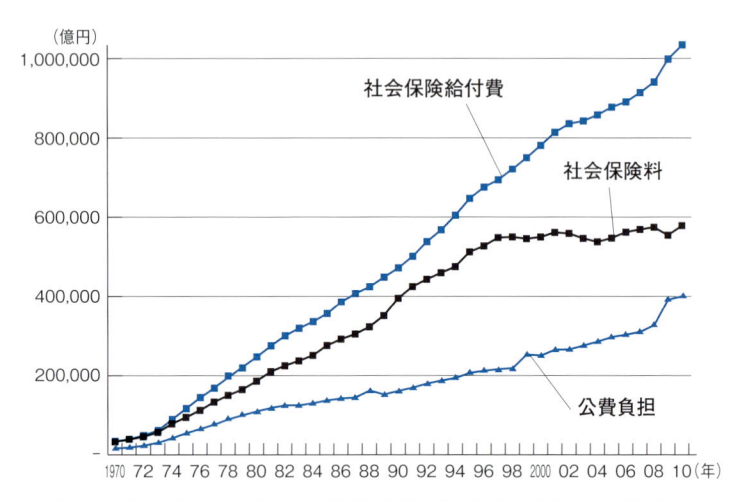

（出所）　国立社会保障・人口問題研究所「社会保障費用統計（平成22年度版）」

　第3に、「消費税を社会保障目的に用いる（増税する）」という政策目標がしばしば語られるが、消費税収（2012年現在で、国税4％＋地方消費税1％＝13兆円程度）は、**図表1-5(b), (c)** の公費負担よりはるかに**少ない**。

　このように、一般会計・特別会計予算は相互に連関している。公庫などの政府関係機関予算を合わせ、一般会計・特別会計予算の重複部分等を除いた支出規模は、2012年度予算で228.8兆円である。内訳は、国債費（84.7兆円）、社会保障関係費（75.8兆円）、地方交付税交付金等（19.9兆円）、財政投融資（国が行う貸付の原資：16.1兆円）などである。

▶財政規模の国際比較

　では、いくつかの財政規模に関する指標を、諸外国のものと比較してみよう。

　図表1-6は、国民経済計算（SNA）体系からみた、一般政府および社会保障部門の国際比較である。まず、一般政府総支出の対GDP比をみると、わが国は42.3％であり、アメリカ（42.2％）と同程度で、欧州主要国（50％

■図表 1-6　国民経済計算体系からみた財政の比率（2009年）

（対 GDP 比，％）

	政府最終消費支出	一般政府固定資本形成	社会保障支出	一般政府総支出
日本	20.0	3.5	23.0	42.3
アメリカ	17.3	2.6	19.5	42.2
イギリス	23.5	2.7	25.0	51.7
ドイツ	19.7	1.6	29.0	47.5
フランス	24.6	3.3	32.4	56.0
スウェーデン	27.8	3.6	30.4	55.2

（注）　一般政府総支出は，政府最終消費支出・一般政府固定資本形成および年金などの社会給付などの総計。社会保障支出は OECD 基準での Social Expenditure。政府最終消費支出と社会保障支出は重複する部分がある。
（出所）　東洋経済新報社『図説日本の財政（平成23年度版）』および国立社会保障・人口問題研究所「社会保障費用統計（平成22年度版）」

超）よりは低い。内訳を見ても，政府最終消費支出（20.0％）や社会保障支出（23.0％）はともに，アメリカよりは高い値であるが欧州主要国よりはやはり低い。

　一般政府固定資本形成（公共投資）の対 GDP 比はアメリカ・イギリス・ドイツ・フランスよりも高い。わが国の公共投資は，経済が安定成長期に入った1980年代でも対 GDP 比でおおむね5％近く，景気対策が盛んに打たれた1990年代には6％を超えたこともあった（2000年で5.7％）が，アメリカ・イギリス・ドイツ・フランスでは，同じ期間でも軒並み公共投資対 GDP 比は3％台かそれ以下であった。近年のわが国の対 GDP 比3％台という数字は，財政赤字の増大による国・地方の歳出削減による。

　他方，社会保障支出は，年金・失業給付等の移転支出が，2000年度から2009年度の間に，対 GDP 比で3.8％上昇する（同じ値は，アメリカを除く主要国では2％台かそれ以下の上昇幅）など，高齢化の進行が財政に与える影響が表れている。

▶ プライマリー収支赤字

　公債金収入を除いた歳入と，国債費（国債の利払いと元本償還）を除く歳出との差を，**プライマリー収支**（基礎的収支）と呼ぶ。中央政府一般会計で考えると，2012年度予算においては，公債金収入を除く歳入が46.1兆円，国債費を除いた歳出は68.4兆円なので，約22.3兆円のプライマリー収支赤字が生じていることになる。

　一般政府におけるプライマリー収支は，特別会計や地方政府の収支を総合

■図表 1-7　一般政府債務対 GDP 比の国際比較
　　　　　　プライマリー収支（上）と債務残高（下）

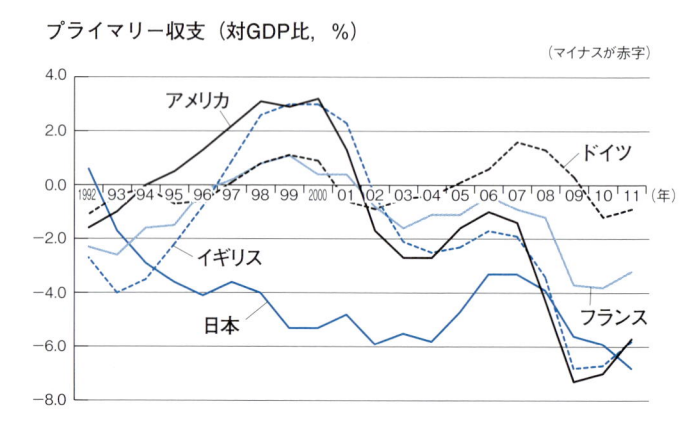

プライマリー収支（対GDP比，%）
（マイナスが赤字）

一般政府粗債務（対GDP比，%）

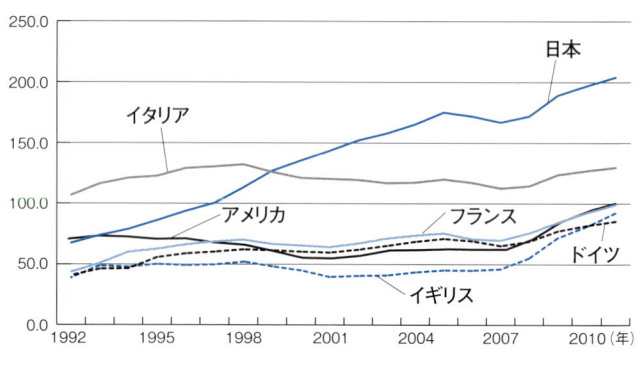

（出所）　OECD Economic Outlook

して算出する。リーマンショック期をはじめ，景気後退などを経験した時期では，どの国でも財政収支の悪化を経験するが，わが国は1990年代の不況以降，先進主要国で唯一，プライマリー収支赤字が長期にわたって継続している（図表1-7 上）。政府は早期のプライマリー収支の黒字化をたびたび経済目標としてきたが，景気悪化などを受けて税収は減少ないし低迷が続き，歳出も容易に減らせないでいる。

プライマリー赤字が続いている状態では，新規に公債を発行しないと財政が運営できないから，公債残高は増大することとなる。2012年度末で，国の建設国債と特例国債は合わせて697兆円（GDPの150%）にものぼる。特別会計や地方政府を含めた政府債務は，OECDによる統計では，対GDP比で2倍を超え，先進主要国の中でも最悪となっている（図表1-7 下）。財政赤字はどのように増え，何が問題なのであろうか。詳しくは第4章4.2節で学ぶ。

1.3 わが国の財政の歩み

本節では，わが国の戦後政治・経済局面を，高度成長期・安定成長期・財政再建期・景気低迷期・構造改革期と分け，それぞれの時代の公共政策を概説する。

▶ 高度成長期（1950年代〜1964年ごろまで）

第2次世界大戦後は，破壊された資本の復旧，および近代化の必要のために，公共部門の大きな役割が求められた。郵便貯金・簡易保険などを原資に，民間部門や公的企業の投資活動に融資する財政投融資制度を通じて，公共投資を進めた。資本ストックは戦災による破壊からのスタートだったので，経済学でいう限界生産性が高く，高度成長を支えた。名目GDPは年率10%や20%という値で急成長した。他方，高度成長による自然増収が歳出を十分に賄えたことで，均衡財政原則（国債の不発行）を1964年まで保ち続けた。

▶ 安定成長期（1965年〜1980年ごろまで）

　1965年の不況においても，当初は均衡予算を企図したが，税収不足が明らかとなったため，当初予算成立後に，歳入補塡の公債発行を盛り込んだ補正予算を組み，翌1966年には建設国債が発行された。その後は，公債依存度を低下させる形での抑制的な財政運営が採られた。

　高度成長期には，経済成長が3大都市圏を中心とした第2次産業の発展を中心にもたらされたが，財政においては，農業・中小企業・後進地域への補助金，また1954年より施行された地方交付税交付金といった，所得再分配の色彩の濃い政府支出も実施され，制度として根付いていくこととなった。

　1970年代には，第1次石油危機（1973年）など数度の景気後退や景気過熱を経験し，財政は景気安定化のために公債政策を積極的に用いるようになった。1974年には戦後初のマイナス成長を記録し，翌年の補正予算以降においては**特例国債**（赤字国債）を伴う赤字財政を進めることとなった（**図表1-8**）。また，「福祉元年」と称された1973年の老人医療の無料化や，年金法の一部改正など，社会保障拡充も構造的に政府支出を拡張させる要因となった。一般会計の国債依存度が，当時のピークで34.7％に達するに当たり，財政再建の最初の試みが，大平内閣により，一般消費税（のちの消費税に相当）導入の試み（1979年）として行われた。しかし，労働団体・商工団体・消費者団体・野党の反対などで政権与党は総選挙で敗北し，一般消費税の導入は断念された。その後，「増税なき財政再建」が政治テーマになった。

▶ 財政再建期（1980年代〜1991年ごろまで）

　1980年代は，「**小さな政府**」路線のもとで，3公社（国鉄・電電公社・専売公社）の民営化（それぞれ現在のJRグループ・日本電信電話株式会社・日本たばこ産業株式会社），公共事業費の削減，社会保障給付の抑制などによる行財政改革の中で，財政再建の試みが進められていった。予算編成では，予算分野ごとに上限を決める「**シーリング**」の厳格化により歳出増を抑制した。他方，歳入においては，中曽根内閣が「売上税」として一般消費税の導入を試みたが，野党や国民の反対が強く，国会に提出されたものの廃案となった。結局，**消費税**の導入（1989年）は，租税負担全体を増やさない方向

■図表 1-8　国債残高の累増

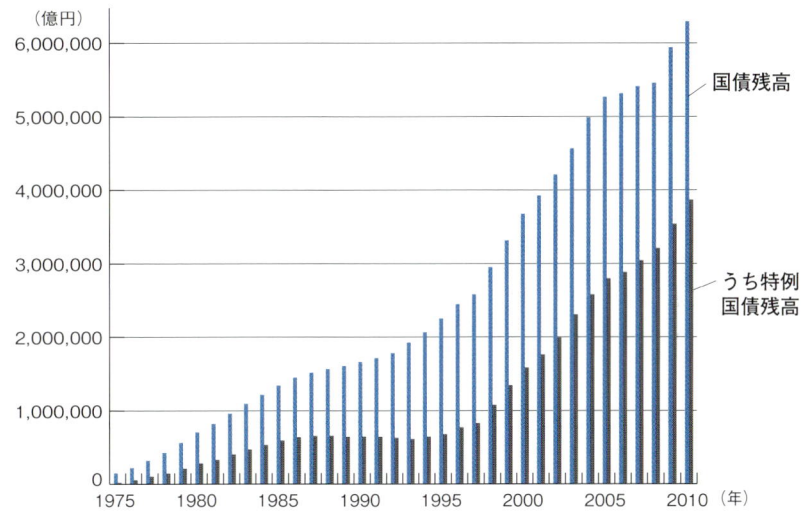

(出所)　財務省資料

で，所得税を中心とした減税との引き換えで成立することとなった[11]。

　1980年代後半には，景気拡大による増収などを経て財政収支は改善し，1990年度予算においては，1975年から続いていた赤字国債依存からの脱却がようやく達成された[12]。

▶ 景気低迷期（1992～2000年ごろまで）

　いわゆるバブル経済の崩壊とともに，株価と地価が下落に転ずると，1992年より税収が低下し始めた。景気の後退を受け，政府は1992年8月に，景気回復を目的とした，公共投資などの施策を，閣議決定により「**総合経済対策**」としてアナウンスした（図表 1-9）。

　しかし，景気後退期当初においては，赤字国債の不発行が達成されたばか

11　石　弘光（2009）『消費税の政治経済学――税制と政治のはざまで』（日本経済新聞出版社）を参照。
12　ただし，建設国債は増え続けた。

■図表 1-9　1990 年代の総合経済対策

（単位：億円）

日付	内閣	名称	公共投資・社会資本整備等	（うち地方単独事業(注1)）	中小企業対策	減税・地域振興券	その他（注 3）	合計
1992/8/28	宮沢	総合経済対策	86,000	28,000	12,000		9,000	107,000
1993/4/13	宮沢	総合的な経済対策	106,200	35,000	19,100	1,500	5,200	132,000
1993/9/16	細川	緊急経済対策	51,500	5,000	7,700		800	60,000
1994/2/8	細川	総合経済対策	72,000	18,000	13,600	58,500	8,400	152,500
1995/4/14	村山	緊急円高・経済対策	3,300		14,400		52,300	70,000
1995/9/20	村山	経済対策	114,000	10,000	12,900		15,300	142,200
1998/4/24	橋本	総合経済対策	77,000	15,000	20,000	46,000	23,500	166,500
1998/11/16	小渕	緊急経済対策	93,000			67,000（注 2）	79,000	239,000
1999/11/11	小渕	経済新生対策	68,000		74,000		38,000	180,000
2000/10/19	森	日本新生のための新発展政策	47,000		45,000		18,000	110,000

（注 1）　地方自治体の事業のうち，国からの補助金以外の財源を中心に行うものを地方単独事業と呼ぶ。第 5 章 5.3 節で詳しく触れる。
（注 2）　地域振興券は 1998 年 11 月に 7,000 億円を計上。
（注 3）　その他の大きな項目としては，1995 年に阪神淡路大震災および防災関係で計 65,100 億円，1998 年 11 月に貸し渋り対策で 59,000 億円，1998 年 11 月と 1999 年 11 月に雇用対策で 10,000 億円。
（出所）　釣　雅雄「1990 年代日本の財政政策——政策効果と政府債務，及びその相互関係」（一橋大学博士学位論文）

りであり，財政再建路線が景気対策より優先された。景気悪化が認知されるごとに，多額の公債発行を伴う補正予算が積極的に使用されたが，次年度の当初予算では，再び大蔵省（現財務省）が引き締め気味の予算を編成する，という，首尾一貫しない政策が続いた[13]。

1994 年から 1996 年には，5.5 兆円の所得税・地方住民税の減税が行われたが，うち 2 兆円は時限付の「特別減税」とし，1997 年の消費税増税と引

---

[13] 岩本康志・大竹文雄・斎藤　誠・二神孝一（1999）『経済政策とマクロ経済学――改革への新しい提言』（日本経済新聞出版社）の第 2 章に，マクロ経済学（本書第 2 章・第 6 章の内容）と関連した理解を深めるための優れた点描と解説がある。

き換えの先行減税とした。1995年まで継続された総合経済対策においては，**公共事業**が中心となったが，現実には，地方交付税交付金制度などの地域間再分配制度を援用して行われ，3大都市圏以外の地方圏および農業などに偏重した政府支出となり，地域間・産業間資源配分の歪みが国全体の経済成長構造を歪めた（第5章にて詳述する）。

継続されるプライマリー収支赤字に危機感を持った政府は，1997年（橋本内閣）に「**財政構造改革の推進について**」を閣議決定し，2005年までに財政赤字の対GDP比を3％以下に，また歳出の総額および分野ごとの量的縮減目標を設けるなどの指針を示した。また1997年の4月から消費税増税（3％→5％），所得税の特別減税停止など，9兆円の租税・社会保障負担増が施行された。

しかし，消費税増税以降の四半期に家計消費が一時腰折れし，1997年秋以降の金融危機と重なって景気が悪化した[14]。1998年には，大規模な補正予算による減税・公共事業が組まれ，財政構造改革路線は停止された。その後の小渕内閣（1998年7月～2000年4月）は「何でもあり」の政策として，低所得の高齢者や子供のいる世帯を対象とした「地域振興券」配布などの政府支出，および特別減税より長期で大規模の減税である，所得税と法人税を中心とした「**恒久減税**」（第3章を参照）を行った。1999年には国債発行が30兆円を超え，その後も恒常化することとなった[15]。

2000年4月には介護保険制度が開始し，高齢化の進展に伴い社会保障の公費負担の増加（**図表1-5(b)，(c)**）も財政における関心事となった。

---

[14] 1997年の消費税増税は，1979年の一般消費税導入の試み・1980年代の増税なき財政再建に続く，3度目の財政再建の試みと位置付けられる。消費税増税が景気悪化と結び付いたとの批判がある一方，消費税増税（1997年4月）以降，同年7-9月期には家計消費は持ち直しており，金融危機を主因とする消費低下（同年10月以降）は財政引き締めとは無関連であるとの議論もある。岩田規久男・宮川　努（編）（2003）『失われた10年の真因は何か』（東洋経済新報社）第4章の中里　透氏と八田達夫氏の議論を参照。

[15] この，国債30兆円（以上）発行という財政政策は，銀行による国債保有の飛躍的増加をもたらした。1998年には30兆円台であった国内銀行の国債保有残高は，2003年には100兆円を超え，その後は景気回復を受けて漸減していたが，2008年以降の不況を受け，2009年3月以降再び100兆円を超えている。今世紀に入って急速に減少した銀行貸出を，低金利で安全資産の国債が代替する形となったのである。

▶ 構造改革期（2001〜2006年ごろまで）

　2001年に発足した小泉内閣では，財政を含めた「**構造改革**」に取り組むとし，毎年度，予算折衝に先だって，経済財政諮問会議（主要閣僚と民間有識者が経済・財政政策に関する重要事項について調査審議する機関）を中心に，経済財政の展望を踏まえた構造改革の基本方針を閣議決定し，緊縮型の財政運営を進めた。他方，デフレ不況を受け，当初の「国債発行30兆円枠」の公約は撤回され，また消費税は増税しないことを当初より公約したため，官の縮小と民間活力の導出が政策運営の基軸となった。郵政民営化，道路公団の民営化や規制緩和，地方の自立を目的とした地方交付税交付金などの縮小（「三位一体の改革」），所得税の漸次増税や社会保障の歳出抑制などが進められた。小泉政権の後期においては，税収の自然増収と歳出増歯止めにより国債発行の減少が見られた一方，依然としてプライマリー赤字状態は続いた。経済財政諮問会議においては，財政赤字の削減手段（増税ないし歳出削減）に関する政策論争も行われた（第4章4.2節で詳述する）。

▶ 政治不安定化と世界不況（2007〜現在）

　小泉内閣以降は安定した政権が生まれず，頻繁な内閣交代が続いた。2008年後期以降のリーマンショックにおいては，法人税を中心として税収が低下し，税収は公債発行を下回った。その後の政権交代期も含めて，財源保障が不十分な社会保障国庫負担の拡大（基礎年金の国庫負担増加，子ども手当）など，財政赤字の拡大要因が増えた。他方，予算編成・執行に関する国民への透明性の確保が関心事となり，事業仕分けによる政策・公的組織などの評価と見直しが行われた。

　未曾有の被害をもたらした東日本大震災に対しては，大規模な補正予算を策定し，復興債や特別税を用いた財源の確保と被災地の復興の基本方針が示された。他方，財政の構造的問題については，政府・与党で議論を進め，2012年には「社会保障・税一体改革大綱」を閣議決定した。消費税については，2014年4月に8％，2015年10月に10％へと，段階的に税率の引き上げを行うこととした[16]。

　1990年代以降の財政政策の特徴は，以下のようにまとめることができる。

第1に，頻繁な首相・内閣の交替や不透明な景気・国際情勢を原因として，首尾一貫性のない政策（財政緊縮→補正予算での拡張→財政構造改革→不況による頓挫……）が続いた。第2に，財政再建の方向は容易に頓挫し，先送りされる一方，財政赤字をもたらす政策（補正予算の頻出，国債30兆円以上，消費税増税の見送り）は容易に定着した。第3に，構造的な財政需要拡張要因（「福祉元年」から高齢化問題の顕著化に至る社会保障給付の増加）に対応した負担増（消費税増税など）がなされなかった。

わが国の財政が抱える課題は多い。次章以降では本格的に，財政に関する諸問題を，理論・制度・実証面から，多角的に分析していく。

1.4 経済モデルの使用について

▶ 経済モデルの使用と役割

本書では，財政における諸問題を取り扱うにあたり，経済学の分析手法を用いる。経済学においては，経済のしくみの単純な可視化，および生産・雇用・投資といった諸経済変数や，消費者の満足度（効用）・資本の限界生産性・需要の価格弾力性といった諸概念の科学的表現のために経済モデルを用いる。

生物学を学ぶために用いる人体模型が呼吸や会話をせずとも，基礎的な物理現象を学ぶ際に摩擦の影響を無視しても，学ぶべき内容の本質に影響しない限りにおいて問題はない。数式やグラフを用いた経済モデルにおいても，ターゲットとなる質問に対応する重要な部分を再現し，他方で複雑な世界を単純化するために仮定を利用する。その上で，モデルに対して科学的手法（数学やロジック）を適用して，得られる理論（Theory）を現実に応用していく。発見された理論のいくつかは，関連したデータを集め，分析することにより検証（実証分析）が可能となる。

摩擦を無視した物理学は，その便利さを利用して現実のあらゆる事象に応

---

16 ただし，2012年に成立した消費税増税法案には，経済成長率などの景気動向に鑑みて施策を行うという条文（附則第18条）がついている。

用すべきではない一方，現実の理解に全く役立たないわけでもない。同様に，経済モデルから得られる理論も，その帰結だけを掴んでいかなる現実に対しても杓子定規のように当てはめようとするべきではないし，また帰結が現実に成り立たないからといって論理体系自体が無用になるわけでもない。本書で展開されるいくつかの経済理論は，現実の考え方への橋渡しを意図している。もちろん，仮定の妥当性，仮定を変更した際の理論の頑健性や拡張に関する議論，実証分析による検証などの作業も，重要となる。

▶ 資金循環図による説明[17]

経済は，労働・消費・販売・投資・貯蓄など，多様な活動から成り立つ。個々の家計や企業の意思決定問題とその相互影響を取り扱うのがミクロ経済学，一国全体の経済活動を扱うのがマクロ経済学である。図表1-10は，本書で扱う経済モデルの大まかな見取り図である。図は，典型的な家計と企業の市場や政府との関わりととらえても，一国全体の経済活動の見取り図ととらえても構わない。

企業（民間企業）は労働，資本（機械や設備）といった生産要素を用いて，財・サービスを生産する。そして生産物の販売により収入（売上）を得て，生産要素に対する支払い（労働に対しては給与，資本に対しては利払いや株主への配当など）をする。企業はまた，機械や設備などの新規購入や拡充（投資）のために，資金市場から借入をする[18]。家計は生産要素の供給によって市場から得た所得を，政府への税や社会保険料の支払い，財・サービスの消費，そして貯蓄に充てる。政府は民間主体から税や社会保険料を徴収し，収入を政府支出に充てる。政府支出と収入の差は，財政赤字であり，これも資金市場から調達されねばならない。

この見取り図は，分析の目的に合わせて多様な拡張が可能である。海外との取引が分析上必要であれば，輸出入および国際資金移動がモデルに加わる（第2章）。企業の納税（法人税支払いや，消費者が支払った消費税の納付）

17 　図表1-10は，G.マンキュー（著）足立英之ほか（訳）(2011)『マンキューマクロ経済学 I ——入門篇（第3版）』（東洋経済新報社）第3章に基づく。

18 　家計の住宅投資なども投資のカテゴリーに含まれるが，以下の章では，企業の設備投資を主に念頭に置く。

■図表 1-10　経済活動と資金の流れ（括弧内は本書で用いる記号）

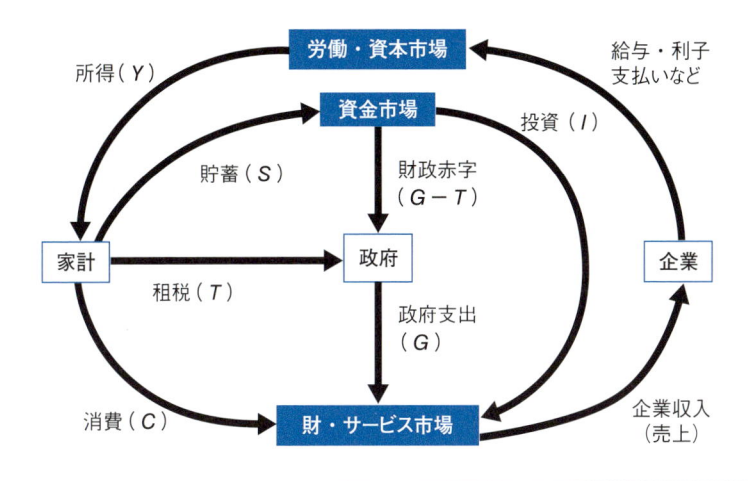

労働・資本市場
所得（Y）
給与・利子支払いなど
資金市場
貯蓄（S）
財政赤字（$G-T$）
投資（I）
家計
租税（T）
政府
政府支出（G）
企業
消費（C）
財・サービス市場
企業収入（売上）

をモデルに加えることも可能である（第 8 章）。また経済には**異時点間のつながり**がある。ある時期の財政赤字はどこかで返済せねばならないし，家計はライフプランの中で，将来のどこかで貯蓄を取り崩す。本書ではこれらを念頭に入れたモデルも扱う（第 3 章・第 4 章・第 9 章・第 11 章）。

▶ 経済モデルが明らかにできること

　経済モデルを用いることで学べるのは，任意の経済政策がもたらす影響の範囲である。一つの例として，政府が公債発行を伴う公共事業や減税をする場合を考えよう。この政策は，マクロ経済の生産や消費を活性化させるようにみえる。しかしながら，この政策はいくつもの副次的な効果を伴う。公共事業は遊休資源の活用を伴うのか，あるいは既存の資本や労働の使用を伴うのか。今期の減税は家計に将来の増税を予想させるのではないか。また，為替レートや経常収支にはどのような影響が出るのだろうか。一つの経済政策の影響は，家計や企業の**反応**を通じ，モデルのあらゆるところに波及する。本書では，経済モデルを通じて，政府の経済活動の影響をできるだけ包括的に理解することを目指す。

税制や社会保険における別の例を考えよう。給与所得から発生する社会保険料は，「労使折半」と呼ばれる方式によって，保険料の50％が雇用主によって，残りの50％が労働者によって支払われている。ここで，社会保険料負担を，全額雇用主負担に制度変更しても，実は市場均衡での雇用量や労働者の経済負担には何の影響ももたらさない（すなわち，社会保険料の**実質的な負担**を100％企業に求めることはできない：第8章8.4節）。また，法人所得に税がかかる法人税は，企業行動の変化を通じて買い手，労働者，銀行など，別の経済主体へ影響をもたらす。経済理論は，「法人税」イコール「法人が実質的な税負担をする税」でないこと（第8章8.5節）を明らかにする。

　政策の波及効果を正確に知ることは，冷静な政策論議の科学的基礎となる。ここでの第2の例でいえば，租税や社会保障の負担を企業に負わせる範囲には限界があるので，税としての所得税や消費税のあり方や，社会保障における個人レベルでの受益と負担の関係の見直しといったところに向き合うのが，正しいあり方となる。

復習問題

(1) 以下の政策の役割を，1.1節で導入した「資源配分機能」と「所得再分配機能」に分けよ。
　　A. 消防サービス
　　B. 公的医療保険
　　C. 一般道路
(2) 政府がマクロの経済活動に介入することの正当性・有効性についての，マクロ経済学での2つの考え方を述べよ。
(3) 社会保障の負担と給付の問題が，財政において重要である理由を具体的に述べよ。

発展問題

(1) 財務省のホームページ（http://www.mof.go.jp）を参照し，図表1-3に対応する直近の値を調べよ。

（解答は，本書サポートページを参照。）

第 2 章

政府支出・減税の効果 I
：ケインズ派モデルにおける総需要管理政策

　不況期にはたびたび，財政赤字の景気浮揚（下支え）としての役割が期待される。このような財政政策の背景としては，一般に「乗数効果」として知られる政府支出や減税が持つ経済効果がある。乗数効果を世に知らしめた，ケインズ（J. M. Keynes）の著書『雇用・利子および貨幣の一般理論』（以下『一般理論』と略）において，不況期における国民所得の低下と高い失業の原因は，利用可能な資本や潜在的労働力などに起因する総供給ではなく，消費や投資といった経済全体の総需要の不足である。ケインズの主張がとりあげられるきっかけとなったのは 1930 年代の世界大恐慌であったが，最近では 2008 年後期以降のいわゆるリーマンショック期においても，ケインズの名前がたびたび紹介された。

　本章ではスタンダードなマクロ経済学のモデルに基づき，乗数効果，クラウディング・アウト，短期と長期の経済効果の違いなどを包括的に述べる。ケインズ派のフレームワークを紹介する場合はしばしば総需要サイドのみが議論になりがちであるが，本章では総供給サイドを含めた包括的考察も行う。

2.1　総供給と総需要

▶ 総供給（Aggregate Supply；AS）

　一定期間に国内で生産された最終生産物の量を Y と表す。経済全体の財やサービスの総供給（総生産）で表される GDP は，(i) 労働，資本財（労

■図表 2-1　生産関数

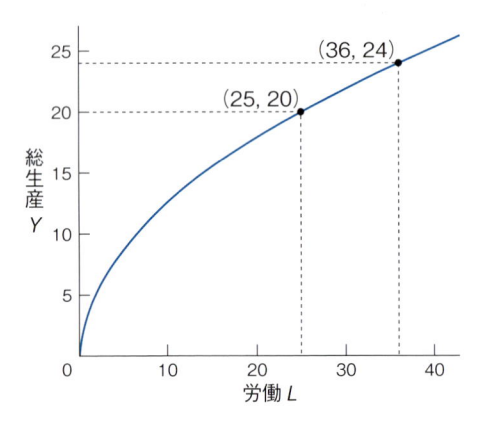

働者が使う道具・機械や設備），原材料，エネルギーなど，生産要素と呼ばれるいくつかの投入要素とその量，および (ii) 利用可能な生産技術によって決定される。生産要素については，重要なものとして**労働**と**資本**を考えるが，本章では労働を考察対象とする（資本については第5章・第6章を参照）。労働の量は労働者の数および労働時間から表され，その量を L で表す。労働の投入量と生産量の関係を表す式が以下の**生産関数**：

$$Y = F(L) \tag{2.1}$$

である。

図表 2-1 は，生産要素 L と生産物 Y の間の関係をグラフ化したものである。生産関数は右上がりの傾きを持つ。すなわち，労働が多ければ多いほど，より多くの生産量が得られる。図では，労働投入 25 単位が 20 単位の Y を生みだし，36 単位の労働が 24 単位の Y を生みだしている。生産関数の性質についてのより詳細な議論は，第 5 章図表 5-4 や第 5 章補論を参照のこと。

▶ 総需要（Aggregate Demand；*AD*）

他方，GDP は，各経済主体による**総需要**（支出の総和）として表される。

民間部門の消費を C，投資（機械や装置などの設備購入）を I，政府支出（政府最終消費支出と公的固定資本形成の和）を G，海外部門による純輸出（Net Export＝輸出－輸入）を NX とする。総需要で表される GDP は，以下のような式で表される：

$$Y = C + I + G + NX \qquad (2.2)$$

（2.1）は総供給から，（2.2）は総需要から GDP をとらえたものであり，両式における Y は，事後的には等しいものである。

なお，（2.2）は，海外との貿易・資金の取引のある開放経済（Open Economy）を想定している。資金循環図（1.4節図表1-10）による確認は，本書サポートページの補足「開放経済における資金循環図」を参照されたい。より容易なアプローチとして，海外との取引や経常収支を経済モデルから捨象した閉鎖経済（Closed Economy）から理解を進めたい読者は，以下の議論から純輸出を捨象して（数式などにおいて $NX=0$ として）読み進めて構わない。例えば，（2.2）は閉鎖経済においては，

$$Y = C + I + G$$

と表される。

▶ マクロ経済における2つの見方

マクロ経済学は，市場のマクロ変数の制御に信頼をおく「古典派」とその流れを汲む理論と，マクロレベルでの市場の失敗と政策によるマクロ経済制御の可能性を考える「ケインズ派（ケインジアン）」とその流れを汲む理論に大別することができる。これらの理論は，景気対策としての公共事業や財政赤字，また構造改革や規制緩和といったわが国の経済・財政政策と関連されて理解されることが多い。

いわゆる「セイの法則」と呼ばれる古典派の想定では，GDP を規定するのは総供給である。何らかの理由で総需要が総供給を下回り，不況により商品の売れ残りや失業が発生しても，価格や賃金の調整機能により，売れ残りや失業が解消される。これに対してケインズ派では，GDP を規定するのは

総需要であるという,いわゆる「有効需要の原理」を基礎とする。価格や賃金の調整機能は不完全であり,潜在的総供給能力に余剰が生じたまま市場がそれを解消しないことがある。

両者の違いは労働市場の均衡条件から来る。古典派においては,労働市場は利潤最大化を目指す企業の労働需要と,効用最大化を目指す家計の労働供給の**市場均衡**(Market Equilibrium)から成る。市場は完全競争であり価格の調整機能は完全である。そのような均衡の雇用水準は完全雇用水準と呼ばれる。他方ケインズ派は,労働市場は完全競争と価格調整で決定されるものでは必ずしもないと考えた。

マクロ経済学で一般に考えられる総需要・総供給の均衡(以下「財市場の均衡条件」と呼ぶ)は,「総需要=総供給」である。すなわち,労働市場の均衡雇用水準を $\hat{L}$ として,

$$F(\hat{L}) = C + I + G + NX \qquad (2.3)$$

と表すことができる。古典派においては $\hat{L}=L^*$,ケインズ派においては,景気循環の局面において $\hat{L} \neq L^*$ が現れうるものと表される。不況を扱う $\hat{L} < L^*$ はよく知られているが,経験則で考えても,景気過熱が価格調整の遅れや家計・企業の自信過剰を生み,$\hat{L} > L^*$ を生じさせる状況はしばしば生

■図表2-2 完全雇用水準 L^*

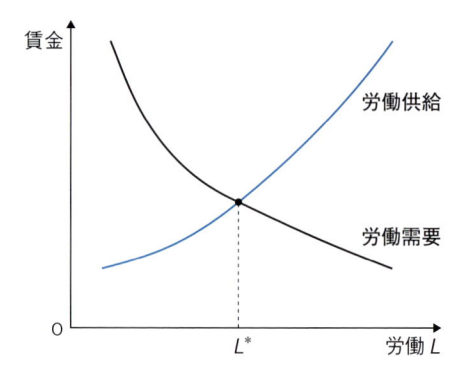

じる。典型的にはわが国のバブル期がこれに相当する。

古典派の扱いにおいて、政府支出（G）の増加は図表 2-1 および総供給サイドで規定される（2.3）左辺には影響を及ぼさないので、総需要（(2.3)右辺）の他の要素が縮小することで財市場の均衡が保たれる。具体的には、後に詳しく述べるように、資金市場で金利が上昇することで、投資や純輸出が減少する。ケインズ派モデルにおいては、総需要の増加に応じて、総供給サイドが、投入 $\hat{L}$ の増大を通じて生産 Y を増加させることが原理的に可能である[1]。

ケインズ派モデルにおいても、長期的には、総供給を規定する労働（および資本）市場において、価格の調整メカニズムにより完全雇用が達成され、図表 2-2 の L^* に対応する、「完全雇用 GDP」と呼ばれる GDP レベルが実現する。一方、短期の景気循環の局面では、物価は硬直的で、完全雇用は必ずしも達成されない[2]。政府支出や減税の役割は、短期と長期[3]において異なる。以下では 2.2 節および 2.3 節で短期均衡、2.4 節および第 6 章で長期均衡を含んだ分析を行う。

2.2　45 度線分析による乗数効果

▶ 政府支出乗数

本節では物価と利子率（金利）を一定とした単純なモデルにおける財政政策の効果を考える。家計の消費（C）については、簡単な形として、以下の消費関数を想定しよう：

---

[1] 総需要の増大が $\hat{L}$ の増大をもたらすメカニズムの標準的なミクロ的基礎付けは、生産財価格の緩慢な調整を伴う独占的競争市場として表される。諸価格が完全に一般均衡水準に調整されない間は、独占的競争企業は、需要される産出量水準を生産する。例えば A. エーベル、B. バーナンキ（著）伊多波良雄ほか（訳）（2007）『マクロ経済学 下——マクロ経済政策編』（シーエーピー出版）第 11 章を参照。
[2] これに対して、古典派に基づいた景気循環理論では、短期均衡においても完全雇用が成立する（均衡の変動や失業はケインズ派モデルとは別の要因で与えられる）。この場合の財政政策の効果は、本書で扱うところの長期均衡への効果と同じということになる。
[3] 経済成長に関連する視野を更に区別して、超長期（Very Long Run）という区分を用いる場合もあるが、本書ではこの区分は用いない。

$$C = c_0 + c_1(Y - T) \tag{2.4}$$

ここで T は租税を表し，この消費関数は，消費が所得（Y）から租税（T）を引いた**可処分所得**の関数であることを示している。c_0 および c_1 は定数である。c_0 は基礎消費と呼ばれ，c_1 は $0 < c_1 < 1$ であり，**限界消費性向**と呼ばれる。限界消費性向は，1単位の可処分所得の増加のうち，消費に回す割合を示している。

総需要が財市場の均衡を規定するケインズ派の体系において，(2.4) を (2.2) に代入すると，

$$Y = c_0 + c_1(Y - T) + I + G + NX \tag{2.2}'$$

であり，この式において支出者の計画した総需要（右辺）が国民所得（左辺）と等しくなるところを均衡の Y と規定する。

図表 2-3 は，横軸に Y，縦軸に (2.2)′右辺をとった図における，政府支出 G の増加に伴う均衡 GDP の推移を描いたものである。当初の政府支出の値を $G = G_1$ とし，図の（Y_1, Y_1）は，$G = G_1$ に対応する (2.2)′式右辺（傾き c_1 で縦切片 $c_0 - c_1 T + I + G_1 + NX$）が同式左辺と等しくなり，右上がりの45度線と交わる均衡国民所得を表す。政府支出が $G = G_2$ に増加したと

■図表 2-3　45度線分析

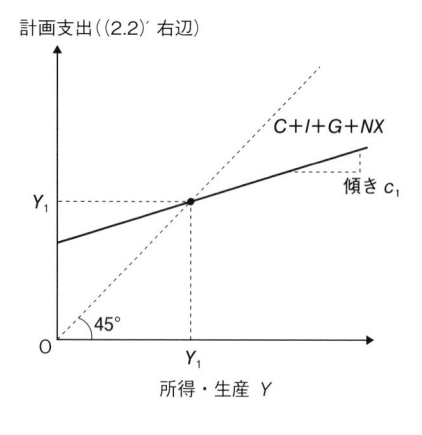

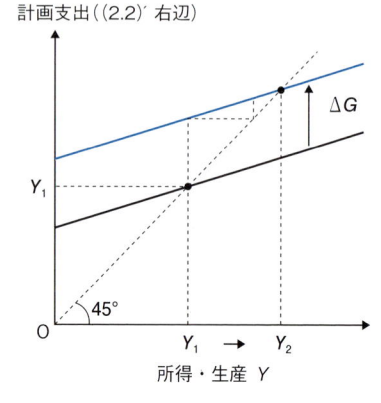

きには，図右の実線が縦方向に $\Delta G = G_2 - G_1 > 0$ だけシフトし，それに伴い総需要 Y を引き上げることが可能である。新たな均衡を Y_2 とする。政府支出の変化 ΔG は，まず国民所得を (2.2)′ より ΔG だけ増加させ，可処分所得の増加が今度は消費を (2.4) より $c_1 \times \Delta G = c_1 \Delta G$ だけ増加させる。これがまた (2.2)′ 左辺を $c_1 \Delta G$ だけ増加させる。この国民所得→消費→国民所得のフィードバックは，$\Delta Y = Y_2 - Y_1$ として，

$$\Delta Y = \Delta G + c_1 \Delta G + c_1^2 \Delta G + \ldots$$

と続く。無限等比級数の和の公式[4]により，以下が導出される：

$$\Delta Y = \frac{1}{1 - c_1} \Delta G \tag{2.5}$$

(2.5) においては，政府支出 G の 1 単位増加は，国民所得 Y を $1/(1-c_1)$ 単位増加させる。このように，政府支出の増加がそれ以上の国民所得の増加を引き起こす効果を，**乗数効果**と呼び，対応する係数を**政府支出乗数**と呼ぶ。

例えば，$c_1 = 0.8$ のとき，政府支出乗数は $1/(1-0.8) = 5$ となる。

▶ 乗数効果：さまざまなバリエーション

財政政策による乗数効果は，減税を考える場合や，異なる租税関数・消費関数を考える場合など，いくつかのバリエーションが存在する。

(i) 減税の場合

財政政策を減税で行うときには，どのような乗数が得られるであろうか。

---

[4] 初項 a，公比 k（$0 < k < 1$）の無限等比数列の和は，$a + ka + k^2 a + \ldots = a/(1-k)$ となる。ここでは $a = \Delta G$，$k = c_1$ なので，(2.5) を導出できる。

(2.5) は，(2.2)′ が示す均衡国民所得 $Y = \frac{c_0 - c_1 T + I + G + NX}{1 - c_1}$ において，右辺の政府支出の変化 ΔG と，左辺の均衡国民所得の変化 ΔY の関係としても導出される。当初の $G = G_1$ に対応する等式 $\left(Y_1 = \frac{c_0 - c_1 T + I + G_1 + NX}{1 - c_1}\right)$ と $G = G_2$ に増加させたときに得られる等式 $\left(Y_2 = \frac{c_0 - c_1 T + I + G_2 + NX}{1 - c_1}\right)$ の両辺の差をとると，$Y_2 - Y_1 = \frac{G_2 - G_1}{1 - c_1}$ が得られる。$\Delta G = G_2 - G_1$ および $\Delta Y = Y_2 - Y_1$ について (2.5) が成立する。

減税（当初の $T=T_1$ から $T=T_2$ への変化，$T_2<T_1$）の場合，(2.2)′から導出される $Y=\dfrac{c_0-c_1T+I+G+NX}{1-c_1}$ より，T の変化 $-(T_2-T_1)=-\Delta T>0$ と均衡国民所得の変化 ΔY の関係としては以下が成立する：

$$\Delta Y = \frac{c_1}{1-c_1}(-\Delta T) \tag{2.6}$$

減税の場合，(2.2)′より，T の変化 $-\Delta T>0$ は，まず国民所得を $c_1\times(-\Delta T)$ だけ増やす。ここでは，第1ラウンドで増える総需要の増加は，減税額に限界消費性向を乗じたもので，残りは貯蓄に充てられる。それ以降のフィードバックのプロセスは，政府支出増加のケースと同じである。すなわち，$\Delta Y = c_1\times(-\Delta T)+c_1\times c_1\times(-\Delta T)+\ldots =\dfrac{c_1}{1-c_1}(-\Delta T)$，となる。例えば，$c_1=0.8$ のとき，減税乗数は $0.8/(1-0.8)=4$ となる。現行の単純なフレームワークにおいて，減税乗数は政府支出乗数より小さい。

(ii) 均衡予算で考えたとき

基本ケースの (2.5) および，減税のケース (2.6) では，財源を公債で賄うことを想定していた。これに対して，均衡予算での政府支出乗数を考える。すなわち，政府支出の増加 ΔG を，同額の増税 $\Delta T=\Delta G$ で賄うのである。$c_1=0.8$ の例を続けよう。増税によって，減税と反対のプロセスが生じる。例えば，(2.6) より，$c_1=0.8$ のとき，1単位の増税は4倍の国富の減少をもたらす。(2.5) で見たように，政府支出は5倍の国富の増大を生むが，結局のところ，国富増大は $5-4=1$ となる。

より一般的には，(2.5) および (2.6) 式，ないしは (2.2)′ を直接参照することにより，$\Delta T=\Delta G$ のとき，

$$\Delta Y = \frac{1}{1-c_1}\Delta G - \frac{c_1}{1-c_1}\Delta T = \Delta G \tag{2.7}$$

が導出される。このときの ΔG と ΔY の関係を**均衡予算乗数**と呼ぶ。均衡予算乗数は，1である。

民間の家計・企業と同様，ある時期の財政赤字はどこかで返済せねばならない。すなわち，財政赤字で資金調達する政策でも，将来を含めれば均衡予算で考えなければならない。均衡予算乗数においては，政府支出拡大による

派生的な需要増は財源調達の増税によって吸収され，1を超えた総需要の拡大効果を持たない。この考えは第3章発展問題（1）および6.4節で再論する。一般的には，乗数理論を用いた財政政策は，「不況期に公債発行を伴う総需要拡大を用い，好況期に増税あるいは歳出削減を用いて，景気安定化とともに財政収支をバランスさせる」，と理解される。

(iii) 自動安定化装置（Built-in Stabilizer）による景気安定化

租税は通常，所得・消費といった経済変数に連関して徴収される。ここで，簡単な例として以下のような比例所得税を考える。いま，租税が，

$$T = \tau Y, \text{ 定数 } \tau \text{ は } 0 < \tau < 1 \text{ を満たす}$$

であるとしよう。これを（2.4）および（2.2）に代入し，整理すると，以下のような政府支出乗数が導出される[5]：

$$\Delta Y = \frac{1}{1 - c_1(1-\tau)} \Delta G \tag{2.8}$$

このプロセスは，財政制度の自動調整による総需要安定化のメカニズムを表している。このほかのいくつかの例を考えよう。所得税が，所得が増加するとともに税率も上昇する累進課税体系をとるときには，好況による所得増は，税負担を高くし，消費 C（そして総需要）が抑制される。不況のときはその逆に，所得減が，税負担を低くするので，総需要の落ち込みが緩和される。また，失業保険があるときには，不況下でも失業者の消費が可能であり，好況期には増えた雇用者への税が増えることとなる。従って景気と反循環的（Counter-Cyclical）な財政出動が，自動的に制度の中で可能となる。税制や社会保障が持つこのような経済安定化機能を，「**自動安定化装置**」と呼ぶ。なお，総需要の他の構成要素（c_0 や I や NX）のショックに対して Y の変動幅を抑える意味での「安定化」装置でもあることにも注意されたい。6.4節にてより詳細な議論を行う。

---

[5] G の変化 ΔG は，まず国民所得を ΔG だけ増加させるが，この場合の消費へのフィードバックは，(2.4) より $\Delta C = c_1 \times (\Delta Y - \Delta T) = c_1(1-\tau)\Delta G$（$\Delta T = \tau \Delta G$ は所得税増税分）となり，以降のフィードバックも $c_1(1-\tau)$ のオーダーで行われる。ただ，ここでのポイントは，乗数が (2.5) より小さくなることではなく，財政制度が総需要を安定化させる役割である。

(iv) 輸入の影響

国民所得の増加は消費を増大させるが，増大した消費の中には，輸入品の購買も含まれる。輸入の増加自体は国富からは差し引いて考えるので，(iii) の自動安定化装置の場合と同様，乗数を低下させる。

いま，純輸出が，定数 n_a および n_b について，

$$NX = n_a - n_b(Y - T)$$

であるとしよう。n_b は $0 < n_b < c_1$ で可処分所得の増加に伴い輸入品を消費する割合を表し，**輸入性向**と呼ぶ。これと (2.4) を (2.2) に代入し，整理すると，以下のような政府支出乗数が導出される：

$$\Delta Y = \frac{1}{1 - c_1 + n_b} \Delta G \tag{2.9}$$

$0 < n_b$ なので，政府支出乗数は (2.5) より小さくなる。

なお，(2.8) 式や (2.9) 式より，政府支出乗数や減税乗数は，限界消費性向，所得税率や輸入性向に依存する。乗数効果の低下の理由としてこうした変数の変化が指摘されることがあるが，わが国の文脈に当てはまるかは定かではない[6]。他方で均衡予算乗数 (2.7) は，所得税率や輸入性向に依存しない（章末の復習問題 (2) を参照せよ）。

▶ 政府支出対減税：最近の議論

(2.5) 式および (2.6) 式では，同額の財政出動であれば政府支出の方が減税よりも乗数は大きい。他方，(2.8) 式や (2.9) 式などの政府支出乗数は，基本ケースの (2.5) より小さい。政府支出や減税が与える経済効果は，本節のモデルを超えてきわめて広く，また，後に述べるように，長期均衡の文脈では，総供給（(2.3) 左辺）が経済均衡を規定する。その理解のもとで，最近の研究では，政府支出乗数は，一般に (2.5) よりも小さく，1に近いか1より小さい場合も多い。また，減税乗数の方が政府支出乗数より大きいという研究もある。減税のメリットとしては，民間部門による消費および投

---

[6] 所得税率でいうと，わが国の租税負担率は低く，景気対策の減税や所得税のフラット化などで，所得税率はむしろ減税基調を保った。

資の反応が総需要（(2.3) 右辺）のみならず総供給（(2.3) 左辺）を押し上げる。後者の理由は減税の性質と民間主体の反応の大きさによる。例えば，法人税減税は，その方式により，企業の生産や投資のインセンティブを上げる。他方，減税のデメリットとしては，減税が債務返済に向かった場合，総需要（消費・投資）に現れない。財市場の不況は多くの場合金融のショックに端を発する場合が多く，債務の整理に関する政策の重要性を示唆している[7]。また，総供給を上げる政府支出なども可能である。生産に有益な公共投資・規制緩和などがそれに当たる。完全雇用を伴えば，政府支出が総供給の拡大を通じて GDP を上げることは可能であり，またその逆もありうる。

▶ 注：税のあり方

　本節の基本ケースおよびバリエーション（ⅰ）で考察した税の形態は，一定の固定額を納税者から一括して徴収する（ことを暗に仮定した）ものである。このような税を**一括税**（Lump-Sum Taxes）という。これに対して，バリエーション（ⅲ）での租税の形態は所得という**経済変数に依存して，納税額が変化する**ので，一括税とは異なる。主要な税制（消費税，法人税，相続税，酒税……）は，そのほとんどが取引量・所得や資産などの経済変数に依存して，納税額が変化する。他方，現実に存在する一括税，あるいはそれに近い性質を持ったものとしては，例えば地方住民税の均等割（標準税率として，市町村分は 3,000 円，都道府県分は年額 1,000 円），国民年金保険料（所得など，納税者の経済状態に関わりなく，基本的に保険料が定額で，2012 年で月額 14,980 円）などが挙げられる。

　租税負担を一括税とする取扱いはシンプルであり，租税の経済効果の基本ケースを学ぶ上で参考となる。他方，租税の経済効果を見る上で重要な特徴としては，一般には経済主体の行動の変化に税額が依存するところにある。例えば「税率 10% の所得税体系で，所得 500 万円を選択した納税者の 50 万

---

[7] 政府支出にも同じような考えが当てはまる場合がある。公共投資は建設業に一次的な所得を発生させる。この所得が消費性向を通じて消費に回ることで，第 2 ラウンド以降の乗数効果が発生するが，例えばバブル崩壊後のわが国においては，建設業は不動産業とともに地価下落に伴う債務を負っていたので，発生した所得が消費・投資の拡大でなく債務の返済などに費消された可能性がある。土居丈朗（2002）『財政学から見た日本経済』（光文社新書）参照。

円の所得税」と「納税者に課せられた50万円の一括税」は，一般にその経済効果が異なる。具体的なケースを，今後の章において学んでいく。

2.3 財・貨幣市場の一般均衡における財政政策の効果

本節では，財市場に加えて貨幣市場があるときにおいて，国民所得とともに利子率（金利）が均衡で決定されるモデルを考察する。本節では投資や純輸出が金利に対応して変化することをモデルに加え，その際の財政政策の効果を考える。ただし，引続き物価は一定と仮定する。

▶ IS 曲線：財市場均衡

まず，総需要を決定する諸要因を，GDP（Y）と利子率（r）の関数として表す。消費関数については引続き (2.4) $C(Y-T)=c_0+c_1(Y-T)$ を想定しよう。次に投資（I）は，利子率が上昇すると，投資に必要な資金が調達しにくくなることを反映し，I-r 平面において右下がりの投資関数を想定する。モデルが代数的に解けるように，以下のような単純な関数形を考えよう：

$$I(r)=i_0-i_1r, \quad i_0, \ i_1 \text{ は正の定数} \tag{2.10}$$

また，海外との貿易・資金の取引のある開放経済においては，自国金利 r の変化は純輸出 NX に影響を与える。具体的には，世界市場で決定している世界利子率 r^* を参照基準として，r が r^* より高い場合には外国から自国への資金の流入が生じる。変動為替相場においては，同時に為替レートの自国通貨高（考察している国が日本であるならば円高）が NX を減少させる。r が r^* より低い場合は，その逆である。このような状況を，定数 n_0 および n_1 について，

$$NX(r)=n_0-n_1(r-r^*), \quad n_1 \text{ は正の定数} \tag{2.11}$$

と表す（詳しくは補論を参照。本書サポートページの補足「小国開放経済の

場合」の項も参照のこと)。

横軸に Y, 縦軸に r をとった2次元平面上において, 財市場の均衡条件を表す (Y, r) の組合せは,

$$Y = C(Y-T) + I(r) + G + NX(r) \tag{IS}$$

である (Y, r) の軌跡で表される。この軌跡は **IS 曲線** とも呼ばれる[8]。

式 (IS) は, 資金市場の均衡を示す式とも解釈されうる。いま, 民間主体の貯蓄を $S = Y - C - T$ と表すと, (2.2) より, $S = Y - C - T = C + I + G + NX - C - T$, すなわち,

$$S = G - T + I + NX$$

となる。この式は「貯蓄-投資バランス」と呼ばれ, 民間主体の貯蓄は, 財政赤字 $(G-T)$, 民間投資および純輸出の和に等しくなることを示すものである。この式を,

$$S(Y-T) = G - T + I(r) + NX(r) \tag{2.12}$$

と置き換えると, (IS) と等価であり, この式からも IS 曲線(そもそも投資 I と貯蓄 S の等価式という意味である)が導かれる。

図表 2-4 は IS 曲線の形成方法を示している。図の左側は, r を縦座標とした際の貯蓄-投資バランスを示している。まず, $Y = Y_1$ と想定する。パネル (a) において, (2.12) の左辺 $S(Y_1-T)$ は r に依存しないと想定しているので横軸に垂直な直線で与えられ, (2.12) の右辺 $G - T + I(r) + NX(r)$ は, 右下がりの点線 $I(r) + NX(r)$ と線分 AB の長さに相当する財政赤字 $(G-T)$ の和, すなわち右下がりの実線で与えられる。(2.12) を成立させる金利水準は, 実線の交点の r_1 で与えられる。議論の出発点は $Y = Y_1$ と想定するところから始まっていたので, 右図の座標 (Y_1, r_1) は財市場の均衡条件を満たす(パネル (b))。同様の議論を $Y = Y_2$ と想定するところから始めると, 国民所得の増加はより高い貯蓄に対応するので, $S(Y-T)$ は右方

---

[8] 式 (IS) は, その両辺に説明対象の (Y, r) が入った形であり, 両者の関係が $r = f(Y)$ などという表現(陽関数という)になっていない。このような関数を, 陰関数と呼ぶ。

■figure 2-4　*IS* 曲線

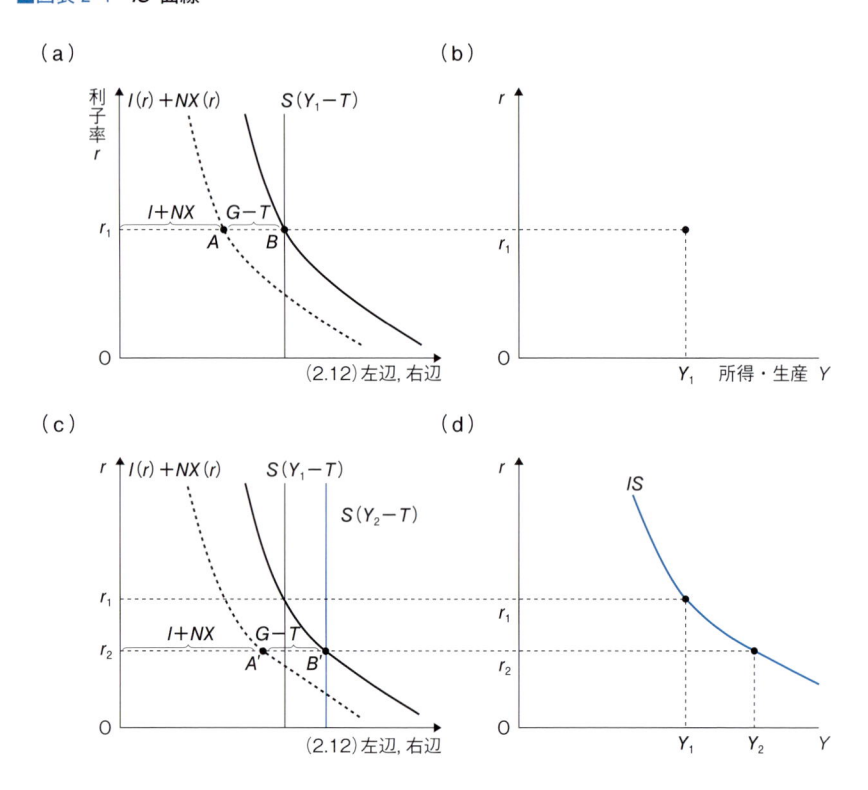

(a)　(b)

(c)　(d)

にシフトする（パネル (c)）。(2.12) を均衡させる金利は低下し、右図の座標 (Y_2, r_2) が財市場の均衡条件を満たす。すなわち、所得が増加すると貯蓄が増加し、均衡利子率が低下するので、*IS* 曲線は右下がりとなる（パネル (d)）。

　IS 曲線で決定される均衡水準は、政府支出 G と租税 T にも依存する。図表 2-5 は、45 度線分析の図を用いて、政府支出の変化 $\Delta G (>0)$ が *IS* 曲線をどのようにシフトさせるかを示している。図左は、所与の利子率 r_1 のときの計画支出（(2.2)′ 右辺、ただし $I = I(r_1)$ かつ $NX = NX(r_1)$）が 45 度線と $Y = Y_1$ において交差する状況を示している。財政政策の変更は総需要を増加させ、財市場の均衡国民所得水準を、Y_2 に増加させる。同様の考

■図表 2-5　G の増加による IS 曲線のシフト

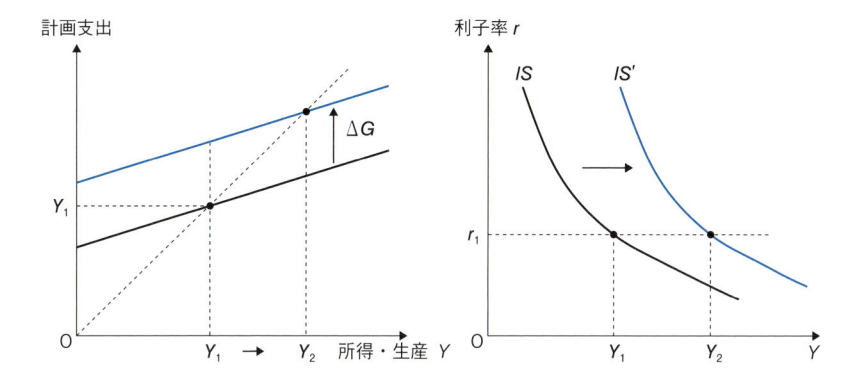

察がすべての利子率について成立するので，IS 曲線は右にシフトする。このことはまた，G の増加や T の減少は，均衡金利に上昇圧力をかけるということを意味する。

▶ 貨幣市場：金融政策反応関数

次に，Y と r の関係を規定するもう一つの市場である，貨幣市場を考察する。伝統的なケインズ派分析においては，<u>流動性選好理論</u>と呼ばれる，経済主体の貨幣需要と中央銀行が操作をする貨幣供給が等しくなる，貨幣市場の均衡を考察する。これに対して本節では，より簡潔な取扱いである，金利決定に影響力を持つ中央銀行が操作する金融政策によって貨幣市場の均衡が達成される分析手法を用いる。

今日のほとんどの先進国の中央銀行は，金利を政策目標に用いる。一般には，政策目標とする金利は国民所得やインフレ率に応じて中央銀行が調整するが，既にことわったように本章では物価は一定の短期を考察している。政策目標金利が国民所得に依存するケースは後で扱うとし，いま，最も単純なケースとして，中央銀行が金利を一定にする金融政策を採っているとしよう。すなわち，ターゲットとする利子率を定数 $\hat{r}$ で表すとして，

$$r = \hat{r} \qquad (MP1)$$

という**金融政策（反応）曲線**（以下「MP 曲線」と呼ぶ）を考える。図表2-5のような財政政策による金利上昇圧力に対して、均衡利子率を目標値 $\hat{r}$ に見合ったものにするためには、公開市場操作で市場から債券や手形を買うことで達成される。

▶均衡の決定

本モデルは、財市場と貨幣市場を同時に均衡させる (Y, r) の値と、それらが財政政策によってどのように変化するかを、考察対象とする。財政政策による G と T、$(MP1)$ の金融政策、および世界利子率 r^* が所与のもとで、均衡は IS 曲線（IS）と MP 曲線（$MP1$）の交点 E_1 で与えられる。

もし、MP 曲線が $(MP1)$ で表されれば、均衡金利は財政政策の変化に対しても $\hat{r}$ で一定であるので、投資 $I(r)$ や $NX(r)$ は $r=\hat{r}$ のときの値で与えられ、あとは前節 (2.5) の結果がそのまま当てはまる。すなわち、図表2-6の新しい均衡 E_2 では、政府支出の変化 ΔG が均衡の Y を $Y_2-Y_1=\dfrac{1}{1-c_1}\Delta G$ となるように変化させる。

▶MP 曲線が右上がりのとき

金融政策の決定要因は複雑であり、$(MP1)$ とは異なる可能性もある。と

■図表2-6 （$MP1$）による財政政策の効果

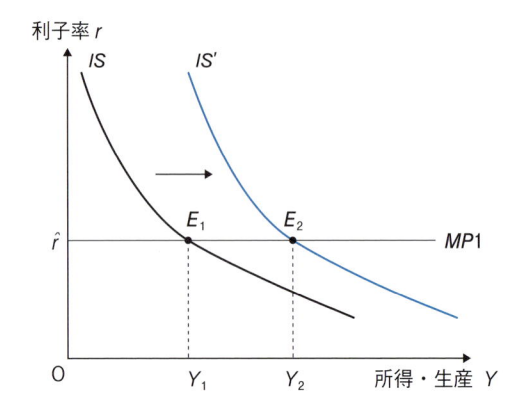

■図表 2-7 （$MP2$）による財政政策の効果

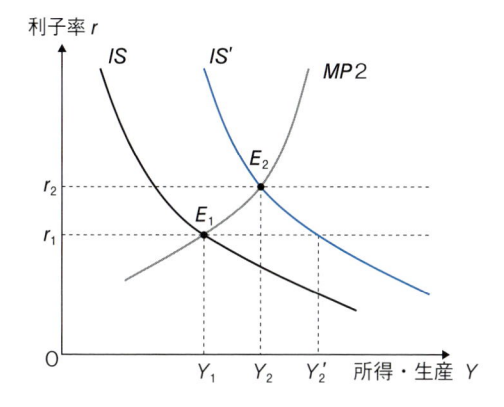

[図: IS、IS'、MP2 曲線と均衡点 E_1（Y_1, r_1）、E_2（Y_2, r_2）]

りわけ，多くの場合，中央銀行は Y が増えると金利を上げ，Y が減ると金利を下げる。そのような場合，MP 曲線は，

$$r = \hat{r}(Y), \quad \hat{r} \text{ は } Y \text{ の増加関数} \qquad (MP2)$$

で表される（詳しくは補論を参照）。

総生産（国民所得）の増加は貨幣需要を増加させるが，中央銀行が，これに対して均衡金利を上げるように誘導すれば，(2.10)，(2.11) により投資などが抑制され，ひいては国民所得の安定化につながる。高い総生産はインフレーションを起こす可能性がより高いので，そのような政策は，経済の過熱が物価に伝播する前に経済の安定化を目指す政策ともいえる。

いま，政府が支出を ΔG だけ変化させたとする。金利が一定であれば，均衡の Y は $Y_2' - Y_1 = \dfrac{1}{1-c_1} \Delta G$ である Y_2' まで増加するが，金融当局は ($MP2$) に従い目標金利を引き上げるので，(2.10)（投資の減少）および (2.11)（円高による純輸出の減少）により乗数効果が減殺され，新しい均衡 E_2 では，国民所得の増加は Y_2 にとどまる（図表 2-7）。

代数的にはこのように説明される。($MP2$) を線形の式で表したもの：

$$r = \hat{r}_0 + \alpha Y, \quad \hat{r}_0 \text{ は正の定数, } \alpha \text{ は非負の定数} \qquad (MP2)'$$

で表す。a の値は MP 曲線の傾きを表す。$a=0$ のケースが（$MP1$）であり，一般には，a の値は，中央銀行が特定の利子率水準を維持すべく金融政策を運営するのか，特定の GDP 水準を維持すべく運営するのかの比重を表す。財市場と貨幣市場の均衡の Y は，（$MP2$）′の r を（IS）に代入して辺々を整理することで得られる。それに従い，財政政策の効果は以下のように示される（導出は練習問題とする）：

$$\Delta Y = \frac{1}{1-c_1+a(i_1+n_1)}\Delta G \qquad (2.13)$$

ここで $1-c_1$ は（2.5）式と同じである。ここではそれに，(i) MP 曲線の傾き（a）と (ii) I と NX の金利に対する感応度(i_1+n_1) の積が分母に加わった形になっている。具体的には，政府支出が乗数効果を通じて所得を増やすと，(i) 金利が上昇し，(ii) それが総需要，とりわけ I と NX を減少させる。このような経済効果を**クラウディング・アウト**と呼ぶ。章末の発展問題 (3), (4) では，IS, MP 曲線の形状の代替的ケースにおける，均衡の Y と r に対する効果を考察する。

❖ コラム　総供給への影響を考えた包括的考察[9]

　1990 年代も後半になり，度重なる財政出動にも関わらず景気の本格回復が程遠いと思われるようになると，財政政策の無駄（非効率性）がクローズアップされるようになった。農業や建設業，過疎地への事業など，経済への波及効果に疑問の高い事業への公共投資・インフラ投資ではなく，より生産性や経済厚生への寄与の高い事業——1990 年代後半や 2000 年代前半においては IT 産業，より近年では環境事業——へ公共投資・インフラ投資のシフトを望む声が増えた。「同じ公共投資ならば生産性や効率性の高いものへ」という議論は経済学的に正しいのであろうか。

　重要な考察点は，政府支出と民間支出の代替関係である。公共投資が民間の経済活動と代替可能であれば，その民間活動（消費・投資）は相殺される。例えば，公営の体育館の建設は民間のスポーツジムの建設機会を奪う（ないしは既存のジムの閉鎖を伴う）かもしれない。公立図書館による書籍や CD・DVD の購入は，対応する民間消費を減少させる[10]。生産性の高いと思われる先進産業への公共投

---

[9] 岩本康志東京大学教授ブログ「財政政策のマーフィー式採点法（その 1, その 2, その 3）」も参照せよ。ここでの議論は 6.4 節で再論する。

資にも同じ議論が該当し，市場の失敗などの理由で民間供給がなされていない（ないし過少供給である）限り，クラウディング・アウトを生じさせる。このようなクラウディング・アウトを，以下「直接的クラウディング・アウト」と呼ぶ。政府が市場よりも生産性の高いIT投資ができる理由は先験的には存在しないので，この直接的クラウディング・アウトは逆に国富の損失を生みかねない。環境政策についても，市場の失敗から過少供給されるとはいえ，民間主体の自助努力で行われる環境対策もある。政府の行う環境政策が民間主体の環境対策と代替的であれば，直接的クラウディング・アウトが生じることを否定できない。逆に，民間の基準での「無駄」の程度が大きい公共事業ほど，民間では行われないわけであるから，（皮肉なことに）直接的クラウディング・アウトがより小さくなるように見える。ケインズは著書『一般理論』にて，ピラミッドの建設やごみの入った廃坑からの貨幣の採掘などでも，国富の増進や失業の減少に役立つ，と述べた。しかしながら，そのような政策で考えても，遊休資源の活用を伴う総供給の正の反応が，事務経費や浪費資源を上回るほどでない限り，国富の増進はない。

ここで考えた，「既存の資本や労働が使用されることによる民間需要のクラウディング・アウト」の程度の考察は，ケインズ派対古典派という枠組みを包摂する形として重要である。ケインズ派の想定に基づく (2.5)〜(2.9)，および (2.13) の乗数過程においては，(2.3) において，総需要の増加に総供給が反応（増加）することを暗に仮定していたので，直接的クラウディング・アウトは0である。これに対して，政府支出や消費の増加が総供給サイドで規定される (2.3) 左辺には影響を及ぼさない古典派のケースでは，相殺される民間消費・投資に使われるはずだった生産要素（労働や資本）が公共事業に使われることにより，総供給の増加はない。すなわち，直接的クラウディング・アウトは100%であり，その場合乗数は0である。現実は一般にその中間と考えるのが自然であり，労働市場などで生じている市場の失敗の有無やその性質，政府がなしうる事業がもたらす機会費用などのさまざまな面が，乗数の大きさを決定する。実証分析にて，わが国の公共投資増加が，民間消費支出や民間投資へ負の影響をもたらすことを示す論文も存在する。

---

10 これに対して，民間の経済活動を補完する，ないし新たな経済活動を刺激する公共投資であれば，そのような活動は国富をより増加させる。例えば道路・鉄道などの建設・整備が，該当地域の経済活動を活性化させ，新たな雇用機会や消費・投資の機会を生みだすならば，総需要の拡大は1単位以上になる。ただ，日本のような高度成長の終了した経済において，そのような公共投資先をみつけるのはやはり容易でない。

2.4 長期均衡

ケインズ派の体系においても,長期においては価格の調整メカニズムが働く。総供給を規定する労働市場において,価格の調整メカニズムにより完全雇用が達成されるとき,対応する GDP レベルを完全雇用 GDP という。すなわち,労働 L の完全雇用水準を L^* と表すと,完全雇用 GDP Y^* は,(2.1) での生産関数 F を用いて,

$$Y^* = F(L^*) \tag{2.14}$$

と表される。

企業の労働需要は生産関数における労働生産性から決定されるので,労働の生産性を決定する諸要素が L^* にとって重要となる。生産関数で示される労働生産性が高ければ,企業の労働需要も高く,図表 2-8 の労働需給均衡も右にシフトする。(2.14) からは,より高い完全雇用 GDP が実現する。

長期の GDP に有意な政策は総需要でなく総供給に影響を与えるものである。第 1 に,総供給に影響を与えないような公債政策は,民間の資本蓄積や経済成長に負の影響を与える。これは (2.12) に $Y=Y^*$ を代入すれば分か

■図表 2-8 労働生産性と完全雇用水準

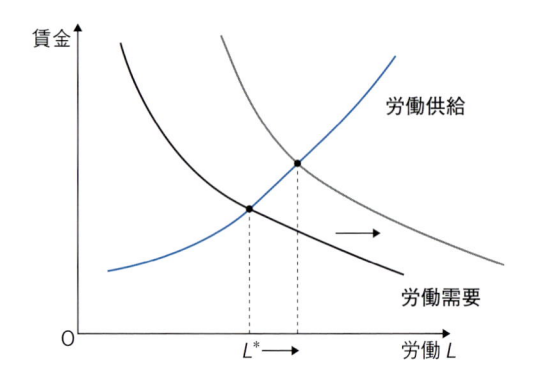

る。$Y=Y^*$ が不変のもとでの財政赤字（$G-T$）の増大は，投資および純輸出への資金をクラウディング・アウトする。閉鎖経済での政府支出増加は，同額の投資の減少をもたらす。減税は，$1-c_1$ の割合が貯蓄に回るので，1単位の減税は，c_1 単位の投資の減少をもたらす。投資は生産要素の一つである資本蓄積に反映されるので，利用可能な資本の減少は，経済成長の鈍化という形で将来に負担が発生する[11]。また，開放経済であれば，経常収支を悪化させる。第2に，2.2節で述べたように，生産に有益な公共投資など，総供給を上げる政府支出も可能で，その逆もありうる。公共投資の非効率性が，国全体の経済成長構造を歪めたのではないかという議論は根強い。これについては第5章で触れる。

2.5　今後の議論へ向けて

　本章の議論はスタンダードなマクロ経済モデルに従っているが，単純なモデルから得られたいくつかの帰結は，今後の章でのいくつかの理論・実証的考察を踏まえて修正される。詳しくは第3章から第6章にかけて順を追って説明するが，以下に，今後の議論を経て修正が施されるものと，重要性が維持されるものに分けてリストにしておく（図表2-9）。第6章まで読み終えた読者は，再びこの表に戻って，本書の議論を再確認していただきたい。

補論　2.3節のモデルについて

　本節においては，2.3節のモデルにおける，(i) 金融政策（反応）曲線（MP 曲線）および (ii) 純輸出（NX）の取扱い（(2.11)）について，簡単な解説を行う。

---

[11] Modigliani, F. (1961). Long-run Implications of Alternative Fiscal Policies and the Burden of the National Debt. *Economic Journal*, 71, 730-755. によるこの議論は，減税の場合，次章の「リカードの等価定理」の帰結が成立する状況では，その内容は修正される。ただし，公債発行が世代間所得移転を生じさせる場合，公債発行が将来世代の負担になるという帰結は原則として正しい（第4章）。

■図表2-9　今後の議論へ向けて

今後の議論を経て修正が施されるもの	今後の議論で重要性が維持されるもの
● 公債発行を伴う政府支出には，1よりも大きな乗数効果がある。 ● 公債発行を伴う減税は，(2.4)を通じて当期消費を刺激し，乗数効果を生む。 ● 不況期に赤字財政を用いて，好況期に緊縮財政を用いることで，景気安定化を裁量的に図ることができる。	● 長期には完全雇用GDPが実現する。 ● 均衡予算乗数は1である。 ● 財政制度には自動安定化機能がある。 ● 既存の資本や労働が使用されることによる民間需要のクラウディング・アウトが存在しうる。

(i) 伝統的なケインズ派分析においては，流動性選好理論と呼ばれる，貨幣需要と貨幣供給の均衡を考察する。流動性選好理論の定式化においては，貨幣供給が金融政策の変数として明示的に表れる。これに対し，現実には，中央銀行は，金利を政策目標に用いる場合が多い。貨幣市場均衡を，流動性選好理論から導出される LM 曲線ではなく，MP 曲線を用いることは，分析の簡素化を含めたさまざまなメリットがあり，ローマー（D. Romer (2000)）[12]などで推奨されている。金利と貨幣供給は，片方が決まればもう片方が決まる関係にあり，MP 曲線は LM 曲線と整合的な定式化である。例えば，LM 曲線は中央銀行がマネーサプライを一定にする金融政策をとるときに得られる国民所得 Y と金利 r の関係式を表すが，これは本節で考えた（$MP2$）の一つの形態である。他方，国民所得の変化に伴う貨幣需要の増加に対して貨幣供給を増加させる政策をとれば，LM 曲線の定式化は均衡金利を Y に関わらず一定の値にする（$MP1$）と整合的になる。章末の発展問題（5）とその解説を参照のこと。

(ii) 本章を通じ，世界利子率（r^*）は所与であり，自国の政策や国民所得などの変化は，r^* に影響を及ぼさないと仮定している。財市場の均衡が $r=r^*$ で表される特殊ケースは，本書サポートページの補足「小国開放経済の場合」の項での解説を参照。r が r^* と必ずしも等しくならないのは，内外の投資家の外国資本への情報不足や自国資産への選好により国際資金移動が完全でない場合か，考察して

---

[12] Romer, D. (2000). Keynesian Macroeconomics without the LM Curve. *Journal of Economic Perspectives*, Vol.14(2), 149–169. などを参照。

いる国自体が大国で，世界の金融市場に影響を与えることができる場合である[13]。(2.11) のように，$r=r^*$ を仮定せずに議論を展開しているモデルとして，ローマー (2005)[14] を参照。(2.11) の導出においては，経常収支 (NX) と対外的な資金の純流入（資本収支）の間の等価式である，経常収支＝対外的な資金の純流出（負の資本収支）の関係を用いている（本書サポートページの補足「開放経済における資金循環図」の項を参照）。$r>r^*$ のとき，r が r^* より高いほどより多くの外国から自国への資金の流入が生じ，$r<r^*$ のとき，r が r^* より低いほどより多くの自国からの資金の流出が生じる。すなわち，対外的な資金の純流出（Net Capital Outflow）は $(r-r^*)$ の減少関数で表され，これを，対外的な資金の純流出＝$n_0-n_1(r-r^*)$ と表すと，対外的な資金の純流出＝NX なので (2.11) が求められる。均衡では為替レートも決定し，拡張的財政政策は均衡為替レートの自国通貨高をもたらす。

復習問題

(1) 図表 2-9 の諸項目を 2.2～2.4 節より確認せよ。

(2) 2.2 節のケース (iii) (iv) で，均衡予算乗数が 1 であることを導出せよ。（租税が Y に依存するケース（ケース (iii)）では，政策変数の変化に伴う Y の変化を織り込んだ，$\Delta(\tau Y)=\Delta G$ なる τ と G の組合せを考えるのが，均衡予算による政府支出増である。）

発展問題

(1) 消費関数・投資関数・純輸出関数がそれぞれ (2.4), (2.10), (2.11) で与えられるとき，縦軸に r，横軸に Y をとった 2 次元平面上に，IS 曲線を記せ。Y 軸切片の値と傾きも求めること。G の増加が，IS 曲線を右にシフトさせることを確かめよ。

(2) (1) の解答を参照し，次のいくつかの経済変化が IS 曲線をどのようにシフトさせるかを，理由をつけて述べよ。

　A. 増税（T の増加）。

　B. 法人税低下，投資減税に伴う，投資意欲の増加（i_0 の増加）。

　C. 将来（可処分）所得の下落予想による消費意欲の減退（c_0 の減少）。

　D. 輸出競争力の下落，あるいは海外製品への嗜好のシフトによる純輸出の低下（n_0 の減少）。

　わが国の政策論議においては，消費税増税は総需要に負の影響を与え，法人税減税は企業活動を活性化させて総需要に正の影響を与えるという意見がある。また，消費が弱

---

[13] G. マンキュー（著）足立英之ほか（訳）(2011)『マンキューマクロ経済学 I ——入門篇（第 3 版）』(東洋経済新報社) 第 5 章補講を参照。

[14] Romer, D. (2005). *Short-Run Fluctuations*, http://emlab.berkeley.edu/users/dromer/papers/short_run_fluc_paper.pdf.

含みであると金利は下落しやすい．諸君の解答はこれらの意見・経済現象とどのように関連しているか．

(3) (2.13)を導出せよ．a が大きいときと小さいときに場合分けをし，G を増加させたときのクラウディング・アウトの大きさを，図示にて比較し，(2.13)との整合性を確認せよ．

(4) (2.13)が成立している状況で，政府支出 G が変化したときの，金利 r，純輸出 NX の変化（すなわち Δr および ΔNX）を求めよ．

(5) 本問では，伝統的なケインズ派分析における，流動性選好理論に基づき貨幣市場における均衡をモデル化する．貨幣市場の均衡は，中央銀行が操作する貨幣供給（M）と，経済主体の貨幣需要が均衡するときの (Y, r) の組合せとして与えられる．流動性選好理論による貨幣需要は，(i)「取引的動機」と呼ばれる，Y の増加が決済・取引目的で貨幣需要を増加させる要素と，(ii)「投機的動機」と呼ばれる，r の増加が利子を生む金融資産へと資産保有をシフトさせ貨幣需要を減少させる要素からなる．

貨幣需要 = (i) + (ii) = $l_0 + l_1 Y - l_2 r$ （l_0, l_1, l_2 は正の定数．第1項は貨幣需要のうち Y や r と無関係な部分，第2項は取引的動機，第3項は投機的動機．線形の関数の想定は，モデルが代数的に解けるための単純化）とすると，貨幣市場の均衡は，貨幣供給（M）= 貨幣需要，すなわち

$$M = l_0 + l_1 Y - l_2 r, \quad l_0, l_1, l_2 \text{ は正の定数} \qquad (LM)$$

という関係で示される．(LM) と $(MP1)$，$(MP2)$ との関連を述べよ．

（解答は，本書サポートページを参照．）

2 政府支出・減税の効果 I

第3章

政府支出・減税の効果 II
：リカードの等価定理および恒常所得仮説

　本章では，消費に関する意思決定について，限界消費性向による所得と消費の関係（2.4）とは異なるモデルを考察することで，公債発行を伴う財政政策の効果を再検証する。「リカードの等価定理」は，公債発行および財政赤字に関して，前章の乗数効果の議論と全く異なる議論・含意を導出する。また，等価定理の背後にある「恒常所得仮説」による消費・貯蓄行動は，次章以降で考える社会保障政策や財政赤字に対する消費・貯蓄行動や経済厚生の変化を考察する上で重要になる。本章では，リカードの等価定理と恒常所得仮説の考え方を把握することを目的とする。リカードの等価定理はいくつかの仮定に基づいているので，このことも精査の対象となる。本章後半では，わが国での研究や関連する経済事象に鑑みた，いくつかの論点を提供する。

3.1　ライフサイクルモデルによる描写[1]

　政府の公債発行の増減に対して家計がどのような行動変化をするのかを考察するには，与えられた可処分所得に対する，家計の消費と貯蓄行動を描写する経済モデルを必要とする。

　消費や貯蓄は家計の異時点間の資源配分である。どの家計も，限られた現

---

[1] 本章の取扱いは，小塩隆士（2003）『コア・テキスト 財政学』（新世社，7章），A. エーベル，B. バーナンキ（著）伊多波良雄ほか（訳）（2006, 2007）『マクロ経済学 上――マクロ経済理論編』（シーエーピー出版，第4章と補論）『マクロ経済学 下――マクロ経済政策編』（第15章）などを参照。

■ 図表 3-1　ライフサイクルモデル

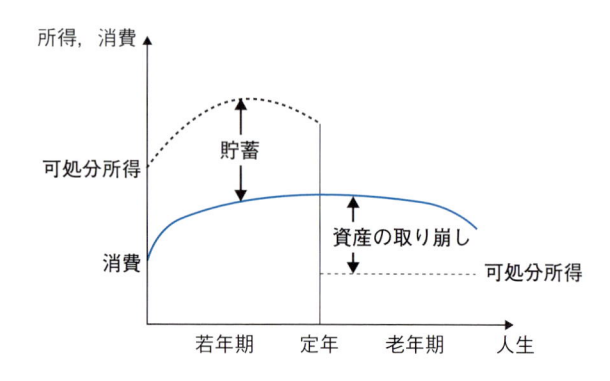

```
所得，消費 ↑
         ／‾‾‾‾＼  ← 可処分所得（点線）
        ／  ↕貯蓄 ＼
       ／   ───── ＼＿＿＿＿＿＿
可処分所得 ／ ＿＿＿＿＿＿＿＿＿＿ ← 消費（実線）
消費  │    ↕資産の取り崩し
      │                    ------- 可処分所得
      └──────┬────┬──────→ 人生
         若年期   定年   老年期
```

在の所得と，将来の所得の見通しの中で，生涯のライフプランにベストであるような消費と貯蓄を行う。場合によっては，人生のあるステージにおいて，借入をして現在の可処分所得を超える消費を選好することもあるであろう。図表 3-1 は，家計の消費と貯蓄に関するライフプランの概念図を，人生（年齢）を横座標として示したものである。若年期においては，給与所得から税と社会保険料を引いた可処分所得（点線）と消費（実線）の差が，人生の各時点の貯蓄額に相当する。定年後を老年期と呼ぶ。老年期消費は，年金などの可処分所得と，若年期からの資産所得の取り崩しから賄われる。

　本章および次章では，以下のような，ライフサイクルを単純化した経済モデル（「二期間モデル」）で表すとする。まず，人生を第 1 期（若年期）と第 2 期（老年期）の 2 期間に分ける。第 1 期には，家計は労働から所得 Y_1 を得て，政府に T_1 だけの税を納める。第 1 期の可処分所得は $Y_1 - T_1 \equiv m_1$ と表され，家計はこれを若年期消費 C_1 と貯蓄 S に充てる。第 2 期には，家計は所得 Y_2 を得て，政府に T_2 だけの税を納める。とりわけ老年期には，公的年金などの政府からの給付があるので，以下では，T_2 は負でも可である状況を考える。家計は貯蓄 S に利子 $r>0$ がついたものを取り崩し，$Y_2 - T_2 \equiv m_2$ と合わせ，これらを老年期の消費 C_2 に充てる。本節の基本モデルにおいては，遺産はないものとする（遺産については，後述する）。

▶ 家計の予算制約

家計の実現可能な消費・貯蓄計画を表す「**予算制約式**」は，第1期において，

$$C_1 + S = m_1 \tag{3.1a}$$

第2期において，

$$C_2 = (1+r)S + m_2 \tag{3.1b}$$

で表される。以上2本の式から S を消去して整理すると，以下のような「**異時点間の予算制約式**」：

$$C_1 + \frac{C_2}{1+r} = m_1 + \frac{m_2}{1+r} \tag{3.1c}$$

が導出される。

(3.1c) において，第2期の変数に対応するものは，$(1+r)$ で除されている。例えば，利子率 r が50％ ($r=0.5$) であったとすれば，第1期に1単位の消費を我慢し貯蓄に回したときには，第2期には $1+0.5=1.5$ 単位の消費が可能になる。言い換えると，将来の1単位の消費増加のためには，現在消費を $\frac{1}{1+r} = \frac{2}{3}$ 単位あきらめなければならない。所得（(3.1c) 右辺）のタームでは，将来の所得1単位は，現在における所得 $\frac{2}{3}$ 単位と同じ価値を持つ。このようにして，将来の消費や所得額を $(1+r)$ で割ることを，**現在価値に割り引く**という。例えば，$\frac{m_2}{1+r}$ は，老年期可処分所得 m_2 の**割引現在価値**と呼ばれる。以下では，(3.1c) の左辺を，「生涯消費の割引現在価値」，同式右辺を，「生涯可処分所得の割引現在価値」と呼ぶ。

横軸を C_1，縦軸を C_2 とする2次元平面上にて，(3.1c) 式は，傾きが $-(1+r)$ で座標 $(m_1, m_2) \equiv m$ を通過する線分 BB として表される。線分 BB 上の任意のポイントは，(3.1a) および (3.1b) が表す，実行可能な消費および貯蓄を表す。例えば，図表3-2の点 m は $C_1 = m_1$，$C_2 = m_2$ を表し，(3.1a)，(3.1b) より，$S=0$ である。BB において点 m の左上側の領域の消費計画 A では，家計は貯蓄（図より $C_1 < m_1$ であり，(3.1a) より $S>0$）をする。その場合，(3.1b) より，$C_2 = (1+r)(m_1 - C_1) + m_2 > m_2$ である

■図表3-2　異時点間の予算制約式（3.1c）

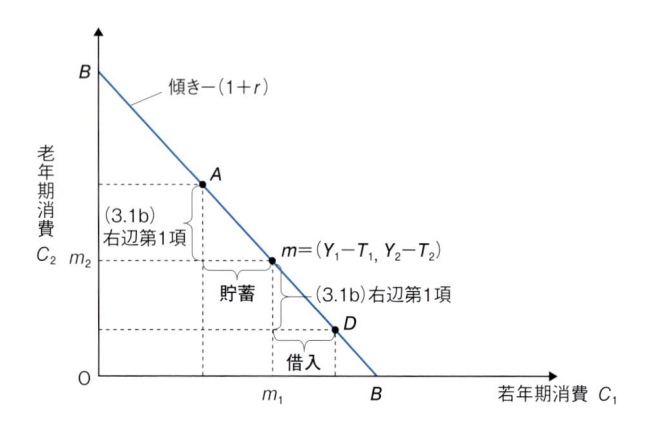

図表3-2：縦軸に老年期消費 C_2、横軸に若年期消費 C_1 をとった予算制約線 BB。傾きは $-(1+r)$。点 A は (m_1, m_2) より左上にあり貯蓄を行う消費計画、点 $m=(Y_1-T_1, Y_2-T_2)$ は賦存点、点 D は点 m の右下にあり借入を行う消費計画を表す。(3.1b)右辺第1項が C_2 軸方向および C_1 軸方向に示されている。

（章末の復習問題（3）などを参考に，図示してみること）。他方，点 m の右下側の消費計画 D では借入（同様の類推により $S<0$）をして，$C_2<m_2$ である。すなわち，貯蓄を多くすれば C_1 はより少なく，他方でより多くの老後消費 C_2 が可能となる。逆もまた真である。

▶ 家計の消費決定[2]

家計は代替的な消費計画からさまざまな満足度（**効用**）を得る。代替的な消費計画 (C_1, C_2) とそこから得られる効用水準の関係は，**効用関数**：

$$u = U(C_1, C_2) \tag{3.2}$$

で表されるとする。この式の左辺の u は効用水準を表し，右辺は消費計画 (C_1, C_2) と効用水準の間の関係を表す関数を意味する。

---

[2] 本項で言及する，無差別曲線の性質などについては補論2を参照。本章の議論のいくつかを先取りすると，(i) 家計は，今期消費と来期消費のトレードオフに直面している（図表3-2），(ii) 家計は，現在の可処分所得のみならず将来の可処分所得の変化を見据えて消費・貯蓄計画を選ぶ（図表3-5，図表3-6），(iii) 借入が自由でない場合，現在の可処分所得の重要性が増す（図表3-7，章末の復習問題（3）B.）。これらの理解には，効用最大化問題の解法に用いられる数学の知識は必要ない。

■図表 3-3　効用関数（左），無差別曲線（右）

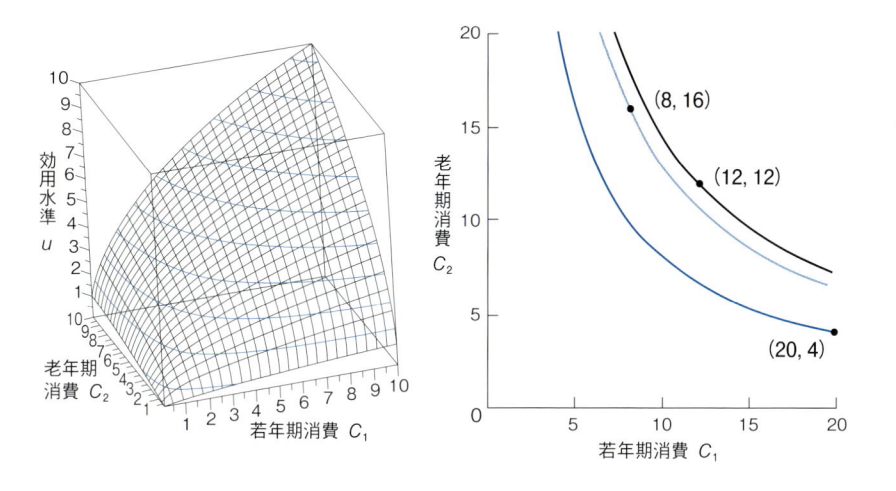

より多くの消費はより高い効用を与えるので，効用関数は C_1, C_2 について増加関数である。効用関数の形状は家計によって異なるが，図表 3-3 左においては，具体的な考察のために，$U(C_1, C_2) = \sqrt{C_1 C_2}$ とした例において図示している。

効用関数（3.2）をグラフで表す際には，任意の効用水準に対応して，同じ効用が得られる消費計画の組合せを，いわば等高線としてグラフ化するのが便利である。これを**無差別曲線**（ないし等効用線）という。$U(C_1, C_2) = \sqrt{C_1 C_2}$ の場合，与えられた効用水準 $\bar{u}$ に対して，無差別曲線は，$C_2 = (\bar{u})^2 / C_1$ という曲線で与えられる。右上の無差別曲線ほど対応する効用は大きい。図表 3-3 右では，家計は $(C_1, C_2) = (8, 16)$, $(12, 12)$, $(20, 4)$ という 3 つの消費計画に対して，$(12, 12)$, $(8, 16)$, $(20, 4)$ の順に選好している。また，無差別曲線は一般に，右下がりで，右下方に行くにつれ傾きの絶対値が小さくなる（その形状を以て「原点に対して凸（とつ）である」とも呼ばれる）。無差別曲線におけるこれらの性質については補論 2 を参照。

家計は可能な限り高い C_1 および C_2 を望むが，図表 3-2 に表されている

■図表3-4　無差別曲線と効用最大化

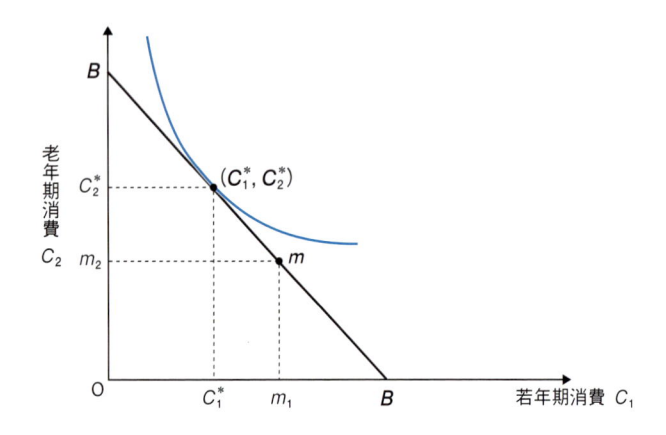

ように，家計は，今期消費と来期消費のトレードオフに直面している。効用のタームでは，貯蓄による現在消費の我慢と，将来消費の増大による満足度の増加との，比較考量となる。

ライフサイクルモデルにおける，家計が選択する消費計画は，実行可能な消費計画（3.1c）から，効用（3.2）を最大にするものであり，そのような消費計画を，以下「最適消費計画」と呼ぶ。図表3-4において，最適消費計画は，対応する無差別曲線が異時点間予算制約式 BB に接する，座標（C_1^*, C_2^*）で表される（導出は補論2を参照）。

この（C_1^*, C_2^*）および最適貯蓄 $S^* = m_1 - C_1^*$ の値は，政府が各期の租税政策（T_1, T_2）をどのようにとっているかに依存する。租税政策の変更に伴い，家計がどのように最適消費計画および最適貯蓄を変更させるかを調べるのが，本章の目的である。

▶政府の異時点間予算制約式

家計と同様，政府も，公債調達の際には予算制約に直面する。すなわち，ある時期の公債発行（財政赤字）はどこかで返済せねばならない。第 $t-1$ 期（$t=1, 2$）の期末（ないし第 t 期首）の公債残高を B_{t-1} とする。t 期の

政府は，租税 T_t で，利払いを除いた政府消費 G_t と，B_t に利子 r がついた支払いを賄い，賄い切れなかった分が，次期の公債残高となる。以上の関係は以下の式で表される：

$$B_t = (1+r)B_{t-1} + G_t - T_t \quad (t=1,\ 2) \tag{3.3}$$

目下の関心は $t=1$ および 2 における政府・家計の意思決定とその帰結である。いま，政府が第1期に減税を伴う公債発行をしたとする。公債発行は政府消費 G_1 および G_2 を一定に保ちながら行う（$\Delta G_1 = 0$，$\Delta G_2 = 0$）ものとし，この政策で発行された公債はすべて第2期の増税で償還するものとする[3]。すなわち，以下のような政策変化を考える：

$$-\Delta T_1 (1+r) = \Delta T_2 \tag{3.4}$$

政府の異時点間の予算制約を保つためには，任意の期の減税は，将来の利払い付きの負担増と対で考えられなければならない。

3.2　リカードの等価定理：導出

公債政策 (3.4) の導入は家計の可処分所得に影響を与えるため，各期の予算制約 (3.1a)，(3.1b) は，

$$C_1 + S = m_1 - \Delta T_1 \tag{3.1a}'$$
$$C_2 = (1+r)S + m_2 - \Delta T_2 \tag{3.1b}'$$

と変更させられる。では，家計の意思決定の基礎となる，異時点間予算制約式 (3.1c) にはどのような変更がなされるであろうか。(3.1a)′ および (3.1b)′ の2本の式から S を消去し，(3.4) を考慮して整理すると，

---

[3] 当初の第1期の税額を $T_1 = T_1^a$，第2期の税額を $T_2 = T_2^a$ とし，政府が T_1 を T_1^b（$<T_1^a$）に変化させた場合を考えている。$\Delta T_1 = T_1^b - T_1^a$ とし，$B_1^b - B_1^a = -\Delta T_1$，$\Delta T_2 = T_2^b - T_2^a = -\Delta T_1(1+r) > 0$ である。

■図表 3-5　リカードの等価定理

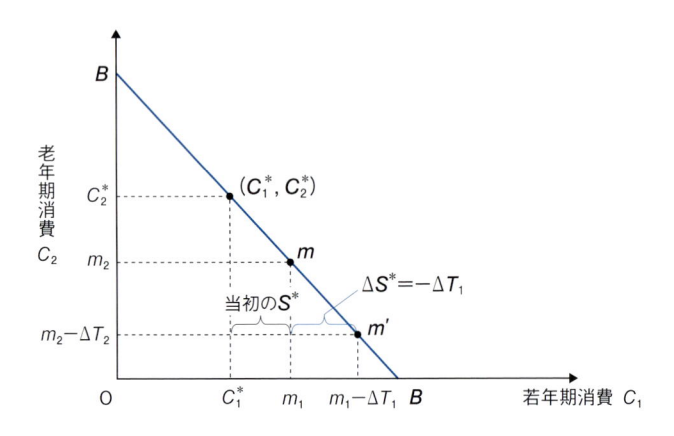

老年期消費 C_2

若年期消費 C_1

当初の S^*

$\Delta S^* = -\Delta T_1$

$$C_1 + \frac{C_2}{1+r} = m_1 - \Delta T_1 + \frac{m_2 - \Delta T_2}{1+r}$$
$$= m_1 + \frac{m_2}{1+r} - \left(\Delta T_1 + \frac{\Delta T_2}{1+r}\right) \quad (3.1c)'$$
$$= m_1 + \frac{m_2}{1+r}$$

が導出される。この式は，減税が実施されなかったときの予算制約式（3.1c）と同じである。

図表 3-5 では，公債発行後の家計の異時点間予算制約式が座標 $m' = (m_1 - \Delta T_1, m_2 - \Delta T_2)$ を通過する傾き $-(1+r)$ の直線で表され，公債政策によって予算制約式 BB の形状が実質的に不変であることを表している。すなわち，効用を最大にする最適消費計画は変化しない（$\Delta C_1^* = 0$, $\Delta C_2^* = 0$）。

（3.1a）′に戻ると，可処分所得が変わり，最適消費 C_1^* が変わらないので，(3.4) に伴い，

$$\Delta S^* = -\Delta T_1 \tag{3.5}$$

すなわち，家計は減税に対して，貯蓄を同額だけ増加させ，消費を増やさない。

この帰結は，関連する記述が経済学者リカードの著作に見られ，近代経済学の文脈ではバロー（R. Barro（1974）[4]）により示された。「リカードの等価定理（またはリカード=バローの等価定理）」と呼ばれる。

> **リカードの等価定理**：一定の政府支出の財源調達手段を，租税調達から減税を伴う公債発行に切り替えても，消費行動に影響を及ぼさない。

▶ 含　意

第2章（2.6）においては，減税は消費を $c_1 \times (-\Delta T)$ だけ増やし，乗数効果により国民所得を $\Delta Y = \frac{c_1}{1-c_1}(-\Delta T)$ だけ増やした。一方でここでは，消費が増えないので，国民所得への含意もケインズモデルとは異なり，減税乗数は0となる。家計が将来の増税を即時に織り込んで貯蓄する額が，増税による負の乗数効果を通じて減税乗数を完全に打ち消す（第2章（2.7）参照），ないし減税のアナウンスは限界消費性向（c_1）を0にシフトさせる，と考えるとよいかもしれない。更に，(3.5) により減税額と貯蓄額が相殺されることは，投資 I および純輸出 NX にも影響を及ぼさないことを意味する。ただし，等価定理自体は政府支出 G の変更に関するものではない。定理で問うているのは一定の政府支出の財源調達手段を税で行うか公債で行うか，であり，G の変更は，一般に国民所得や投資などに影響を及ぼす。これらについては章末の発展問題（1）を参照のこと。

本章では，消費に関する意思決定について，限界消費性向による可処分所得と消費の関係：

$$C = c_0 + c_1(Y - T) \tag{2.4}$$

とは異なる形態を考えている。

実際，上で述べたように，可処分所得との関係を含めた消費関数は，財政政策ルールを変えた時点で，変化する。仮に過去のデータから消費関数を特定化できたとしても，それを用いて政策変化に伴う経済効果を，(2.6) のよ

---

[4] Barro, R. (1974). Are Government Bonds Net Wealth? *Journal of Political Economy*, vol.82(6), 1095–1117.

うに考えるのは不適切である。このような議論は「**ルーカス批判**」（Lucas Critique）と呼ばれる[5]。ある時期の財政赤字はどこかで返済せねばならないので，公債を伴う政策は，(3.4) のように時間軸を含んだものとなる。そのとき，可処分所得変化と当期の消費の関係は，(2.4) が示唆するものとは異なる形で与えられる。

ルーカス批判を一般化するとこのようになる。財政政策を含む経済環境の変化の影響は，モデルのあらゆるところに波及する。とりわけ，$IS(\cdot MP)$ 曲線を形成するパラメータも変化するため，ΔG や $-\Delta T$ を増やせば（いくらでも）均衡の Y が右にシフトしていくような帰結とは異なり，一般に政策効果はより小さくなるか撹乱的な効果を生む。ポイントは，家計（および企業）は現在のみならず将来の政策変化を織り込んで反応し，それを考慮に入れなければ正しい帰結予測を伴う財政政策の処方はできない，ということである。

❖ コラム　貯蓄-投資バランス再考

第2章においては，財需要の均衡条件式と等価なものとして，民間主体の貯蓄が，財政赤字・民間投資および純輸出の和に等しくなるという，「貯蓄-投資バランス」（(2.12)）：

$$S = G - T + I + NX$$

を学んだ。民間投資（I）は GDP の構成要素の中でも変動が大きいので，不況期においては，総需要の中でもとりわけ民間投資の低調がしばしばクローズアップされる。民間消費の低調を合わせると，(2.12) の文脈では，不況期には民間の貯蓄-投資ギャップ（$S-I$）が傾向として大きくなり，「民間の貯蓄-投資ギャップ（そして財市場の超過供給・不況・失業）の解消のため」という理由で，政策変数である財政赤字（$G-T$ の増加）の必要性がたびたび訴えられる。

このような議論では，民間の経済活動を先決とし，政府をマクロの貯蓄-投資バランス決定のアンカーと暗にみなしている。しかし，(2.12) は単なる事後的な恒等式でしかない。すなわち，これらの変数はどちらが先決変数であるという因果関係があるのではなく，経済各部門の最適化行動の帰結として決定される。

---

[5] Lucas, R. (1976). Econometric Policy Evaluation : A Critique. *Carnegie-Rochester Conference Series on Public Policy*, vol.1, 19–46.

ここでいままで学んだ2つのケースを考えよう。第1に、本書サポートページの第2章補足「小国開放経済の場合」の項で見たように、国際資金移動が完全である小国開放経済では、公債を伴う政府支出増加[6]は同額の経常収支赤字をもたらし、ゆえに民間の貯蓄−投資ギャップは不変（実際貯蓄・投資ともに不変）となる。第2に、リカードの等価定理が成立するケースは、(3.5) より減税による公債増加が同額の民間貯蓄増加をもたらし、この場合民間の貯蓄−投資ギャップは逆に増加することになる[7]。2つのケースのいずれも、国民所得と金利への影響は皆無であることに注意しよう。すなわち、財政赤字（$G-T$）はアンカーでなく、背後の最適化行動の中で (2.12) を形成するほかの2つの変数（$S-I$ と NX）が変化する。場合によっては、貯蓄−投資ギャップ解消という政策目的は全く達成されないのである。

各家計が (3.1c) のような異時点間の予算制約式を持っている中では、個々のレベルでは今日の貯蓄は将来の取り崩しを予定している。経常収支も、対外純資産の増減（経常収支赤字の場合は対外純資産の減少）に対応し、実は異時点間の予算制約下にある。民間部門が将来を見据えて行動している中で、政府が同時点・部門間の (2.12) を参照して政策を行うことはミスリーディングになりうる。財政もまた、次章で見るように異時点間の予算制約式のもとに制約される。

3.3 等価定理の妥当性

リカードの等価定理自体は、いくつかの仮定に依存している。このことを明らかにするために、いくつかのケースを考察しよう。

▶ 遺産動機

政府および財政赤字は、第3期以降も存在し、第3期首（ないし第2期末）以降も、(3.3) に従った公債運営をする。ここで、政府が (3.4) と異なり、第1期の減税の償還を第3期に行うとする。このとき、公債償還負担は第3期に生存する世代（第1期・第2期を生きた家計の子供）に降りかか

---

[6] 減税の際にも、同じ帰結が得られる。
[7] 等価定理の帰結は、開放経済においても成立する。補論1の外国債（公債が外国の居住者に保有されるケース）および章末の発展問題 (1) A. を参照。

ることとなる。

　各世代の異時点間予算制約式（3.1c）を参照すると，第1期に減税した分の増税を生存中に経験しない世代は生涯可処分所得の増大，増税のみを経験する第3期世代は生涯可処分所得の減少を経験する。(3.1c), (3.1c)′において，生涯可処分所得は割引現在価値でみて生涯消費に等しかったので，このとき，等価定理の帰結（公債政策による生涯消費の不変）は必ずしも成立しない。

　しかし，ここでの議論は，世代間の効用のつながりがあると，以下のように修正される。親は子供の生活水準（効用）に関心があるとし，いま，家計の効用関数が，自身の生涯消費のみならず，自分の子供の効用水準にも依存するとしよう。このような定式化は，「世代間利他主義」が存在するケースと呼ばれる。このとき，上記で述べた，公債政策による世代間の生涯可処分所得の増減に対しては，減税の便益を受ける世代（以下「親」と呼ぶ）は，自分の消費増大の便益と子供の消費減少のコストを比較し，後者を相殺するために遺産を用いる。つまり，(3.1c) は，その割引現在価値の文脈で，

$$\text{生涯消費} + \text{遺産贈与} = \text{生涯可処分所得} + \text{遺産受取}$$

と修正される。上式を親世代と子世代で考え，親世代の遺産受取，子世代の遺産贈与を無視して考えると，

$$\text{親世代の生涯消費} + \text{親から子への遺産贈与}$$
$$= \text{親世代の生涯可処分所得} \qquad (3.1a)''$$
$$\text{子世代の生涯消費} = \text{子世代の生涯可処分所得}$$
$$+ \text{親からの遺産受取} \qquad (3.1b)''$$

という式が成立する。ここで，世代をまたがる税の割引現在価値は，公債の現在価値と等しいので，公債発行による親世代の生涯可処分所得の増加額は，現在価値でみて，子世代の生涯可処分所得の減少と等しくなる[8]。すなわち，

---

[8] もし，第1期の減税の償還を第3期に行うのであれば，$-\Delta T_1(1+r)^2 = \Delta T_3$ という関係が成立する。このような公債政策に対し，親世代は，減税分を貯蓄で2期間運用し，第2期末に遺産として子世代に残すことで，公債政策がないときの自分と子世代の最適消費計画を実施することができる。

公債発行により，自分と子供を総括した総可処分所得は変わらない。このとき親世代は，自分と子供の生涯消費を不変にするべく，親世代に生じた減税分は遺産贈与として残し，子世代の増税に備えることで，減税前の最適消費計画を保つことができる。やはり，公債政策は，消費行動に影響を及ぼさない。

> **遺産を伴うリカード＝バローの等価定理**：効用関数に世代間利他主義が存在する場合，租税調達から減税を伴う公債発行に切り替える政策は，償還のタイミングに関わらず，消費行動に影響を及ぼさない[9]。

わが国における実証分析においては，遺産動機は上記定理を導出できるほど強くはない[10]。従って，次世代（以降）に残される財政赤字は，上記定理のように遺産で完全代替されず，その際には，公債償還負担に関する世代間公平性の問題を発生させる。しかしながら，上記定理は，財政赤字問題の今後を考える上での基本ケースとして，有用である。

▶ 恒常所得仮説

3.1節で考察したモデルは，家計が生涯に得られる（と予想される）可処分所得に従い，効用を最大にするような消費計画を決定するものであり，**恒常所得仮説**と呼ばれる。

前章のケインズ型消費関数（2.4）は，当期の可処分所得と消費の関係を示したものであり，恒常所得仮説とは異なる。リカードの等価定理は言い換えれば，「（3.4）の公債政策は生涯可処分所得を変化させないので，消費計画は不変である」となり，これは恒常所得仮説の系（Corollary）であるといえる[11]。

わが国の現状に関連する研究として多いものは，**年金制度**を含めた老後と貯蓄・資産保有の関係などである[12]。

---

9 等価定理のこのバージョンは，「バローの等価定理」と呼ばれる場合があるが，公債政策の遺産による相殺の可能性は，リカードの著作にも言及されている。

10 チャールズ・ユウジ・ホリオカ（2008）「日本における遺産動機と親子関係——日本人は利己的か，利他的か，王朝的か？」（*GCOE Discussion Paper Series* No.1, Human Behavior and Socio-economic Dynamics, Graduate School of Economics, Osaka University.）。

■図表 3-6 恒常所得仮説（老年期年金受取変化の若年期消費への影響）

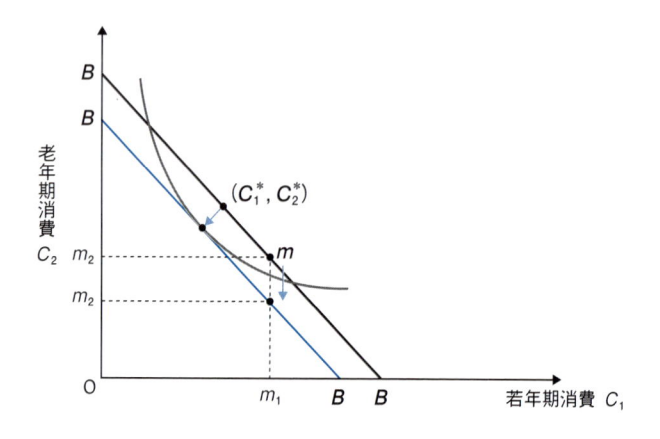

公的年金は，消費・貯蓄にどのような影響を与えるだろうか。公的年金は第2期の可処分所得に関わるので，年金がより少なくなると予測されると，座標 $m \equiv (m_1, m_2)$ は下にシフトする。これは予算制約式を下にシフトさせるので，生涯消費は減り[13]，最適貯蓄 $S^* = m_1 - C_1^*$ は増える（図表 3-6）。m_2 の減少は第2期に実現することにも関わらず，第1期の経済変数に影響を与えていることに注意しよう。公的年金の現状・将来が消費・貯蓄に大きな影響を与えることが分かる。

税制においては，「一時減税（ないし特別減税）か恒久減税か」というのが議論になった。バブル崩壊後の不況が本格化した1994～1996年に行われ

[11] 本章のモデルでは，一時的な要因で変動する「一時所得」の存在を考えていないため，ライフサイクルモデルからの消費行動（ライフサイクル仮説）と恒常所得仮説を区別していない。等価定理の想定する第1期減税をある種の一時所得と考えれば，生涯可処分所得の文脈で第2期の増税と相殺されるので，消費行動に影響を及ぼさないといえる。ただし，家計の将来所得や将来の増税経路に不確実性がある場合は，現時点の減税は，現在の可処分所得を増やす一方，将来所得の不確実性を変化させるので，等価定理の帰結は成立しない。

[12] 詳しくは，例えば，チャールズ・ユウジ・ホリオカ（2007）「日本の「失われた10年」の原因——家計消費の役割」林　文夫（編）『経済停滞の原因と制度（経済制度の実証分析と設計）』（勁草書房）第1章における参考文献などを参照されたい。

[13] ここでは，生涯所得の減少は各期の消費を減らす（消費が「正常財」である）ことを仮定している。

た所得税・住民税減税のうち，2兆円は時限付，かつ後の消費税増税と引き換えの先行減税として行われた。家計の生涯可処分所得を上昇させるものでない先行減税においては，恒常所得仮説からは，消費への影響は少ない。その後の小渕内閣では，この減税よりも規模が大きく，かつ期限の制約は設けず，景気が一定の回復軌道に乗るまで続ける恒久減税をアナウンスした（1999年）[14]。

恒久減税自体がいくらドラスティックにみえても，「ある時期の公債発行（財政赤字）はどこかで返済せねばならない」という事実と，(3.4)のように時間軸で政策を評価することに変わりはない。その結果生じたより多くの財政赤字は，より多くの将来の増税を予測させるので，可処分所得が増えても貯蓄に回す割合はより大きくなる。一般に，恒久減税の経済効果が特別減税のそれを上回る保証はない。

▶ 過剰反応と借入制約

恒常所得仮説においては，消費に影響を与えるのは，現在および将来見込み給与など，現在から将来に渡って得られる見込みの所得（これを恒常所得と呼ぶ）である。当期における単発的な臨時収入などの一時所得は，当期を含めた消費に，影響しないか，より少ない影響しか与えないはずである。

他方，現在所得の変化に対する消費の反応が，恒常所得仮説の予測より過度に大きいとする研究も存在し，この現象は**過剰反応**（Excess Sensitivity）と呼ばれる。

過剰反応がありうる理由としては，一つに，人々は経済モデルの仮定よりも近視眼的で，家計の生涯の効用（3.2）に基づいた意思決定を各期で必ずしも行わないことが考えられる。この場合，家計は増加した一時所得を見境なく消費するような行動をするかもしれない。等価定理で考察した第1期の減税は一時所得の増加の一種なので，家計が近視眼的であれば，等価定理の帰結もまた成立しない。

---

[14] 具体的には，高額所得（給与所得で3,500万円以上）にかかる所得税・個人住民税を合わせて15％引き下げ（65％→50％），高額所得者以外には一定の割合（所得税は20％，住民税は15％）で税負担を減らす「定率減税」，また法人税の実効税率を6.36％引き下げて40％にした。このうちの定率減税のみが，2006年・2007年と段階的に撤廃された。

本章で考察する経済合理性の範囲で過剰反応を生みうる状況は，家計が基本モデルが想定するような自由な借入をできない場合である。これを**借入制約**（ないし流動性制約）と呼ぶ。

借入制約の状況を図を用いて説明し，その政策的含意を考察しよう。C_1が，(3.1a) に加え，$C_1 \leq m_1$ という制約におかれるとき，あるいは借入の際の金利が貯蓄の利子よりも高いとき，予算制約式は借入行動を制限するものとなる。

図表 3-2 の線分 BB と異なり，予算制約式は，BB における m の右下側（借入をする）領域において，傾きが $-(1+r') < -(1+r)$（つまり借入時の金利が貯蓄＝貸出時の金利よりも高い）である，折れ線 BmB' で与えられる。借入を制約された家計は，図のように，点 m か，線分 mB'（すなわち線分 mB の下方）の消費計画を選ばねばならないかもしれない。この場合，(3.4) で考察される第 1 期の減税による m_1 の増加は，家計の可能な消費を増加させるので，**借入制約下にある家計**（$S^* \leq 0$）の消費と効用を増大させる。このとき，等価定理の帰結は成立しない。

図表 3-7 の場合でも，貯蓄を選択する家計（座標 m の左上側を選択する家計：「借入制約下にない家計」と呼ぶ）は，減税によっても行動を変化させない。借入制約下の家計のみ減税額を当期消費に回すと考えるならば，減税の当期のマクロの総消費（および総需要）への効果は，以下のように表される：

$$\Delta(当期の総消費) = 借入制約にある家計数 \times それらの家計の当期減税額 \tag{3.6}$$

借入制約を含め，現在所得の変化と消費が連動する割合は，消費全体の 20〜50％ 程度という報告もあり，減税政策の効果において定量的に重要である。しかしながら，1990 年代以降のわが国などにおいては，右辺第 2 項の方が重要である。例えば，度重なる所得減税の結果，2000 年には所得税の非課税者の割合が全体の 25％ 強と，諸外国と比べても高い値となった。また，法人税も，全体の 6 割以上が非課税といわれる。納税負担が高額所得者や一部の黒字企業に偏っている税制においては，減税は既存の非課税世

■図表 3-7　借入制約

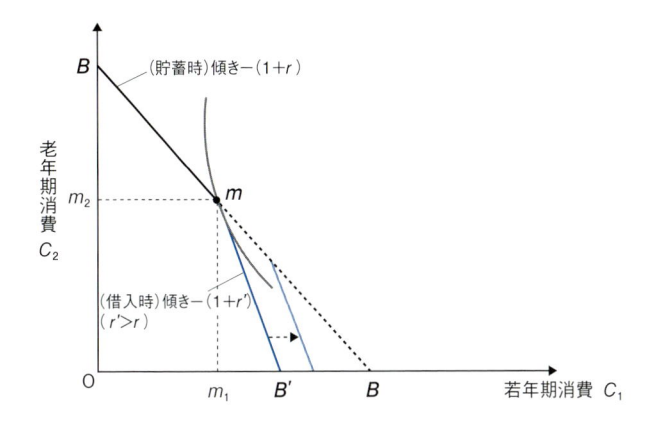

老年期消費 C_2

(貯蓄時)傾き$-(1+r)$

(借入時)傾き$-(1+r')$
($r'>r$)

若年期消費 C_1

帯・企業に恩恵をもたらさないので，(3.6)が示す総消費への効果は，小さい。

　いま一つ重要な点は，減税や給付金支給の消費への効果を目指すならば，適切な所得制限（すなわち，借入制約下にある家計にのみ給付をすること）が必要になるという点である。借入制約にない家計が消費行動を変更させないとすると，同額の公債発行政策の消費への効果は，所得制限がある方が大きくなる。しかし例えば，2009年の緊急経済対策の一施策であった「定額給付金」においては，事務手続きの煩雑さなどの理由で，所得制限は実施されなかった[15]。

▶ 非一括税

　基本モデルで考察した税は，一定の固定額（各 t 期に T_t）を納税者から一括して徴収するものである。このような税の形態を**一括税**（Lump-Sum

---

[15] 景気対策では必ずしもないが，政権交代後の子ども手当においても，所得制限は議論になったものの見送られた（2012年の児童手当への移行において，子供の数に応じた所得制限が設定された）。これらの政策に先立つ1999年の地域振興券では，65歳以上の高齢者への支給に対して，住民税の所得情報をもとに所得制限を行ったが，税法上被扶養となっている高齢者の多くが地域振興券の交付対象とならないケースなどが生じた。わが国には，低所得者家計を適切に特定化することが可能な納税者番号制度が整備されていないことが，背後で重要であると思われる。

Taxes）という。一般の税は所得に依存して決定する所得税，消費に依存して決定する消費税など，経済変数に依存して，納税額が決定するものである。いま，消費税を考えよう。τ_t を第 t 期（$t=1, 2$）の消費税率とし，$T_t = \tau_t C_t$（$t=1, 2$）とすると，(3.1a)（第1期の予算制約）は，

$$C_1 + S = Y_1 - \tau_1 C_1$$

すなわち，

$$(1+\tau_1)C_1 + S = Y_1 \tag{3.1a}'''$$

で表される。第2期についても同様の計算から，S を消去して整理すると，異時点間の予算制約式は，

$$(1+\tau_1)C_1 + \frac{(1+\tau_2)C_2}{1+r} = Y_1 + \frac{Y_2}{1+r} \tag{3.1c}'''$$

で与えられる。基本ケースでの (3.4) と異なり，上記の予算制約式においては，第1期の減税は τ_1 の低下に相当し，これは予算制約式の傾きを変化させるので，消費行動に影響を与える。現実の税のほとんどは，法人税は投資行動や資金調達手段，所得税は貯蓄や労働供給という具合に，経済変数に依存した税負担が生じる税である。増減税は税率の変化で表され，税の変更は，経済主体の行動に影響を及ぼす（第8章，第9章）。減税政策の最近の実証分析（2.2節「政府支出対減税：最近の議論」）から考えても，経済主体の行動に影響を及ぼすような減税は，その効果が大きい。

エコポイントや一時的投資税額控除などの時限付き減税は，異時点間の相対価格の変化を通じて減税時期の消費・投資を刺激する。1997年の消費税増税においては，増税前の4半期に大きな消費の増加が見られた（これを「駆け込み需要」と呼ぶ）。しかし，この効果は減税終了後（ないしは増税開始後）の消費の落ち込みを意味するゆえ，景気安定政策の一環としては運用の難しいところがある[16]。

また，このような政策は，市場の資源配分の人為的な撹乱であり，それ自体は厚生損失をもたらす。第8章において，課税による厚生損失は近似的に税率の2乗に比例することを示す。異時点間の税率の選択にあたって課税の

厚生損失を最小にするためには，時間を通じて税率を一定に保つことが望ましい。このような考え方を**課税平準化**（Tax Smoothing）という（8.5節「応用3：異時点間の税負担」）。課税平準化は以下のようなストーリーである。いま，将来にわたって恒常的な政府支出額から予想される消費税率が15％であったとする。現行の5％の継続は，将来のある時点で，財政赤字の償還を含んだ増税（例えば20％や25％）を伴わなければならない。厚生損失の合計は，後者（＝財政赤字の償還を先送りしたケース）の方が大きいので，公債発行はより大きな厚生損失をもたらす。つまり，等価定理の帰結と異なり，公債発行と償還のタイミングは，経済厚生に有意な影響を与える。

3.4　まとめ

リカードの等価定理理解のエッセンスは，バローの論文のタイトル "Are Government Bonds Net Wealth?"（公債は富の純増か？）に表れている。基本ケースにおいて，答えは "No" である（(3.1c)′，(3.1a)″，(3.1b)″などを参照）。ただ，定理の諸仮定を変更すると，その帰結は修正される。3.3節の議論は，図表3-8のようにまとめられる。

経済学の定理は，その帰結だけを掴んでいかなる現実に対しても杓子定規のように当てはめようとする「原理主義」を意図するものでも，また帰結が現実に成り立たないからといって論理体系自体を捨て去るものでもない。単純な経済環境での定理は，**現実の考え方への橋渡し**を意図している。図表3-8は，リカードの等価定理の論理体系を把握できれば，より現実的なケースへの論理の拡張が可能であることを意味し，このことがまさしく本章の目的である。また，注意すべきは，それぞれのケースにおいて，リカードの等価定理の対立仮説がケインズ型財政政策（消費関数）では必ずしもないとい

---

[16] 相対価格の変化を通じて減税時期の消費を刺激する効果を「代替効果」と呼ぶ。現実には，いったん導入された減税は，政治的な理由で打ち切りが難しい。もし，一時減税の約束が当初より長引き，民間主体もそのことを見越すならば，相対価格の変化のインパクトが弱まる分，代替効果による消費の増加は限定的になり，より大きな政府債務の増加のみが将来の国民負担として残されることとなる。

■図表 3-8　リカードの等価定理と重要な考察点

仮定	対立仮説・ないし仮定が成立しないときの重要な考察点
遺産動機	世代間公平性の問題
恒常所得仮説	過剰反応とその原因に即した政策
一括税	代替的な税の労働，消費，生産への効果，および課税平準化

うことである。

　恒常所得仮説と等価定理の帰結が定量的にどこまで成立しうるかは実証（計量）分析の範疇であり，研究は極めて多い。上で見たとおり，理論的にも実証的にも恒常所得仮説と等価定理の帰結が成立しない重要なケースがあるにも関わらず，恒常所得仮説・等価定理に対し肯定的な研究も多い。

補論 1　公債の負担に関する伝統的議論と等価定理

　公債は利用可能な資源を増加させるのか，また，公債は誰にどのように負担されるのか，という問題は，バロー（1974）以前においても盛んに議論されていた。第 1 期に公債を発行して減税を行い，第 2 期に増税によって公債を償還する政策を考えよう。(i) ラーナー（A. Lerner）は，このような政策に伴い国民負担は発生しないと述べた。公債発行時は，租税負担を軽くするが，民間主体は公債購入のために減税分と同額の資金が必要なので，国内で利用可能な資源の量は，公債発行と減税をしない場合と同じである。また，公債の償還時の増税は，同額の公債保有者による購買力の増加につながるので，両者を合わせたときに，全体の購買力には変化がない。ラーナーの議論に対しては，公債の世代間負担に関するいくつかの反論が寄せられた。(ii) ブキャナン（J. Buchanan（1958））は，公債の世代間負担は「強制力」を伴うときに発生すると考えた。公債発行時点において，民間の購入者は自発的に公債を購入するので，この時点では負担は発生しないが，償還時に課税される経済主体は，強制的に課税される。(iii) ボーエンほか（G. Bowen, R. Davis, and D. Kopf（1960））は，出生期が同じ国民を同一世代とし，現在時点以降に生まれる国民を将来世代とすると，将来時点の増税のみに直面する将来世代が存在する場合，この世代に対する負担が発生するとした[17]。これらに加

えて，(iv) 2.4節で触れたモジリアーニ（F. Modigliani (1961)）のクラウディング・アウトの議論が存在する。

これらの論点は，本章の基本である，家計による最適反応を考慮に入れるとどのように評価できるだろうか。まず，(i) のラーナーの議論は，国民が利用する資源の量が実際の家計による消費・貯蓄の反応に依存することに注意が必要である。(3.5) により，国民が利用する資源の量が，第1期・第2期ともに不変であることが導かれるのである。なお，ラーナーは，(i) の論理を，公債が外国の居住者に保有される「外国債」の場合に援用すると，公債の世代間負担は生じうると考えた。第1期に公債購入の資金が外国居住者により用意されれば，第1期に国内で利用可能な資源が増え，第2期には公債償還が逆に外国への資源移転を意味するので，国全体で利用可能資源は減少し，この意味での負担が償還期に発生する。しかし，等価定理の帰結は，公債が外国債であっても不変である。例えば，第1期に発行された1兆円の日本の公債が，アメリカの経済主体に保有されても，日本国内の家計は (3.5) に従い1兆円の貯蓄を増やす。この額は，外国債発行に伴いアメリカで発生する資金の超過需要額（米国株式や米国債）に相当するが，1兆円の運用先を探していた日本の家計によって吸収されることで資金の流出入が相殺される。結局のところ，各国の消費・投資行動は，全く変化しない。公債の償還期には，日本の家計は，増税負担を先の米国株式や米国債の換金で賄うので，日本政府の外国債償還と，同額の日本家計による資金受取が，やはり資金の流出入を相殺させる。結局のところ，消費・投資行動も不変である。

(ii), (iii), (iv) の議論に対しては，公債の償還が発行時の世代のみに課されるか，そうでないかに依存していることが，等価定理により分かる。公債の償還に伴う増税が発行時の世代のみに課されるならば，等価定理の帰結として，家計の**効用**が公債発行によって影響を受けないわけであるから，公債の負担はやはり発生しない。この場合ケインズ型消費関数に依拠していた (iv) の議論は修正される。公債の償還が将来世代に及ぶのであれば，3.3節「遺産動機」の項で述べたとおり，世代間利他主義がない限り，(ii), (iii) の論点は妥当である。次章では，(iv) に関連して，社会保障の文脈で，財政の世代間負担の違いが国全体の貯蓄に影響を与えることを示す。

---

17 Lerner, A.(1948). The Burden of the National Debt, *in Income, Employment and Public Policy : Essays in Honor of Alvin H. Hansen,* New York : W. W. Norton, pp.255-275., Buchanan, J.(1958). *Public Principles of Public Debt,* Homewood, Illinois. および，Bowen, G., Davis, R., and Kopf, D. (1960).The Public Debt : A Burden on Future Generations? *American Economic Review,* vol.50 (4), 701-706.

補論2　効用最大化消費・貯蓄水準

本節では，効用関数の性質を詳述し，ライフサイクルモデルにおける最適消費計画を数値例に基づいて導出する。また，本章で議論したリカードの等価定理と恒常所得仮説の帰結を確認する。

限られた資源を用いた家計のライフプランの選択の根拠として，(3.2)式の効用関数 $u = U(C_1, C_2)$ を考える。本文図表3-3で示したように，効用関数 (3.2) をグラフで表す際には，同じ効用が得られる消費計画の組合せを等高線として表した「無差別曲線」を用いるのが便利である。より多い C_1, C_2 の方がより高い効用（欲求充足の水準）を与えるので，C_1-C_2 平面上において，右上の無差別曲線ほど対応する効用は大きい。図表3-9左において，点 A より右上の消費水準 D はより高い効用水準を与え，点 A より左下の点 E はより低い効用水準を与えるゆえ，点 A を通過する無差別曲線（点 A と同じ効用が得られる消費計画群）は右下がりである。また，図表3-9右においては，点 A を通過する無差別曲線（$\bar{u}$）の右上方にある点 D は点 A より高い効用水準を与え，$\bar{u}$ の左下方にある点 E は点 A より低い効用水準を与えるゆえ，異なる効用水準を表す等高線（図の実線と点線）が互いに交わっては矛盾が生じる。従って，無差別曲線は互いに交わらない。

本文で述べた，「右下方に行くにつれ傾きの絶対値が小さくなる」（原点に対して凸である）という性質は，以下のように説明できる。図表3-10左において，点 A と D は等しい効用水準 $\bar{u}$ を与えるとしよう。ここで，点 A においては C_1 が少なく C_2 が多く，点 D においては C_1 が多く C_2 が少ない。家計はよりバランスのとれた消費計画（例えば図の点 E）をより好むと考えるのが自然であるので，点

■図表3-9　無差別曲線は右下がり（左），互いに交差しない（右）

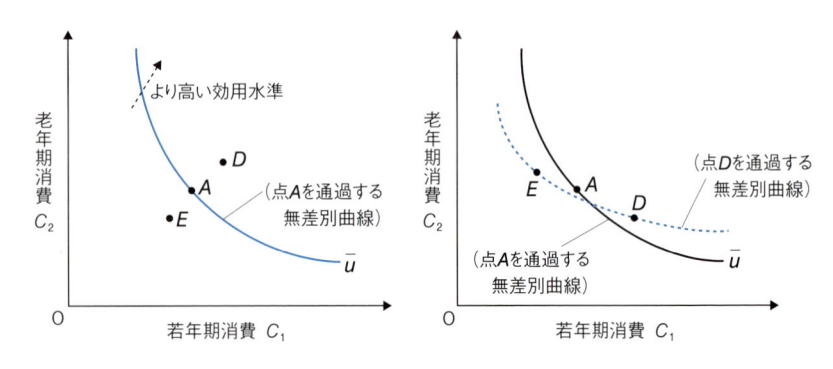

■図表 3-10　原点に対する凸性（左），効用最大化行動（右）

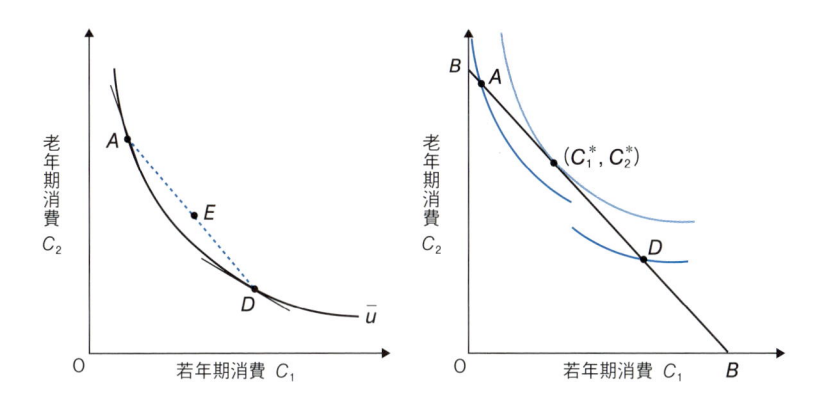

A と点 D を結んだ線分内の消費計画は，この家計により高い効用を与える。同様の性質が無差別曲線上のすべての消費計画に成立するため，点 A における無差別曲線の接線の傾きよりも，$\bar{u}$ において右下方にある点 D における接線の傾きの絶対値がより小さい。

図表 3-10 右は図表 3-4 における，家計の最適消費計画の選択を示したものである。家計は予算制約内の代替的なライフプラン (C_1, C_2) を，効用関数に基づいて評価する。図の A 点においては対応する無差別曲線が予算制約線を左上から切るような形になっており，家計は C_1 がより多い（貯蓄および C_2 がより少ない）実行可能な消費計画においてより高い効用が得られる。D 点においては C_1 がより少ない（貯蓄および C_2 がより多い）実行可能な消費計画をより好む。最適消費 (C_1^*, C_2^*) においては，対応する無差別曲線が異時点間予算制約式 BB に接する。

本文で用いた効用関数 $U=\sqrt{C_1 C_2}$ においては，最適消費計画 (C_1^*, C_2^*) および対応する最適貯蓄 S^* は，

$$C_1^* = \frac{1}{2}\left(m_1 + \frac{m_2}{1+r}\right),\ C_2^* = \frac{1}{2}((1+r)m_1 + m_2), \\ S^* = \frac{1}{2}\left(m_1 - \frac{m_2}{1+r}\right) \tag{3.7}$$

となる（導出は本書サポートページの補足「(3.7) の導出」の項を参照）。

等価定理が想定する，公債発行を伴う減税は，(3.4) のように，将来の公債の償還に伴う増税を意味する。(3.1c)′ を参照すると，そのような政策は，C_1^* および C_2^* を不変に保ち，他方，最適貯蓄 S^* についても，(3.4) を $S^* = \frac{1}{2}\bigl((m_1 - \Delta T_1)$

$-\dfrac{(m_2-\Delta T_2)}{1+r}\Big)$ に代入すると，確かに (3.5) と整合的であることが分かる。

また，図表 3-6 で示した m_2 の減少に対しては，C_1^* は減少，C_2^* は減少，S^* は増加することが分かる。租税が一括税でなく消費税であるとき（(3.1c)‴）においては，$C_1^*=\dfrac{1}{2(1+\tau_1)}\Big(Y_1+\dfrac{Y_2}{1+r}\Big)$ を導く。消費税の場合の増減税は，一括税の場合の m_t（$t=1, 2$）の変化と異なり，税率 τ_t（$t=1, 2$）の変化で表される。等価定理のケースと異なり，第 1 期の消費税率の変更は，対応する第 2 期の消費増税があったとしても，消費行動に影響を及ぼすことが分かる。

復習問題

(1) 適語を選択せよ。

第 1 期に，一定の政府支出の財源調達手段を，租税調達から減税を伴う公債発行に切り替え，第 2 期の増税で償還したときの経済効果を考える。家計の第 1 期可処分所得は（1 変わり／変わらず），他方最適消費計画（C_1^*, C_2^*）について，（2 どちらも変わらない／C_1^* が変わる／C_2^* が変わる／両方変わる）ので，減税額 $-\Delta T_1(>0)$ に伴い，家計は最適貯蓄を $\Delta S^*=$（ 3 ）とするので，消費活動には影響が（4 及ぶ／及ばない）。

他方，第 2 期（老年期）の可処分所得に関わる公的年金を考える。第 1 期の可処分所得（m_1）が不変のまま，年金受取がより少なくなると予測されると，C_1^* は（5 増え／減り），最適貯蓄は（6 増える／減る）。

(2) 恒常所得仮説の内容を述べ，リカードの等価定理との関連を述べよ。

(3) 異時点間予算制約式について，以下の問いに答えよ。

A. $r=0.75$, $m_1=20$, $m_2=10$ とする。異時点間予算制約式 (3.1c) を描け。$S=5$ のときの C_1, C_2 はいくらか。

B. 3.3 節の借入制約の，図表 3-7 よりも極端な状況として，借入ができない状況を考える。すなわち，C_1 が，(3.1a) に加え，$C_1 \leq m_1$ という制約におかれたとする。このときの予算制約線は，グラフ上でどのように表すことができるか。また，このときの第 1 期の減税の効果を述べよ。

発展問題

(1) 空欄を埋めよ。ないし適語を選択せよ。

A. リカードの等価定理が成立するときは，減税による乗数効果は，第 2 章 (2.6) の $\Delta Y=\dfrac{c_1}{1-c_1}(-\Delta T)$ とは異なり，（ 1 ）となる。減税（T の変化）は最適貯蓄 S^* の変化と相殺される（(3.5)）ので，「貯蓄-投資バランス」式（第 2 章 (2.12)）による均衡金利は（2 変わり／変わらず），投資 I および純輸出 NX に影響を（3 及ぼさない／及ぼす）。

B. 次に，政府支出乗数について考える。まず，等価定理自体は政府支出 G の変更に関するもの（4　である／ではない）。定理で問うているのは一定の政府支出の財源調達手段を（5）で行うか（6）で行うか，であり，G の変更は，一般に国民所得や投資などに影響を（7　及ぼさない／及ぼす）。

等価定理が成立する状況では，政府支出拡大の効果は，支出拡大分を将来の（8）とみなす家計が当期の（9）を増加させる分を考慮しなければならない。A. での考察に基づくと，乗数は（10）（＝政府支出乗数－ケインズ派の減税乗数）と考えることが可能である。

C. 等価定理が成立しないときでも，政策全体の効果を考える場合には，将来に増税で財源調達することをある程度織り込んだ家計による負の経済効果を考慮に入れなければならない。第2章で述べた安定化政策の体系——不況期の政府支出と好況期における増税の組合せ——の中で政策効果を二分すれば，政府支出増加は，家計が将来に備える部分が当期の乗数効果を (2.5) の $\Delta Y = \dfrac{1}{1-c_1}\Delta G$ より（11　上げ／下げ），後の増税においては，財政引き締めが織り込み済みなので，当期の乗数効果を $\Delta Y = \dfrac{c_1}{1-c_1}(-\Delta T)$ より絶対値で（12　上げる／下げる），ということになる。

D. すなわち，過去の財政赤字を打ち消す意味での増税が，増税期の景気に及ぼす悪影響は，素朴な乗数効果よりも（13　大きく／小さく）（等価定理が成立する場合には（14）と）なる。逆に，赤字財政のつけ払いを先送りすることは，等価定理の文脈では，意味が（15　ある／ない）。

(2) 時限付，かつ後の増税と引き換えとしてアナウンスされる「先行減税」と，この減税よりも規模が大きく，かつ期限の制約は設けないとアナウンスされる「恒久減税」は，どちらの方が消費に対する経済効果が大きいか。各家計が恒常所得仮説に従って消費行動をしていることを想定せよ。

（解答は，本書サポートページを参照。）

第4章

世代間資源配分の問題

　前章のリカードの等価定理のフレームワークは，異時点間の資源配分問題を考察することを可能にした。年金や財政赤字の問題は，世代間の資源配分の問題と位置付けられる。本章では，いままで学んだ財政制度と数理モデルの枠組の延長により，社会保障や公債残高に関する現状認識と，代替的政策の将来への含意を考察する。

4.1 公的年金と世代間公平性[1]

　公的年金の存在と年金財政の変化は，家計の消費・貯蓄行動や効用水準に影響を与える。また，年金政策の役割としては世代間扶養（世代と世代の助け合い）が要求されることがあり，世代間の所得再分配を伴う。年金政策が世代間の資源配分に及ぼす効果を考察するために，前章の経済モデルを拡張する。

▶ 世代重複モデル

　以下のような「世代重複モデル」を考える。前章のモデルのように家計は2期間生きるものとし，その第2期の期首に，新しい世代が誕生する。第 t

---

[1] 本節の取扱いは，小塩隆士（2003）『コア・テキスト 財政学』（新世社，8.4節），八田達夫・小口登良（1999）『年金改革論――積立方式へ移行せよ』（日本経済新聞社），鈴木 亘（2010）『社会保障の「不都合な真実」』（日本経済新聞出版社），小黒一正（2010）『2020年，日本が破綻する日』（日本経済新聞出版社）などを参照。

期（$t=1, 2, \ldots$）に誕生する世代を第 t 世代と呼ぶ。すなわち，第 t 世代は第 t 期（若年期）と第 $t+1$ 期（老年期）に生存する。所得は若年期にのみ1人当たり y_t が生じるとする。第 t 世代の人口は N_t で表される。

<u>政府</u>は，第 t 期の若年世代から年金保険料 T_t を徴収し，第 t 期の老年世代（つまり $t-1$ 世代）には年金給付 F_t を与えるものとする（年金に関する政府の予算制約式は後に導入する）。第 t 世代の若年期の消費 C_1^t，老年期の消費 C_2^{t+1} および貯蓄 S_t についての予算制約式は以下で表される：

$$C_1^t + S_t = y_t - T_t, \quad C_2^{t+1} = (1+r)S_t + F_{t+1} \qquad (4.1)$$

単純化のために租税は年金保険料のみとする。また，さしあたって遺産は考えない。第 t 世代は予算制約式（4.1）のもとで，第3章（3.2）で導入した効用関数 $u^t = U(C_1^t, C_2^{t+1})$ を最大にするように消費計画（C_1^{t*}, C_1^{t+1*}）および最適貯蓄 S_t^* を決定させる。

世代重複モデルはマクロ経済学の基本モデルの一つであるが，公的年金と社会保障の問題を描写するための分かり易い特徴を備えている。年金および社会保障の主要原則と思われている世代間扶養とは，図表4-1の下向きの矢印（第 t 世代はその若年期に同時期の老年者へ年金所得や医療資源を移転し，老後の $t+1$ 期に，同時期の若年者から同様の移転を受ける）を意味す

■図表4-1　世代重複モデルと年金

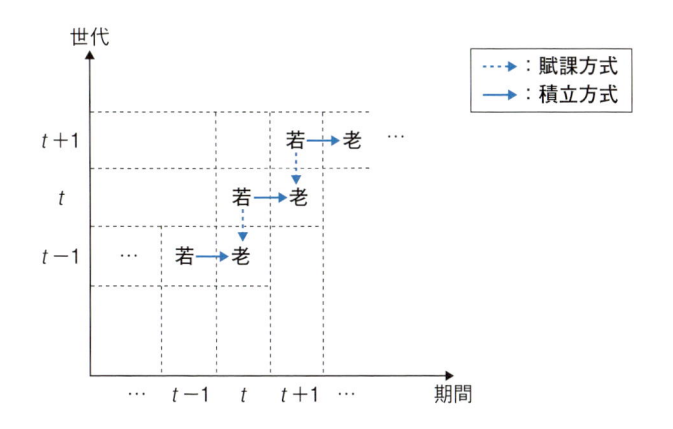

る。このような社会保障の方式を**賦課方式**と呼ぶ。これに対して、第 t 世代が、自身の老後に備えて、老年期に必要な所得や資源を、現役時に積み立てる方式（図表 4-1 の右向きの矢印）も考えられる。このような方式を**積立方式**と呼ぶ。

▶年金制度（i）：積立方式年金

積立方式の年金においては、現役時に徴収された保険料が、支払者の老年期に年金として支払われる。第 t 世代の年金保険料 T_t は、第 t 期には金融市場で運用される。金融市場の収益率（利子率）を r とすると、年金給付 F_{t+1} は自身の保険料の将来価値、すなわち、

$$F_{t+1} = (1+r)T_t \qquad (4.2)$$

となる。

年金がない場合（$T_t = 0 = F_{t+1}$）と比べ、(4.2) を満たす年金の導入によって第 t 世代の消費、貯蓄はどのように変化するかを考察しよう。前節 (3.1c) に倣い、(4.1) から S_t を消去し (4.2) を考慮すれば、生涯所得と生涯消費を結びつける式が導出される：

$$C_1^t + \frac{C_2^{t+1}}{1+r} = y_t - T_t + \frac{F_{t+1}}{1+r} = y_t \qquad (4.3)$$

従って、年金の導入が、予算制約式 $C_1^t + \frac{C_2^{t+1}}{1+r} = y_t$ の形状を変えることはなく、よって消費行動（効用を最大にする消費計画 (C_1^{t*}, C_2^{t+1*})）も不変である。ここで、(4.1) より $S_t = y_t - T_t - C_1^t$ であるので、年金がない場合の最適貯蓄を S_t^0 とすれば、年金がある場合の最適貯蓄は $S_t^* = S_t^0 - T_t$ となる。つまり、家計は積立年金導入に対して、貯蓄を同額だけ減少させることが分かる。

図表 4-2 は、(4.3) を図示したものである。積立年金導入後の家計の異時点間予算制約式は座標 ($y_t - T_t$, F_{t+1}) を通過する傾き $-(1+r)$ の直線であり、年金政策の導入によって予算制約式 BB の形状が実質的に不変であることが分かる。つまり、積立年金の消費行動への含意は、前章の**リカードの等価定理**と同一である。

■ 図表 4-2　積立方式年金

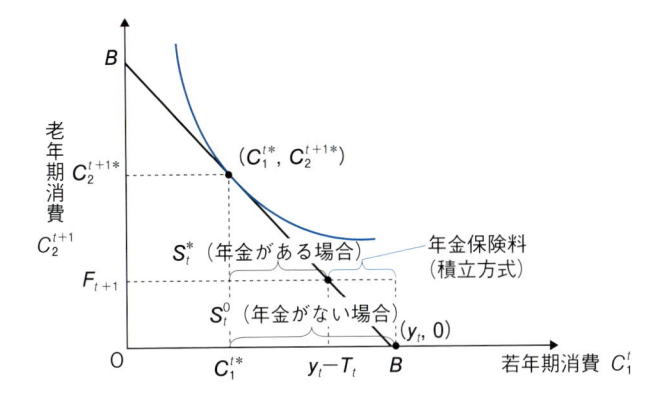

次に、この経済における総貯蓄をみる。この経済における総貯蓄を Z_t とすると、それは若年世代の貯蓄の総和（$N_t \times S_t^*$）と、政府部門貯蓄（年金積立金の総和 $N_t \times T_t$）の和で表される[2]：

$$Z_t = N_t(y_t - C_1^{t*} - T_t) + N_t T_t = N_t(y_t - C_1^{t*}) \tag{4.4}$$

年金制度の導入は若年期消費（C_1^{t*}）を不変に保ったのであったから、以上の考察より以下の帰結が導かれる：

> **積立年金でのリカードの等価定理**：積立年金の導入は、消費行動および総貯蓄に影響を及ぼさない。

積立方式年金は貯蓄と完全代替であり、(4.4)での総貯蓄は、若年世代の可処分所得の減少（年金負担）が政府部門貯蓄に振り替えられるので、年金の導入が、投資などに利用可能な貯蓄額を変えることはない。

政府の政策が、消費・総貯蓄といった経済行動に影響を及ぼさないとき、その政策は**中立性**を満たす、という。以下で見るように、別の方式で年金を

---

[2] 老年世代の純貯蓄は、年金給付＋貯蓄元利－老年期消費で与えられ、ここでは遺産を考えていないので、(4.1) より 0。年金給付は、前期の政府部門貯蓄の現在価値として取り崩される形になるので、政府部門貯蓄は、若年世代からの積立金で表される。

運営すると，消費・総貯蓄に影響が及ぶ。中立性は，政府が目指すべき重要な目標の一つであり，積立方式は，この点においてメリットを持つ。

ただし，第3章で学んだ，リカードの等価定理の帰結が成立しない状況の一つで，公的年金には，重要な役割を期待することができる。このことは4.3節で説明する。

▶ 年金制度（ii）：賦課方式年金

わが国を含め多くの国の年金は，賦課方式であり[3]，第 t 期の年金給付は同時期の若年世代の保険料を原資とする。本章のモデルにおいては，賦課方式の年金は，以下のように与えられる：

$$N_{t-1}F_t = N_t T_t \qquad (4.2)'$$

(4.2)′式左辺は第 t 期の老年世代（第 $t-1$ 期生まれ）の年金給付総額，右辺は若年世代からの年金保険料に対応する。すなわち，(4.2)′は第 t 期の年金財政に関する政府の予算制約式である。ここで第 t 世代と第 $t-1$ 世代の人口比率は一定とし，これを $N_t/N_{t-1}=1+n$ で表す。n は人口成長率と呼ばれる。また，1人当たり所得 y_t は $y_t/y_{t-1}=1+a$ の定率成長をしているとし，さらに，t 期の年金保険料は $T_t=\tau y_t$ の比例税で徴収されるとする（τ は $0<\tau<1$ を満たす定数）。これらの想定をすべて (4.1) と (4.2)′に代入すると，時点 $t=t_0$ で賦課方式を導入した場合の異時点間予算制約式は，t_0-1 世代について，

$$C_1^{t_0-1} + \frac{C_2^{t_0}}{1+r} = y_{t_0} + \frac{F_{t_0}}{1+r}$$

また，以降の世代については，$g \equiv (1+n)(1+a)-1$ でこの経済の GDP 成長率を表すとして，

$$C_1^t + \frac{C_2^{t+1}}{1+r} = y_t - T_t + \frac{F_{t+1}}{1+r} = y_t - \tau y_t + \frac{(1+n)(1+a)}{1+r}\tau y_t = y_t + \frac{g-r}{1+r}\tau y_t \qquad (4.3)'$$

と表される。

---

[3] 正確にいうと，積立方式に相当する部分は存在するが，年金全体に占める割合が小さい。

(4.3)′の最終項，$\frac{g-r}{1+r}\tau y_t$ が，賦課方式年金によって生じる純便益（負の場合は純負担）を表している。この項は Social Security Wealth と呼ばれる。賦課方式年金の導入（ないし積立方式から賦課方式への転換）が望ましい必要十分条件は，Social Security Wealth が正であること，即ち，

$$g > r \tag{4.5}$$

である必要がある。

(4.5) が成立する状況は，将来世代（人口増・所得増）をあてにした世代間の所得移転の「リターン」が，資本市場でのリターン（金利）より高い状況である。このような状況では，賦課方式年金の導入は，導入時点の世代のみならず後の世代の生涯可処分所得や効用を上げることを可能とする。これを「動学的に非効率（Dynamically Inefficient）」な状態と呼ぶ。

競争市場においては，r は資本の限界生産性を反映する。資本の限界生産性は逓減する（資本が多いほど，限界生産性が低い：第5章参照）ので，(4.5) は，経済において資本が十分に過剰でないと成立しない。このことについてはまた後ほど議論する。$r > g$ のときは，「動学的に効率」な状態と呼ばれ，賦課方式年金は導入世代の効用を上げるが後の世代の効用を下げる，世代間対立（不公平）の状況を生む。

▶ 賦課方式年金の総貯蓄への含意

賦課方式年金においては，(4.2) のような積立部分による政府貯蓄はないので，この経済における総貯蓄は，若年期の貯蓄：

$$Z_t = N_t(y_t - C_1^{t*} - T_t) \tag{4.4}′$$

で与えられる。では，賦課方式年金の導入は総貯蓄にどのような影響をもたらすであろうか。もし，Social Security Wealth が非負であった場合，家計は C_1^{t*} を含めた生涯消費を増やすので，総貯蓄は減少する。Social Security Wealth が負であった場合，(4.3)′より，家計は C_1^{t*} も C_2^{t+1*} も減らす[4]ので，

---

[4] ここでは，生涯所得の減少は各期の消費を減らす（消費が「正常財」である）ことを仮定している。

C_t^{i*} の減少幅が Social Security Wealth を上回ることはない。すなわち，Z_t は少なくとも $N_t\left(1-\dfrac{r-g}{1+r}\right)T_t>0$ だけ減少する。実際，(4.2)′ は，資金調達を，将来世代から行い続けるので，総貯蓄の減少とそれに伴うクラウディング・アウトや経済成長に必要な資本蓄積の阻害への含意としては，実は**永久公債**（償還期限のない無期限公債）と同じ効果を持っている。

以上の考察より，積立方式の場合とは対照的に，下の帰結が導かれる：

> **賦課年金での消費行動・総貯蓄への含意**：賦課方式年金の導入は，(4.5) が成立するときに，全世代の効用を上げ，消費を増やす。(4.5) が成立しないときには，年金導入時を除くすべての世代の効用を下げる。総貯蓄は，(4.5) の成立に関わらず，下がる。

賦課方式の場合，積立方式と異なり，総貯蓄への中立性は得られず，また（$r=g$ のケースを除き）消費行動への中立性も得られない。ただし，前項のようにリカードの等価定理とのアナロジーが成立するケースとして，第3章で学んだ，世代間利他主義による遺産動機で各世代がつながっている場合が考えられる。また，前項では積立方式年金が貯蓄の代替であったが，賦課方式の社会保障は子世代の親に対する私的な扶養負担の代替であるとする考えもある。しかしながら，4.3節で議論するように，これらの要因が，本章で強調する中立性の阻害や世代間公平性の問題を解消するとは考えがたい。

▶ 年金制度（iii）：年金純債務と世代間公平性

ある時点以降の年金受給者達に対して，国が今後支払いを約束している年金総額（年金債務）から，積立金などの支払い原資を除いた金額を，年金純債務と呼ぶ。積立方式年金 (4.2) のとき，将来年金給付の相当額が積み立てられているので，年金純債務は 0 である。他方，賦課方式年金 (4.2)′ のときには，将来年金給付の原資は政府会計にまだ存在しないので，年金純債務は正である。

戦後のわが国の年金は，積立方式が高度成長期のインフレーションに耐えられなかったことなどを受け，実質的に賦課方式で運営されてきた。現在のわが国では，年金制度全体で600兆円を越す年金純債務が存在するといわれ

ている。年金純債務は，現在・将来世代の将来負担額の現在価値であるから，この値は財政赤字や国債と同じ経済効果を持つ。例えば，年金純債務が多いほど，投資のクラウディング・アウトは大きい。

ここで賦課方式のシステムは年金のみではないことにも留意が必要である。例えば，医療においては，国民医療費のうち老人医療費が3割を超える一方，負担は主に現役世代の医療保険料で賄っているので，図式は (4.2)′ と変わらない。また，介護においては，基本的には65歳以上が受益者であるが，介護保険料の負担は40歳以上であり，国・地方の公費負担は50%である。後者は図表1-5で見たように究極的な負担は租税や国債であり，その多くは現役・将来世代の負担である。

賦課方式年金における現役世代の負担の大きさは，上で，賦課方式の「リターン」と呼んだ，1人当たり所得（賃金）成長率 a や人口成長率 n である。また，後に述べるが，動学的に非効率な状態を，少なくとも中長期において期待することはできない。動学的に効率的な状態 ($r>g$) において，a や n が低下する際に，将来世代への負担を残さずに年金財政を均衡させるには，F_t を下げるか，τ を上げるかの少なくともどちらかをしなければならない。直近では2004年の年金改正において，この両方が試みられたが，年金純債務や，国民一般の年金不安を解消するレベルには到達していない。

積立方式は，賦課方式に比べるとさまざまなメリットがあり，積立方式への移行を提唱する経済学者も多い（本章脚注1の諸文献参照）。しかしながら，賦課方式から積立方式に切り替える場合，移行期の世代は，賦課方式による保険料支払い負担の見返りを受けずに，老後は自身の積立金で賄わなければならない。このような移行世代の負担は，「二重の負担」と呼ばれる。ただし，よく言われる「『二重の負担』を被る世代の負担を考慮すると積立方式への移行は困難」という議論は，必ずしも正しくない。労働人口の減少や少子高齢化が進む環境では，賦課方式のもとで今後上昇を続ける負担が十分に高ければ，積立方式に移行した場合の「二重の負担」を上回るかもしれないからである。岩本・福井 (2011)[5] は，老人医療費と介護給付費につい

---

[5] 岩本康志・福井唯嗣 (2011)「医療・介護保険の費用負担の動向」（京都産業大学論集　社会科学系列，第28号，159-193.）。

て，積立方式に移行した場合と (4.2)′の賦課方式で運営を続けた場合の生涯負担率を比較し，「二重の負担」を被る世代の生涯負担率は，賦課方式の方がより高くなることを示している。

▶ 世代会計

各世代の人々が，生涯を通じて，政府に対してどれだけの負担をなし，政府からどれだけの受益を得るのか，という視点から，財政のあり方を評価する仕組みを「世代会計（Generational Accounting）」と呼ぶ[6]。世代会計における各世代の受益は以下のように計算される。まず，受益については，警察・消防や公衆衛生などの公共サービスや，道路など社会資本の提供するサービスは（後者は耐用年数の期間），国民全体に等しく受益が及ぶものととらえられる。受益者が限られるサービスにおいては，その特質に応じた計算がされる。例えば，医療サービスは年齢ごとの受診度合いに応じて受益しているものと推計される。また，税や社会保険料といった負担も，制度に応じて計算される。生涯にわたる受益，負担ともその割引現在価値によって評価され，その収支を計算することで，世代間格差を定量的にとらえることができる。

経済財政白書（2001年度）による計算（図表4-3）では，こうして求められる生涯純受益額は，60歳以上世代が生涯を通じて5,700万円の受益超過であり，50歳代世代も，わずかにではあるが受益超過（生涯純受益90万円）の状態にある。一方，40歳代以下のすべての世代は，生涯を通じて負担超過の状態にあり，最も負担が重い将来世代と60歳以上世代を比較すると，生涯の純受益格差は9,000万円以上であるという。

第1章で見たように，所得分配は本来，「豊かな者から貧しい者へ」なされるべきである。高齢世代の中にも所得の高い人はおり，何より，国民所得成長率が低下し少子高齢化が進んでいる中では，「現役世代から退職世代

---

[6] 以下では経済財政白書（2001年度）における結果を紹介する。直近のデータや制度などを取り入れた分析においては，経済財政白書（2005年度）との比較がなされることが多いが，図表4-3では，受益と負担がカテゴリー別に示されているグラフを採用した。推計の詳細や財政政策への含意などは白書を参照せよ。学術的展望については吉田　浩（2006）「世代会計による高齢化と世代間不均衡に関する研究（改訂版）」（Discussion Paper 287, Center for Intergenerational Studies, Institute of Economic Research, Hitotsubashi University.）などを参照。

■図表 4-3　世代会計による世代別にみた受益と負担

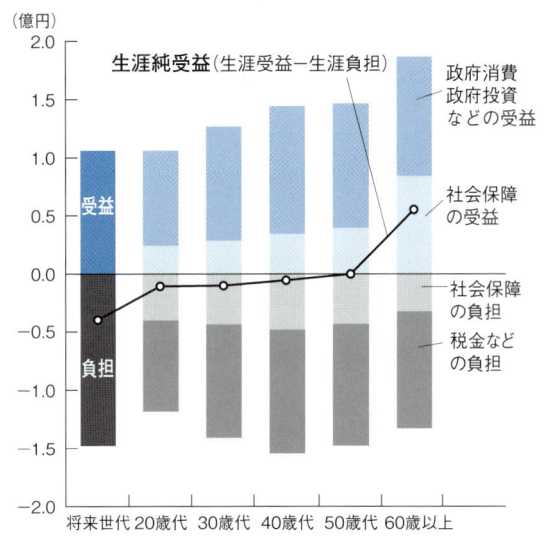

凡例：
- 生涯純受益（生涯受益－生涯負担）
- 政府消費，政府投資などの受益
- 社会保障の受益
- 社会保障の負担
- 税金などの負担
- 受益
- 負担

横軸：将来世代　20歳代　30歳代　40歳代　50歳代　60歳以上
縦軸：（億円）－2.0～2.0

（注1）　内閣府「国民経済計算」，総務省「家計調査」「全国消費実態調査」「国勢調査」，厚生労働省「社会保障統計年報」，国立社会保障・人口問題研究所「日本の将来推計人口」により作成。
（注2）　将来世代は，最近時点（1999年）の受益水準が今後も維持される前提により算出。
（出所）　内閣府「経済財政白書（平成13年度）」

4.1 公的年金と世代間公平性

へ」という賦課方式社会保障は，公平性および持続可能性の観点からして，正当性が薄い。現状における世代間公平性の問題は，賦課方式社会保障制度を含めた財政制度によって得をしている世代（t_0-1期世代）が生存しているうちに，できるだけ後世代につけを残さない財政運営をすることである。例えば，年金を含む社会保障財源に消費税がよく議論に挙げられる理由の一つは，退職世代にも負担が及ぶ税であるからである。積立方式への移行を漸進的に行うのも一つのアイディアである。上で述べたように，賦課方式は永久公債に等しいので，段階的な積立方式への移行は，公債の償還と等価な経済効果をもたらす。積立方式として，先進各国で導入されているのは，個人勘定方式の確定拠出型年金である（4.3節を参照）。退職者の扶養が社会的義務であるならば，高齢者の所得・資産水準を捕捉し，所得や資産が低い人により給付を集中させた方式が，負担の軽減と給付の正当性を両立させる[7]。

4.2 公債の持続可能性[8]

▶ 基本モデル

第3章 (3.3) で考察した政府の予算制約式から議論を始める。第 $t-1$ 期末 (ないし第 t 期の期首) の公債残高を B_{t-1}, t 期の租税 T_t で, 利払いを除いた政府消費 G_t と, 金利 r については, 以下の関係:

$$B_t = (1+r)B_{t-1} + G_t - T_t \tag{3.3}$$

ないし,

$$B_t - B_{t-1} = rB_{t-1} + G_t - T_t \tag{3.3}'$$

が存在する。(3.3)′左辺は新規国債発行の増加, 右辺第1項は公債への利払い, 右辺第2項は第1章で**プライマリー収支赤字** (負であればプライマリー収支黒字) と呼んだものである。(3.3)′右辺はいわゆる財政赤字であるから, $B_{t-1} > 0$ および $r > 0$ のもとで, 以下の因果関係が成立する:

$$\text{プライマリー収支赤字}\ (G_t - T_t > 0) \to \text{財政赤字}\ (rB_{t-1} + G_t - T_t > 0)$$
$$\Leftrightarrow \text{公債残高の増加}\ (B_t > B_{t-1}) \tag{4.6}$$

財政赤字が恒常化したわが国においては, 財政赤字抑制の必要条件としての, プライマリー収支の黒字化が, 重要な政策課題となっている。

公債が維持・償還可能であるかの目安としては, その対 GDP 比が考察されることが多い。$b_t \equiv B_t / Y_t$ で公債残高の対 GDP 比を表す。いま, GDP (t 期において Y_t) が, 前節のように, 定率 g で成長すると仮定する。$s_t^G \equiv$

---

[7] 低所得者への扶助の必要が年齢に関わる必然性はないので, 生活保護などの所得扶助政策があれば, 公的年金は不要であるという考え方も可能である。ただ, 年金はもともと, 寿命という不確実性をカバーする保険の側面があったので, 平均寿命を超えた高齢者に対しては, 低所得者とは別の理由で扶助の正当性はある。

[8] 本節の取扱いは, 加藤久和 (2009)「財政の持続可能性と財政運営の評価」井堀利宏 (編)『財政政策と社会保障』(内閣府経済社会総合研究所 (企画・監修)「バブル／デフレ期の日本経済と経済政策」第5巻, 慶応義塾大学出版会, pp.3-38.), 伊藤隆敏 (2006)「財政改革」(日本経済新聞, 5月24日〜6月2日朝刊,「やさしい経済学」) および脚注1で挙げた小黒(2010)などを参照。

$(T_t-G_t)/Y_t$ で，プライマリー収支（黒字）の対 GDP 比を表すと，(3.3) は，

$$b_t = (1+r-g)b_{t-1} - s_t^G \tag{4.7}$$

と変形される。ここで，近似的に $(1+r)/(1+g) \cong 1+r-g$ であることを用いている[9]。この式を将来に向かって展開すると，

$$\begin{aligned} b_t &= \frac{1}{1+r-g}(s_{t+1}^G + b_{t+1}) \\ &= \frac{1}{1+r-g}s_{t+1}^G + \frac{1}{1+r-g}\frac{1}{1+r-g}(s_{t+2}^G + b_{t+2}) \\ &= \sum_{j=1}^{2}(1+r-g)^{-j}s_{t+j}^G + (1+r-g)^{-2}b_{t+2} \end{aligned}$$

となる。更に変形を続けていくと，結局，

$$b_t = \sum_{j=1}^{\infty}(1+r-g)^{-j}s_{t+j}^G + \lim_{j\to\infty}(1+r-g)^{-j}b_{t+j} \tag{4.8}$$

という式が導かれる。

　政府は永久に債務を続けることはできないことを，(4.8) の第 2 項（遠い将来債務の割引現在価値）がゼロ（$\lim_{j\to\infty}(1+r-g)^{-j}b_{t+j} \to 0$）という定式化で表す。この条件は NPG（Non Ponzi Game）条件と呼ばれる。そのもとで，(4.8) は，「現在の公債残高が，将来にかけてのプライマリー黒字額の割引現在価値と等しい」ことを示す。

▶ ドーマー条件

　(4.7) の単純な場合として，政府が定率の対 GDP 比プライマリー収支赤字を続けるケースを考えよう。すなわち，$-s_t^G = \beta = -s_{t+1}^G = \cdots$ として，

$$b_{t+1} = (1+r-g)b_t + \beta \tag{4.7}'$$

---

[9] $\frac{1+r}{1+g} = (1+r-g) + \frac{g}{1+g}(g-r)$．本節で考えている期間の単位は 1 年であり，対応する利子率や成長率は小数点 2 桁（％単位）である．$\frac{g}{1+g}(g-r)$ は十分に小さい数と見なせるので，$(1+r)/(1+g) \cong 1+r-g$ が成立する．

となる。この式により，公債残高対 GDP 比 b_t に関する動学を考察することができる。この動学的な性質は，前節（4.5）で考察した r と g の大小関係に決定的に依存する。

図表 4-4 は，横軸に b_t，縦軸に b_{t+1} をおいた座標平面において，点線が 45 度線，実線が縦切片 β で傾きが $1+r-g$ の直線（すなわち (4.7)′）を表す。左図は，$g>r$ のケースを図示している。このとき，$1+r-g<1$ であり (4.7)′式の傾きは 45 度線の傾きよりも緩やかとなるので，以下のように b_t の動学過程を記述することができる。まず，(4.7)′ は，45 度線と一点 $b^*=\beta/(g-r)$ において交わる。もし，任意の t 期における b_t が交点より右にあれば，次期の b_{t+1} は，対応する縦座標（45 度線の下側）となる。その次期（b_{t+2}）は，b_{t+1} を 45 度線を通じて横座標に反映させたところからの縦座標として表される。結局，公債残高の対 GDP 比は，b^* に収束していく。b_t が b^* より左にあっても，同様に b^* に収束する。

これに対し，$r>g$ のケースでは（右図），(4.7)′ において $1+r-g>1$ なので，図表 4-4 の実線の傾きは 45 度線よりも急になる。よって，任意の t 期における b_t に対して (4.7)′ が与える縦座標は （b_{t+1}）は必ず 45 度線の上側に位置するので，公債残高対 GDP 比は $b_t<b_{t+1}<b_{t+2}$ と，発散していく

■図表 4-4　ドーマー条件と公債残高の対 GDP 比
　　　　　　（左：$g>r$ のケース，右：$g<r$ のケース）

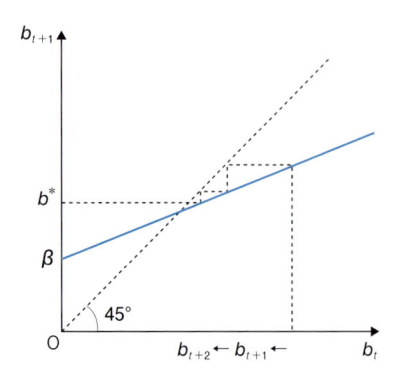

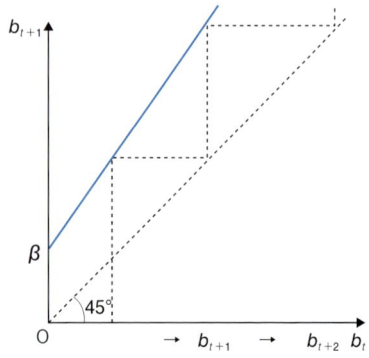

ことが分かる。

ここでより簡単なプライマリー収支がゼロ（$G_t = T_t$，$\beta = 0$）のケースにおいて，上の議論を再考してみよう。$b_t = B_t/Y_t$ の分子（B_t）は r，分母（Y_t）は g の増加（成長）率で推移するので，国債金利が経済成長率よりも低ければ，b_t は発散しない。ゆえに政府債務はこの意味において持続可能といえる。本節における $g > r$ の条件は，これを指摘したドーマー（E. Domar（1944）[10]）に従い，ドーマー条件と呼ばれる。

前節の賦課方式制度とここでの議論で共通しているのは，将来世代を担保とした支出行動の持続可能性を議論している点である。$g > r$ ならば，前節では賦課方式年金は将来世代の負担（効用の減少）なしで導入でき，本節では，公債の利払いを経済成長率が上回るので，公債残高が対 GDP 比で発散しない。他方 $g < r$ ならば，帰結は正反対となる。

▶ ドーマー条件：議論

ドーマー条件は，小泉内閣のときに，2006 年の経済財政諮問会議（主要閣僚と民間有識者が経済・財政政策に関する重要事項について調査審議する機関）において議題となった。この議論は「成長率・金利論争」[11] として，知られるところとなった。

マクロ経済学での標準的な経済成長理論においては，定常状態と呼ばれる長期均衡では $r > g$ となることが知られている。また，エーベルほか（A. Abel, G. Mankiw, L. Summers and Zeckhauser, J.（1989）[12]）は，アメリカや日本など G7 のデータを用いて実証分析し，わが国の経済においては動学的効率性（$r > g$）が満たされると結論した。ただし，ドーマー条件で問題となる r は，安全資産である国債の金利であり，経済成長理論の r の指標である民間金利よりも低いので，民間金利＞経済成長率＞国債金利となる可能

10　Domar, E.(1944). The "Burden of the Debt" and the National Income. *American Economic Review*, 34, 798–827.

11　当論争に関する 2006 年第 2 回・第 6 回経済財政諮問会議議事要旨は，ホームページに掲載されている。

12　Abel, A., Mankiw, G., Summers, L., and Zeckhauser, J.（1989）. Assessing Dynamic Efficiency: Theory and Evidence. *Review of Economic Studies*, Vol. 56（1），1–19.

性は，これらの分析からは排除できない[13]。ボールほか（L. Ball, D. Elmendorf and G. Mankiw（1998）[14]）では，アメリカの長期データでは成長率の方が金利を上回ることが多いことが指摘された。同様の事実はほかの主要国でも観察される。

こういった学術的議論を踏まえ，竹中平蔵総務大臣（当時）は「政府がうまい経済運営をすれば，成長率と金利を同じくらいにもっていけるのではないか」[15] という見解を示し，そのような政策運営のメッセージの意味も込め，経済成長率が国債金利よりも高くなるケースを含んだ将来財政試算が会議資料として提出された。吉川洋東京大学教授はこれに対して，「資本があり余った水準より資本・労働比率が低い限り非定常状態でも金利は成長率よりも高くなる」と反論した。

1980年代前半までは自由金利ではなく，国債金利も市場の実勢を反映しているとは必ずしもいえなかった。金融の自由化が進んだ現在の状況においては，国債を含めた金融商品の金利は以前のような統制をすることはできず，国債金利を経済成長率以下に抑えることは容易ではない（図表4-5）。

将来の経済成長に期待して財政再建を試みることは，ボールほか（1998）によって「デフィシット・ギャンブル（The Deficit Gamble）」と呼ばれた。例え平均的に成長率の方が金利を上回っても，将来のあらゆる不確実性を考えると，増税が必要な可能性が出てくるので，財政赤字増大は，無責任な政策（ギャンブル）である，ということである。経済財政諮問会議における議論では，この論文は竹中氏，吉川氏双方によって引用された。吉川氏の指摘に対しては，竹中氏も「私は何も『デフィシット・ギャンブル』をやれなどとは申し上げていない」と述べている。債務が膨らむほど，ギャンブルが失敗する確率は高まる。その後，小黒（2009）[16] においては，先進6カ国において，日本のデフィシット・ギャンブルの失敗確率が突出して高く，日本の

---

13 加えて，遺産動機のない世代重複モデルにおいては，定常状態において $r>g$ となる条件はより限定的である。また，現実の経済が，経済理論が示す定常状態であるかは容易に検証できない。

14 Ball, L., Elmendorf, D., and Mankiw, G.（1998）. The Deficit Gamble. *Journal of Money, Credit and Banking*, Vol.30(4), 699–720.

15 この竹中氏の発言の背後には，デフレ脱却のための適切な金融政策が，デフレ下で起きうる総需要収縮を脱却させ，わが国の経済成長の軌道を高成長に載せうるとの見方がある。この見方の妥当性は，金融政策の内容とその有効性に関する視点にも依存する。

図表 4-5　経済成長率と国債金利

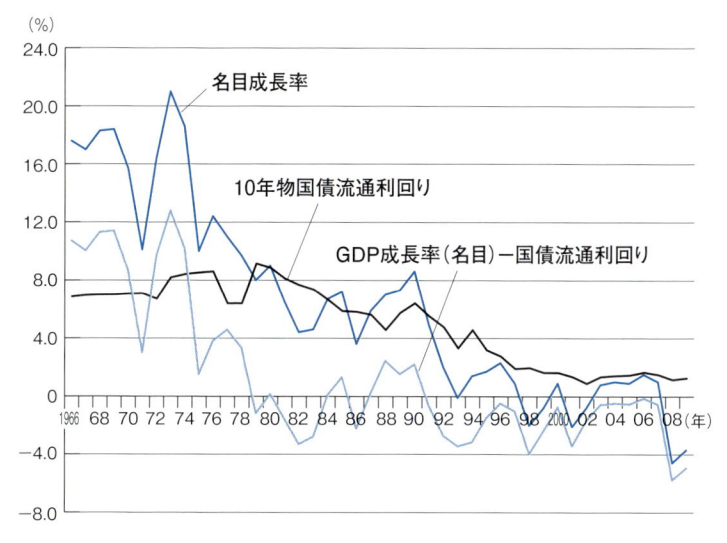

(グラフ：1966年から2008年までの名目成長率、10年物国債流通利回り、GDP成長率（名目）－国債流通利回り の推移)

(出所)　内閣府「国民経済計算」，東京証券取引所「東証統計月報」

失敗確率の引き下げには，s_t^G を一定レベルまで黒字化する必要があることが示された。

　ドーマー条件は満たさずとも，財政が持続可能なケースもある。ボーン (H. Bohn (1998))[17] は，b_t が大きくなったとき，平均的に s_t^G が上昇するように財政運営するならば，NPG 条件 ($\lim_{j\to\infty}(1+r-g)^{-j}b_{t+j}\to 0$) が満たされ，政府債務は持続可能であることを示した。

　ある時期における公債残高対 GDP 比 (b_t) が高くなったときに，プライマリー収支を改善する (s_t^G すなわち図表 4-6 の縦座標を上げる) ように財政運営をするならば，(4.7) により，b_{t+1} (図表 4-6 の横座標) が左に動き，公債残高対 GDP 比が発散しない。最近のわが国のトレンドから考え，これ

16　小黒一正 (2009)「ギャンブルとしての財政赤字に関する一考察――"不確実性"のある成長率と長期金利の関係を中心に」(日本経済研究，No.60(1)，19-35.)。

17　Bohn, H. (1998). The Behavior of U. S. Public Debt Deficits. *Quarterly Journal of Economics*, 113(3), 949-963.，土居丈朗・中里　透 (2004)「公債の持続可能性」井堀利宏 (編)『日本の財政赤字』(岩波書店) 第 3 章を参照。

■図表 4-6　プライマリー収支と政府債務

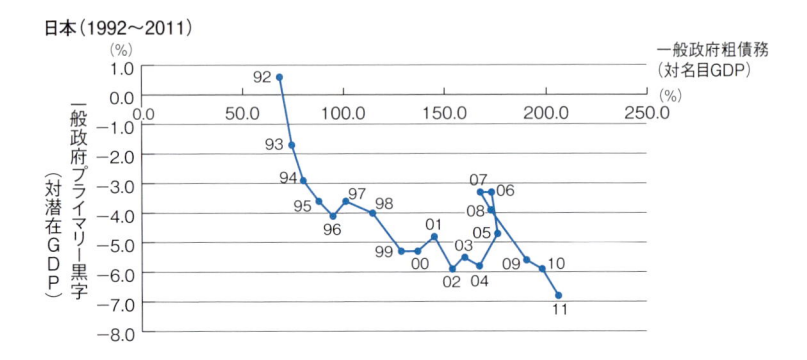

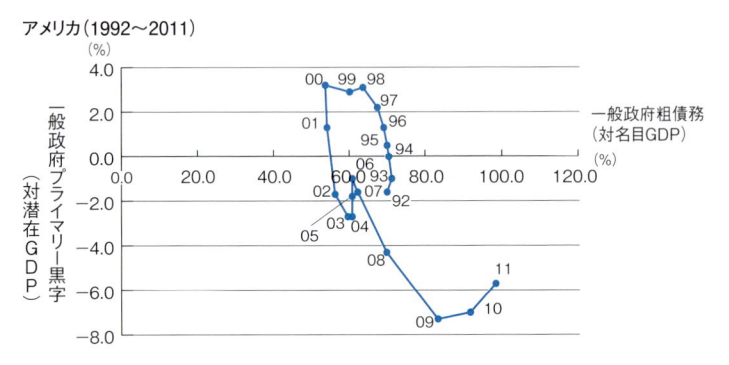

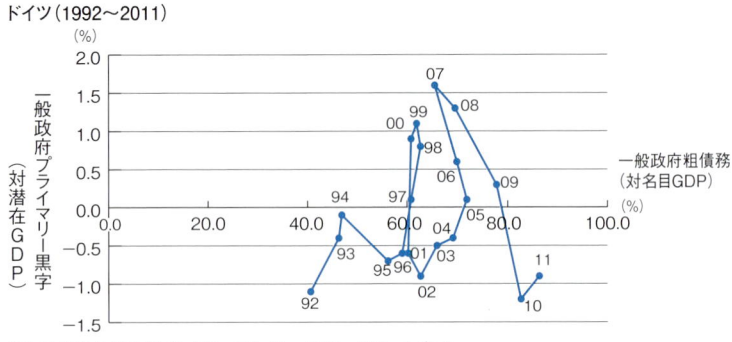

日本（1992〜2011）

アメリカ（1992〜2011）

ドイツ（1992〜2011）

グラフ中の 2 桁の数値（92〜11）は，1992〜2011 を表す。

（出所）　OECD Economic Outlook

をボーン (1998) の条件に合う財政軌道に乗せるには, 相当の財政赤字の削減が求められる。

❖ コラム　純債務で考える

本章で考えた政府債務の持続可能性は, 従来の財政運営を継続したまま, 政府資産売却などではなく租税で償還することを前提として, 政府債務が発散しないことを条件とするものである。しかしながら, 政府はその活動の中で資産の保有や運用をすることもあり, 会計の中でも基金や剰余金などが発生することがある。政府債務を純債務でとらえた財政運営を考えると, 持続可能性や将来の税負担について, どのような見解が得られるであろうか。

この議論が近年本格化する契機の一つとなったのは, ブロダとワインシュタイン (C. Broda and D. Weinstein (2005)[18]) である。同論文においては, 日本の国民経済計算体系 (SNA) ベースの一般政府総債務から, 政府機関の金融資産などを差し引いたものを純債務と定義した上で, 日本の場合, 2002年度で一般政府の総債務は国内総生産 (GDP) の161％程度に達した半面, 純債務は公的部門で62％程度にすぎない, と計算している。この値は, マーストリヒト条約でEU加盟国に課された上限をわずかに超えるのみであり, 当時でいえばイタリアやベルギーなどよりも低く, 国際的にみても高いものではない。そして, この点を踏まえ, 2100年 (代替ケースとして2040年と設定した計算もしている) に上記の政府純債務の対GDP比を維持するために必要な, 政府収入の対GDP比を求めたところ, 1990年から2000年までの平均値である32.2％よりは高いが非現実的でないレベルに抑えることが可能であると述べ, 日本財政の持続可能性について楽観的な見通しを示した。

土居 (2008)[19] はブロダとワインシュタイン (2005) のシミュレーションの仮定を再吟味し, より直近の状況や試算を考慮に入れた再計算を行った。まず, 純債務の計算において資産を差し引くことの妥当性が問題となる。例えば公的年金の資産は, 将来の社会保障給付に備えてのものであり, 債務である将来社会保障が考察されていない限りは, この部分を公債から差し引くことはできない。ま

18　Broda, C., and Weinstein, D. E. (2005). Happy News from the Dismal Science : Reassessing the Japanese Fiscal Policy and Sustainability. In T. Ito, H. Patrick, and D. E. Weinstein (eds.), *Reviving Japan's Economy*, The MIT Press, pp. 39–78.

19　土居丈朗 (2008)「政府債務の持続可能性を担保する今後の財政運営のあり方に関するシミュレーション分析——Broda and Weinstein論文の再検証」(三田学会雑誌, 100, 131-160.) より直近のデータや将来推計に基づいた分析は, Doi, T., Hoshi, T., and Okimoto, T. (2011). Japanese Government Debt and Sustainability of Fiscal Policy. *Journal of the Japanese and International Economies*, 25, 414-433. を参照。

■図表 4-7　一般政府純債務対 GDP 比

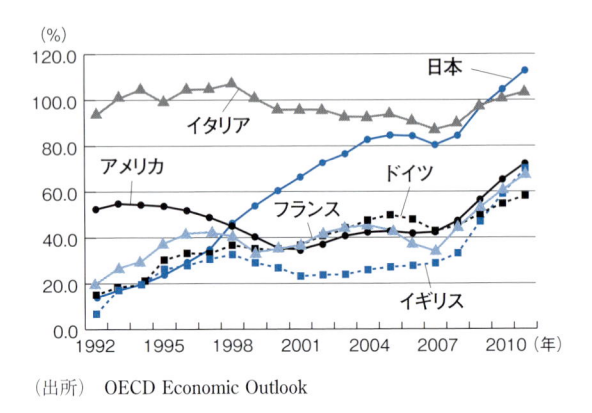

（出所）　OECD Economic Outlook

た，政府が保有する資産は，政府が事務事業を行う上でのバッファーとして保有するものもあり，単純に負債と相殺することはできない。また，ブロダとワインシュタイン（2005）は，所得効果により日本の出生率が上昇し，労働力人口が安定することを想定している。この予測は，国立社会保障・人口問題研究所の人口予測よりも楽観的な想定である。これらを修正した土居（2008）らの再計算においては，財政の持続可能性を担保するには対 GDP 比で 10％ かそれ以上の税率の引き上げが必要となることが示された。

これらの論文では，債務の対 GDP 比率が，長期的に当初のレベルまで下がる意味で持続可能な税率を求めている。その過程では，債務の対 GDP 比率はいったん上昇し，その後，財政黒字を続けることで，債務の対 GDP 比率が現状レベルに戻るというシナリオである。純債務でみても，政府債務対 GDP 比はピーク時にはかなり高く，現状に戻るには，プライマリー財政収支黒字を数十年単位の長いスパンで維持しなければならない。医療費の増加の抑制努力などに応じて，実現がより困難ではないシナリオも描かれているものの，財政破綻を回避するためには，楽観はできないことが示されている。

彼らの論文が発表されてからの時間の経過で，日本は純債務においても対 GDP 比の悪化が目立ってきた。OECD による統計では，日本の純債務の対 GDP 比は 100％ を超え，イタリアやベルギーよりも悪い数値となっている（図表 4-7）。

4.3 補足的論点

年金制度や一般政府債務（粗債務・純債務）の現状の詳細や，今後のあるべき改革案に関する議論の範囲は極めて広い。本章前節までは，第1章で学んだ財政制度と第3章で学んだ数理モデルの枠組みの延長により，世代間資源配分・世代間公平性を考察する上で必要な基本的枠組みと，経済政策への応用可能性を述べた。本節では，年金制度と公債の持続可能性に関する，補足的論点をいくつか述べることとする。

▶ 遺産動機と世代間公平性

世代間利他主義による遺産動機で各世代がつながっていれば，第3章で学んだ「遺産を伴うリカード=バローの等価定理」の帰結が成立する。このときには，本章で議論した世代間公平性の問題は，意味をなさなくなる。このことを示すために，(4.2)′の賦課方式年金政策を考えよう。(4.3)′において $g<r$ であると，賦課方式年金は若年世代の生涯所得の減少をもたらす。しかし，遺産動機がある際には，賦課方式年金は老年世代による同額の遺産で相殺され，その際には，積立方式と同様に，消費と総貯蓄への中立性が得られる（より詳しくは，章末の発展問題(1)とその解説を参照せよ）。租税や社会保険料などの世代間負担が，図表4-3（世代会計）が示すように将来世代を不利にするような仕組みになっていたとしても，それを相殺するような私的な世代間所得移転が行われれば，世代間公平性は，問題とならない。財政の持続可能性についても，財政赤字の増加が後世代の公債償還負担を増すのであれば，家計は遺産を増加させることで，負担を相殺できる。

しかしながら，第3章で紹介したように，世代間利他主義は等価定理の帰結を成立させるほど強くはなく，人々は将来世代のことを十分に考慮して行動するわけではない[20]。従って，本章で強調した，賦課方式年金における中立性の阻害や，世代会計が示す世代間公平性の問題は重要となる。

世代間利他主義に関連する議論としては，「賦課方式の社会保障は子世代の親に対する私的な扶養負担の代替である」というものもある。確かに，導

入時の年金には，戦争を経験した世代の扶養という意味があり，介護保険も家族の私的負担の軽減のために導入された。しかし，経済成長率や出生率が下方にふれた場合は，制度の見直しがないと（ないし受取者に遺産動機がないと），賦課方式の負担は私的扶養動機から考えても過大となる。また，老人医療や介護給付は，基本モデルにある金銭的な一括補助（Lump-Sum Transfers）ではなく，給付者の利用に応じて，利用者の自己負担分（現在は老人医療費・介護ともに原則として費用の一割）以外を保険料や租税・国債が負担するシステムであり，給付者の制度の過度な利用へのインセンティブを可能な限り抑えるものとするといった制度の見直しは，常に必要になる。8.5節「応用2：補助金の帰着と死重損失」も参照のこと。

▶ 確定拠出型年金制度

年金制度のあり方においては，4.1節で述べた積立方式対賦課方式のほかに，もう一つ，確定拠出対確定給付，という重要な視点がある。これは，年金のリターンを決めるrやgなどに不確実性がある中で，負担T_tを固定するか，給付F_tを固定するか（すなわち，誰がリスクを負うか），という視点である。

従来の年金は，給付F_tを固定する（賦課方式の）**確定給付方式**であり，この場合リスクは負担者である現役世代が負うこととなる。これに対し，より新しいタイプの年金は**確定拠出**型のものが出ている。第1に，確定拠出・積立方式型の，運用リスクを個人に負わせるタイプの年金である。アメリカにおいて採用されているこの年金制度は，対応する内国歳入法の条項名にちなみ，401（k）型年金と呼ばれる。従業員（労働者）は，雇用主からの給料の一部を，401（k）ファンドへ掛金として積み立てる。従業員は掛金を資産投資選択肢から選択して運用し，高齢になったときに給付を受け取る。

---

20 追加的に指摘できることとして，(i) 等価定理は「政府消費を一定に保つ（二期間モデルでは$\Delta G_1=0, \Delta G_2=0$）」という前提条件があった。世代会計では公共サービスからの便益を計算に含み，4.2節ではG_tを通じてプライマリー収支や公債残高を変化させることが可能なので，劣化した社会資本を補修しないなどの，公共サービスの世代間不公平性がある場合には，遺産動機のみでは世代間公平性は回復できない。(ii) 遺産・贈与に相続税・贈与税がかけられる場合も含め，考察される税が一括税でない場合には，等価定理の帰結はやはり成立しない。

資産運用のリスクは従業員に課されるので，企業の負担は減少する。このほか，所得課税と区分してその運用益課税が繰り延べられる（積み立て・運用時点では非課税），また転職などの際には自分の年金資産として持ち出しが可能である（ポータビリティ）ことなどが特徴としてあげられる。

第2に，確定拠出・賦課方式型の年金である。スウェーデンの公的年金などでとられている「みなし掛け金建て」制度は，保険料の拠出額を加入者一人ひとりの口座（年金個人勘定）に記録する確定拠出型の年金である。その「みなし運用利回り」は，1人当たり賃金上昇率に設定されている。また給付水準は自動調整されることになっているので，確定給付方式における負担の制度的調整という問題からも解放される。この結果，現役世代のリスクは軽減され，拠出と給付の対応が明確なので，年金不信も軽減される。

デメリットとしては，積立方式型においては資産運用のリスク（元本割れも含む）を個人が負わなければならないことである。金融危機に伴う資産の暴落や，ファンドを扱う金融仲介業者の破産などのリスクも，何らかの法規的措置がない限り，個人の責任になる。確定拠出・賦課方式型については，制度の信頼性が賃金・人口成長率に決定的に依存し，低成長・少子高齢化社会においてはむしろ年金不信を増大させることが挙げられる。

わが国では，2001年10月から施行された確定拠出年金法に基づく**確定拠出企業年金**（「日本版401k」と呼ばれる）が前者に相当する。一方，後者は2004年の年金改正において取り入れられた「**マクロ経済スライド制**」におおよそ相当する。この方法の下では，年金給付水準を人口要因の変化（労働力減少や平均寿命の伸び率）に合わせて自動的に給付を調整することになっている。

▶ 強制貯蓄と自動加入の役割

年金の役割の一つとして「**強制貯蓄**」という側面がある。第3章で考察した「過剰反応」の理由の一つとして考えたように，家計が近視眼的（生涯の効用 $u^t = U(C_1^t, C_2^{t+1})$ に基づいた意思決定を各期で必ずしも行わない）であれば，家計は若年期に，老後に適切に備えた消費や貯蓄を行わないかもしれない。公的な制度を通じて強制的に若年期所得の一部を老年期に備えさせ

ることは，見境ない消費や老後の後悔を防ぐという役割が考えられる．伝統的な財政学においてはこのような性格の公共政策は「家父長主義（Paternalism）」と呼ばれ，家計が合理的でない（ここでは異時点間効用最大化の観点から）際の政府介入の根拠とされていた．

他方で，より最近の行動経済学の研究においては，年金加入と金融商品選択という意思決定を，通常の経済合理性を超えた理由[21]で個人が放棄する傾向にあることを明らかにした．この事実を踏まえて，近年のアメリカやイギリスの確定拠出年金においては，対象者が制度に加入するか否かを選択する方式（Opt-in）ではなく，全員が一旦自動的に制度に加入し，制度に残りたくない対象者だけが脱退を選択する方式（Opt-out）を採用している．このような方式は自動加入（Automatic Enrollment）方式と呼ばれ，個人の選択の責任を尊重する範囲で，年金加入の意思決定の放棄を防ぎ，年金加入を促す政策となっている．

▶ 非ケインズ効果

財政赤字が急拡大する，また政府債務残高の対GDP比率が高い水準にある，といったように財政が不健全な状態における公債発行は，将来の増税や金利上昇などの予想が将来の景気悪化と恒常所得減少を予測させ，消費を減少させる．逆に，財政再建は，むしろ民間の消費などを拡大させ，GDPの落ち込みを防ぐ可能性もある．このような類推は，第2章で考察したケインズ経済学の枠組みとは逆向きの効果をもたらすものであり，「非ケインズ効果」と呼ばれる．

リカードの等価定理では，公債発行は消費に影響をもたらさないので，減税乗数は0であった（第3章発展問題（1）A.）．つまり，等価定理からは，財政赤字や公債残高の増大は「悪い」とは必ずしも言えず，「意味がない（＝即座の増税と等価である）」とまでしか言えない（第3章発展問題（1）D.）[22]．これに対し，非ケインズ効果が妥当する際には，リカードの等価定

---

[21] 正しい選択が困難な際にそれを延期・放棄してしまう「選択放棄（Choice Paralysis）」，直近の選択を遠い将来における選択と同様の基準で決定できない「現在バイアス（Present Bias）」などが挙げられる．

理のように将来の増税を織り込むことに加えて，将来の増税の負の効果をも織り込んで，人々が消費を抑えるので，減税乗数や政府支出乗数は負である。

ジュヴァッツィとパガーノ（F. Giavazzi and M. Pagano (1990)）は，非ケインズ効果が働いた事例として，1980年代中盤のデンマークと80年代後半のアイルランドに着目し，民間消費が政府消費増大に対してどのように反応するかを分析することで，公債残高が大きい場合に，財政再建が経済に好影響をもたらすと結論付けた[23]。非ケインズ効果の経路は資産価格への影響や借入制約（第3章）など複数存在し，またその存在を支持する理論的枠組みが確立してはいないが，異時点間の予算制約や経済の将来予想に消費などが反応するという文脈では自然な考えである。

▶ 予備的貯蓄仮説

恒常所得仮説は，将来所得の期待値に応じて家計は消費・貯蓄を決定するというものであるが，**予備的貯蓄**（Precautionary Savings）とは，将来所得の不確実性に備えて現時点で貯蓄するという行動である。予備的貯蓄仮説によると，将来所得に対する不安が強いほど，現時点での貯蓄が増え，消費が減る。わが国の現状に関連する研究では，雇用リスク，年金制度の今後を含めた老後不安などが，予備的貯蓄に影響を与えているとされる[24]。

22　リカード自身は，財政赤字は悪いことだと考えていた。Buchanan, J. (1976). Barro on the Ricardian Equivalence Theorem. *Journal of Political Economy*, 84, no. 2, 337-42. およびO'Driscoll, G. (1977). The Ricardian Nonequivalence Theorem. *Journal of Political Economy*, 85, no. 1, 207-210. 参照。

23　Giavazzi, F., and Pagano, M. (1990). Can Severe Fiscal Contractions Be Expantionary ? Tales of Two Small European Countries. *NBER Macroeconomic Annual 1990,* pp. 75-122. および亀田啓悟（2009）「日本における非ケインズ効果の発生可能性」井堀利宏（編）『財政政策と社会保障』（内閣府経済社会総合研究所（企画・監修）「バブル／デフレ期の日本経済と経済政策」第5巻，慶應義塾大学出版会，pp. 69-110.）などを参照。第6章で紹介する福田・計（2002）も，非ケインズ効果を引用している。

24　石原秀彦・土居丈朗（2004）「1990年代の日本における消費・貯蓄行動について——予備的貯蓄動機を中心とする理論展望と実証研究」（経済研究，第174号）。

復習問題

(1) 積立方式年金について以下の問いに答えよ。

　A. 積立方式年金導入の消費・総貯蓄への中立性（図表4-2，本章（4.4）式）とリカードの等価定理（図表3-5，第3章（3.5）式）の，論理の類似性を確認せよ。

　B. 家計が近視眼的である（生涯の効用（3.2）に基づいた意思決定を各期で必ずしも行わない）とき，「積立年金でのリカードの等価定理」の帰結は，どのように修正されるか。

(2) 4.2節の分析・議論に基づき，以下の正誤を述べよ。

　A. 第 t 期にプライマリー収支黒字を達成しても，同時期に財政赤字が発生することがある。

　B. (4.7)′において，$r>g$ ならば，たとえ $\beta<0$ であっても，初期時点の b_t が十分に大きければ，公債残高の対GDP比は発散する。

(3) 確定拠出型年金制度について述べ，そのメリットとデメリットを指摘せよ。

発展問題

(1) 第3章で学んだ「遺産を伴うリカード＝バローの等価定理」の帰結が成立する状況においては，本章で学んだ，賦課方式年金（$r>g$ のとき）が示す世代間不公平性の問題は，意味をなさなくなるという。このことはなぜかを説明し，また，なぜ世代間公平性の問題が重要なのかを説明せよ。

(2) 4.2節の分析・議論に基づき，以下の正誤を述べよ。

　ドーマー条件は，4.1節の動学的非効率性（4.5）と同義である。

（解答は，本書サポートページを参照。）

第5章

社会資本と地方財政

　1990年代の不況・低成長期においては，並行して行われた財政出動が，生産性の低く財政力の弱い地方圏により偏ったという問題があった。これは，国と地方の財政（会計）の重要部分に，諸々の補助金，地方交付税交付金といった，地方圏への配分および地域間再分配を扱う諸制度が存在していることと密接に関連している。これらの制度は複雑に入り組んでおり，なおかつ生じた債務の責任の所在が曖昧であることに特徴がある。財政出動の非効率な地域間配分が，日本経済全体の低成長と無責任な財政赤字の拡大につながったという指摘は多い。本章では社会資本，地方財政，地方交付税を扱う。

5.1　社会資本

▶社会資本とは

　社会資本の定義はさまざまなものがあり，公共財・社会的共通資本・インフラストラクチャーなどと同義なものとして言及されることもあるが，本章では，社会経済活動や国民生活・国土保全の基盤となる施設を「**社会資本**」と呼ぶ。例として，道路，港湾，鉄道，住宅，上下水道，学校，病院，電力供給などが挙げられる。社会資本はものによっては民間による供給も可能である（例としては私立の学校・病院・鉄道・電力・ガス会社など）が，本章では公的な事業主体（中央政府・地方政府，政府系機関・公的企業など）による社会資本について考察する。

■図表 5-1　公共事業関係費（中央政府一般会計）内訳

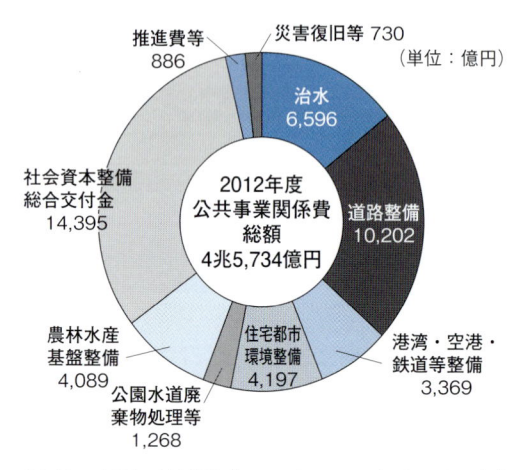

```
推進費等         災害復旧等 730
886
                              （単位：億円）
                治水
                6,596
社会資本整備
総合交付金       2012年度
14,395          公共事業関係費   道路整備
                総額           10,202
                4兆5,734億円

農林水産       住宅都市        港湾・空港・
基盤整備       環境整備        鉄道等整備
4,089        4,197          3,369
       公園水道廃
       棄物処理等
       1,268
```

（出所）　東洋経済新報社『図説日本の財政（平成 24 年版）』[1]

中央政府において，公的な事業の中心となるのは，中央政府一般会計の公共事業関係費である。2011 年度（当初予算）において，公共事業関係費は 4 兆 5,734 億円であった。そのうちわけは図表 5-1 のとおりである（推移は図表 5-2 参照）。

中央政府一般会計以外に，地方政府や特別会計からも，社会資本関連の支出がなされている。財源としては，税金のほか国債（建設国債）・地方債，そして政府の信用や制度を用いた有償の資金調達である財政投融資制度（財投）が重要な役割を果たしてきた。歴史的には，第 2 次世界大戦において破壊された資本の復旧，および近代化の必要のために，公共部門の大きな役割が求められた。高度成長期には生産効率性の拡大を目的とした投資目的（産業基盤投資）が多く，1960 年代後半からは国民の生活環境の改善を目的とした生活基盤投資に重点が移された。

一般政府ベース公的固定資本形成の GDP に占める割合の推移は，第 1 章

---

[1] 社会資本整備総合交付金は 2010 年度予算に創出された項目で，地方公共団体の社会資本整備支援のため，国土交通省所管の地方公共団体向け補助金を原則一括で扱うものである。

■図表 5-2　公共事業関係費の推移

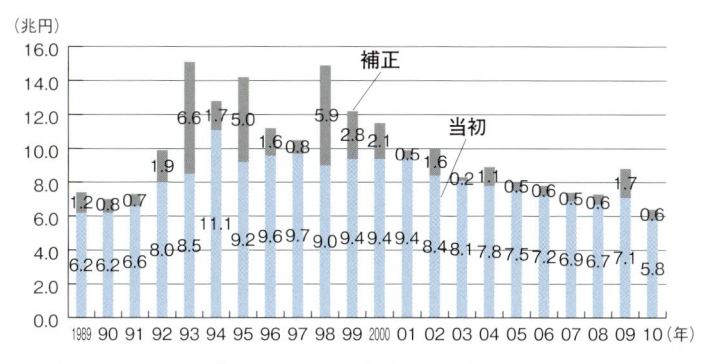

(兆円)

補正
当初

(出所)　東洋経済新報社『図説日本の財政（平成 24 年版）』

5.1 社会資本

でふれたとおり，わが国では一貫して高く，景気対策が盛んに打たれた 1990 年代には，公的固定資本形成の対 GDP 比は 6％を超えたこともあった。1999 年以降は下落基調であるものの，2009 年では公的固定資本形成の対 GDP は 3.5％で，英米独仏よりも高い。

❖コラム　財政投融資[2]

財政投融資（財投）とは，**郵便貯金・簡易保険・厚生年金の積立金**などの調達部門を原資に，民間部門や公的企業の投資活動に融資する，政府の金融仲介活動である。かつてはその規模が中央政府一般会計予算と比肩できる規模であり，一般会計での財源確保が難しい場合の資金調達に連動していたため，「第 2 の予算」と呼ばれていた。

2001 年度財政投融資改革まで，これらの資金は旧大蔵省（現財務省）の資金運用部へ預託され，そこから運用部門（特殊法人など，いわゆる財投機関）へ提供されていた。財政投融資の資金は，国債の引受けや地方公共団体への貸付および財投機関の累積損失に対するファイナンス，政府系金融機関が行う民間部門向け貸付のファイナンス，公的企業が行う公共投資向けファイナンス，調達部門による自主運用，の 4 つの分野に配分されていた。

---

[2] 2001 年における財政投融資制度の総括は肥後雅博（2001）「財政投融資の現状と課題——2001 年度改革が財投の機能に与える影響」（日本銀行ワーキングペーパーシリーズ，No.01-1）を参照。より最近の動向は，財政投融資特別会計財務書類（各年度版：財務省ホームページ）を参照。

図表 5-3 2001 年以降の財政投融資制度

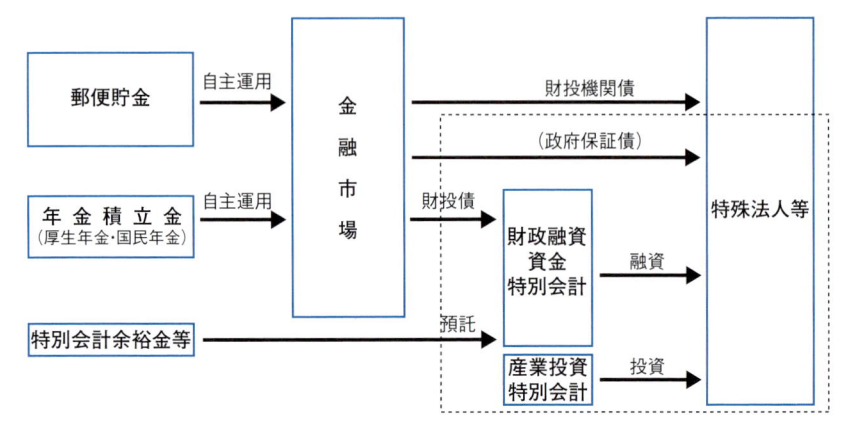

(出所) 肥後 (2001)

　財政投融資は，原資である郵便貯金・簡易保険・厚生年金の積立金などが巨額である[3]一方，財投機関に対する資金供給が，政策当局の十分なチェックを受けず，最終的な負担が不明瞭なケースが存在し，対象事業の赤字や不良債権化，そして国民負担への懸念も問題となった。1990 年代後半より，「貯蓄から投資へ」が経済目標となったこともあり，事業や制度のあり方が問われるようになった。

　2001 年度に財政投融資制度が改正され（**図表 5-3**），これまでの財政投融資の中核にあった資金運用部は廃止された。これに伴い，(ⅰ) 各調達部門の資金は資金運用部への預託から**自主運用**に変更され，また，(ⅱ) 各運用部門の資金調達は，自らの発行である「**財投機関債**」や，発行において政府が元本や利子の支払いを保証する「**政府保証債**」による，市場調達が原則となった。一方，(ⅲ) 財投機関債を独自に発行して資金調達することができない特殊法人等運用部門に対しては，国が財政融資資金特別会計（現財政投融資特別会計）を通じて**財投債**を発行し融資することとなった。

　この制度改正は，財政投融資の効率化を目標としていた。(ⅰ) の自主運用は，非効率な機関への融資をやめ，有償の資金をより効率的に運用することを目的と

---

[3] 郵政民営化の前においては，郵便貯金の資産は民間銀行預金合計を上回り，簡易保険のそれは日本最大手の日本生命の 3 倍であり，年金積立金は，厚生年金分に限っても，170 兆円近くの積立金があった。また，不況は資金の「民から官へ」の流れを加速させた。経済財政諮問会議資料（2003 年 1 月）によると，1990 年度と 2001 年度の比較において，家計からの株式や社債といった投資は 65 兆円の減少であったのに対し，郵貯・簡保・年金へは 246 兆円もの増加があった。

した。郵便貯金・簡易保険を扱っていた日本郵政公社は 2007 年に民営化され，また年金積立金は，年金負担の軽減と年金財政の維持の観点から漸次縮小し，運用には高い利率目標が掲げられることとなった。(ii) の財投機関債も，市場原理の導入による経営効率化を高め，運用部門への政府保証を縮小することを目的としていた。しかし，実際のところは，(ii) の政府保証債や (iii) の財投債の割合が依然として高く，運用部門が自立して財務の健全化を図るという当初の目的は達成されたとは言い難い。

▶ 最適社会資本に関する規範分析

ここでは，産業基盤型の社会資本について，国富（GDP）最大の観点から，どのような資源配分が望ましいのかを考察する。簡単な経済モデルとして，2 つの地域 A, B に民間資本 K（企業が購入する，機械や装置などの設備）と社会資本 Q を配分する資源配分問題を考える。地域 A には民間資本 K_A および社会資本 Q_A，地域 B には民間資本 K_B と社会資本 Q_B を配分するとしよう。地域 J ($J=A$, B) における生産 Y_J は，生産関数：

$$Y_J = F_J(K_J, Q_J) \quad (J=A, B) \tag{5.1}$$

に従う。全国の生産 $Y=Y_A+Y_B$（以下 GDP と呼ぶ）は，投入物がどのように配分されるかに依存する。

分析の前に，本章で重要になる「**資本の限界生産性**」の概念を導入する。複数の生産要素からなる生産関数をグラフで表す際には，生産要素の複数の要素のうち考察対象のもの以外のものを固定し，産出量を特定の生産要素でグラフ化するのが便利である。いま，地域 A における (5.1) の形の生産関数において，Q_A を固定して，生産要素 K_A と生産物 Y_A の間の関係を書くことができる。図表 5-4 は，そのような関係をグラフ化したものである。

生産関数は右上がりの傾きを持つ。すなわち，資本が多ければ多いほど，生産量が増加する（例えば 1 単位の K_A の増加に対して $F_A(Q_A, K_A+1) > F_A(Q_A, K_A)$）。以下，微小な生産要素（ここでは民間資本）の増加に対する生産物の増加分を，**限界生産物**（ないし限界生産性 Marginal Productivity）と呼ぶ。地域 J の民間資本の限界生産物は $MPK_J = F_J(Q_J, K_J+1) - F_J(Q_J, K_J)$ と表し，これは生産関数の傾きで表される。また，生産関数の傾

■図表 5-4　生産関数（上）と資本の限界生産性（下）

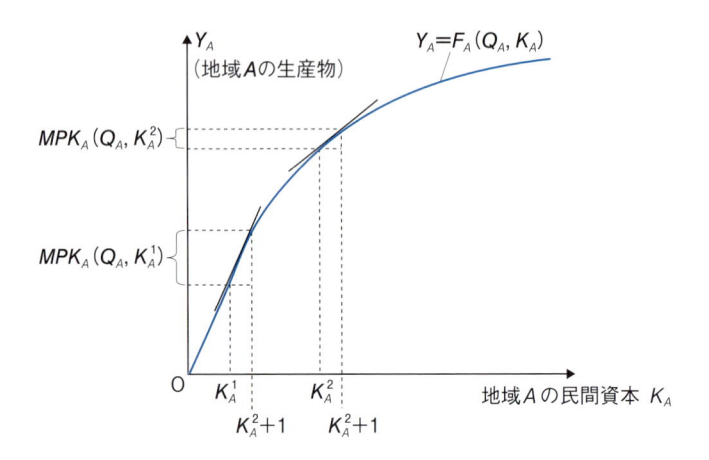

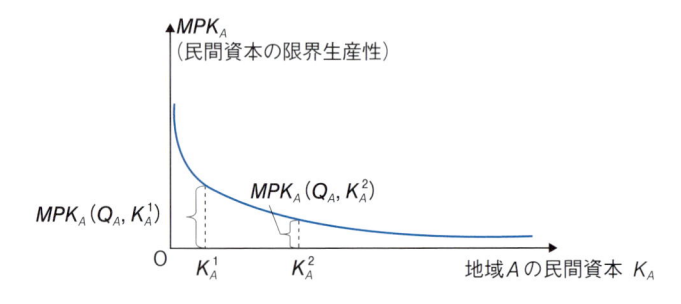

きは投入量が増えるにつれなだらかになる（例えば 1 単位の K_A の増加と 2 単位の K_A の増加を比較して，$F_A(Q_A, K_A+2) - F_A(Q_A, K_A+1) < F_A(Q_A, K_A+1) - F_A(Q_A, K_A)$）。この性質は「限界生産性逓減」といわれる。資本の例としてコンピューターを考えよう。企業において各々のコンピューターが絶えず利用されている状況では，コンピューター 1 台の追加による産出の増分（限界生産物）は大きい。他方，労働者数などほかの生産要素が一定のもとで，十分な数（例えば，従業員数と同数）のコンピューターがあれば，追加的なコンピューターによる生産への貢献はより小さい。

　グラフ下は，これらの性質と整合的なように，MPK_A をグラフ化したものである。すなわち，任意の K_A に対して，縦座標は正象限にあって右下がり

である。同様に，社会資本の限界生産性を，地域 J につき $MPQ_J = F_J(Q_J + 1, K_J) - F_J(Q_J, K_J)$ で表し，正の限界生産性と限界生産性逓減を仮定する。

▶ GDP を最大にする資源配分

ここで，限られた資源を最大限に活用して，GDP（このモデルでは 2 地域の総生産 $Y_A + Y_B$）を最大にするには，どのような生産要素の配分が必要かを考える。いま，この経済に，国民の貯蓄などを原資にした，利用可能な資本の総量 $\overline{K}$ が存在し，この $\overline{K}$ は民間資本にも社会資本にも用いられるとする。実行可能な生産は，K_A, Q_A, K_B, Q_B を，$K_A + Q_A + K_B + Q_B \leq \overline{K}$ となるように割り振ることからの $Y_A = F_A(K_A, Q_A)$ および $Y_B = F_B(K_B, Q_B)$ で与えられる。条件式 $K_A + Q_A + K_B + Q_B \leq \overline{K}$ を満たす**生産要素の配分** K_A, Q_A, K_B, Q_B の組合せと，対応する各地域の生産 Y_A, Y_B は無数に考えられるが，GDP を最大にする地域間および社会・民間資本の配分[4][5]は，上で定義された限界生産性に関する，以下の 3 つの条件から特徴づけられる。

(i) 地域間の社会資本の生産性に関する条件

GDP 最大化のための資源配分の第 1 の条件は，地域間での社会資本の限界生産性が等しくなることである。すなわち，

$$MPQ_A = MPQ_B \tag{5.2}$$

いま，2 地域に割り当てられるべき社会資本の総量 $\overline{Q}(<\overline{K})$ を所与として，(5.2) がなぜ必要な条件なのかを，横軸に各地域の社会資本量，縦軸に各地域の社会資本の限界生産性をおいた図において考察しよう。**図表 5-5** は，K_A と K_B が割り当てられたもとで，左から MPQ_A，右から MPQ_B をグラフ

---

[4] 経済学の資源配分問題で用いる「条件付き最大化問題」の形式では，「制約式 $K_A + Q_A + K_B + Q_B \leq \overline{K}$ のもとで，$F_A(K_A, Q_A) + F_B(K_B, Q_B)$ を最大にする」という形式で与えられる。
[5] 本来，最適な資源配分を考察する際の対象は，GDP ではなく国民の効用（社会厚生）であるが，ここで考える生産の効率性は，社会厚生最大化の条件の一部となる。ただし，現実の資本市場は不完全であり，公共支出の財源が一括税でなく経済活動に歪みを与える税であることなどを考慮すると，最適条件は (5.2)～(5.4) よりも複雑になる。また，「国民全体の厚生最大化の観点から，どのような生活基盤型社会資本の配分が望ましいのか」という考察も可能であり，そのような分析もなされている（脚注 8 の岩本（2005）などで紹介されている論文を参照）。

■図表 5-5　社会資本の最適配分

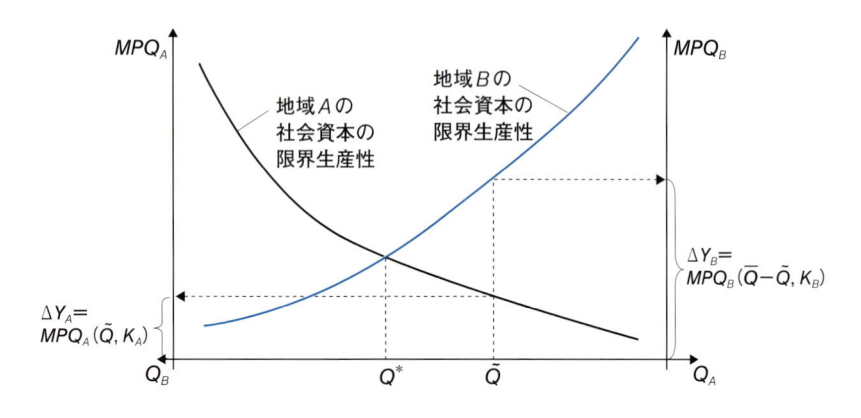

にして表している。2つの縦軸の間の距離は $\overline{Q}$ であり，横座標 $\widetilde{Q}$ は，$Q_A = \widetilde{Q}$ および $Q_B = \overline{Q} - \widetilde{Q}$ が配分されることを表す。対応する縦座標が，左から MPQ_A，右から MPQ_B である。

いま，資源配分が図の $\widetilde{Q} > Q^*$ で与えられているとする。このとき (5.2) は満たされず，$MPQ_A < MPQ_B$ であるが，このとき，GDPがより高い別の配分が存在することは，以下のように示される。図の $\widetilde{Q}$ から，Q_A を1単位減らしてそれを Q_B の1単位増加に充てると，地域Aの生産は $\Delta Y_A = -MPQ_A$ だけ減少するのに対し，地域Bの生産は $\Delta Y_B = MPQ_B$ だけ増加する。その結果，GDPは，

$$\Delta Y = \Delta Y_A + \Delta Y_B = -MPQ_A + MPQ_B > 0$$

と，増加する。すなわち，当初の配分 $\widetilde{Q}$ において，Q_A が過剰で Q_B が過少である。これは，$\widetilde{Q}$ において，$MPQ_A < MPQ_B$ であるところから始まった。同様に，$MPQ_A > MPQ_B$ であれば，今度は Q_B が過剰で Q_A が過少となる。ゆえに，総生産を最大にするには，(5.2) が成立していなければならない[6]。

(ii) 地域内の民間資本と社会資本の生産性に関する条件

GDP最大化のための資源配分の第2の条件は，地域内でみて，民間資本

と社会資本の限界生産性が等しくなることである。すなわち，

$$MPQ_J = MPK_J \quad (J=A, B) \tag{5.3}$$

（5.3）が成立しなければならない理由は（5.2）と同じである。経済全体のGDPを上げるには，限界生産性の高い投資から順に実現させなくてはならない。民間資本の限界生産性の方が当初高ければ，民間投資を先に実現することで，GDPがより上がる。限界生産性逓減により，公共投資の限界生産性が相対的により高くなるレベルまで至れば，その時点で公共投資が実現されるべきとなる。民間資本と社会資本の限界生産性が一致するところが，GDPを最大にする資源配分である。

(iii) 地域間の民間資本の生産性に関する条件

（5.2）と（5.3）が成立するような資源配分においては，地域 A と地域 B の民間資本の限界生産性も等しくなっていることが分かる。すなわち[7]，

$$MPK_A = MPK_B \tag{5.4}$$

競争市場

競争市場では，各地域の生産関数を保有する企業が，**利潤**を最大にするように民間資本の保有量を決定する。いま，生産物 Y の価格が P と与えられているとする。また，資本は地域間を移動可能なもので，地域共通の資本市場では，資本の借り手である企業は，単位ごとに費用 R を支払わなければならない。これらの想定のもとで，地域 J（$J=A, B$）の生産者は，利潤 $PF_J(K_J, Q_J) - RK_J$ を最大にするように資本需要 K_J を選択する。このような，市場での利潤最大化行動の結果選択される K_A, K_B は，やはり限界生

---

[6] （5.2）は，$Q_A = Q_B$ を意味しない。もし，地域 A の社会資本の限界生産性が相対的に低ければ，$Q_A = Q_B$ である配分は，上図の $\widetilde{Q}$ のように，Q_A が過剰となる。（5.2）は限界生産性に関する条件であり，均等配分を意味しない。

[7] （5.4）は（5.2）と（5.3）から導かれるもので，独立な条件としては，（5.2）と（5.3）の2つが最適条件と考えてよい。しかし，以下で見るように，自由市場で達成されるのは（5.4）のみである。

産性について，

$$MPK_J = R/P \quad (J=A, B) \tag{5.5}$$

と表される（導出は本章補論を参照）。各地域の生産者は，同一の R/P に直面するので，市場の「見えざる手」の調整の結果，総生産最大条件 (5.4) が民間資本について成立するのである。

他方，公共投資は公共予算から出され，市場原理にさらされているのではないので，社会資本について，(5.2) や (5.3) が成立する保証はない。地域間資源配分を考察するに当たり，(5.2) や (5.3) が成立しているか否かを分析することは，重要な論点となる。

▶実証分析

現実の経済における資源配分が (5.2) や (5.3) からどれだけ乖離しているのかは，生産関数を直接推計し，現実のデータにおいて限界生産性を評価することから調べられる。多くの研究において，以下の結果が得られている（図表 5-6）：

(i) 社会資本は，地域間の比較において，3 大都市圏で過少，地方圏で過剰である。すなわち，(5.2) は満たされていない。

(ii) 社会資本は，民間資本との比較において，3 大都市圏では $MPQ_J > MPK_J$，地方圏では $MPQ_J < MPK_J$ である。すなわち，(5.3) は満たされていない。

この結果はさまざまな形で頑健性が確かめられている。例えば，産業間でみれば，第 1 次産業の限界生産性は低い。それにも関わらず，公共投資は 1990 年代にあっても，一貫して多額な値が農業・農村に関するものに充てられていた。また，生活基盤型の社会資本についても (i)，(ii) と同様の結果が得られている[8]。

---

[8] 岩本康志 (2005)「公共投資は役に立っているのか」大竹文雄（編）『応用経済学への誘い』（日本評論社，pp. 115-136.），土居丈朗慶応大学教授ホームページ「公共投資政策：追加情報」 http://web.econ.keio.ac.jp/staff/tdoi/ch8-2.html などを参照。また，経済全体で社会資本が過少であったかは，実証分析でも，確定的な結果は得られていない。データセットが高度成長期を含むと，経済全体では，社会資本水準が過少となる場合もある。

■図表 5-6　社会資本と民間資本の限界生産性（第 2 次産業，1975〜1994 年）

	社会資本の限界生産性	民間資本の限界生産性		社会資本の限界生産性	民間資本の限界生産性
北海道	0.076	0.210	近畿	0.333	0.228
東北	0.116	0.220	中国	0.231	0.145
北関東	0.332	0.173	四国	0.152	0.180
南関東	0.497	0.200	北九州	0.190	0.202
北陸	0.167	0.189	南九州	0.109	0.170
東海	0.435	0.170			

（出所）　吉野・中島・中東（1999）[9]

景気対策・マクロ経済への含意

　前項で挙げた分析からは，公共投資が市場原理とは異なる政治原理で行われていたこと，また公共投資の目的が第 2 章で考えた経済安定化や GDP 最大化でなく，地域間再分配であったことが示唆される。

　社会資本の配分は，対応する民間資源（資本のみならず労働）の配分にも影響をもたらす。いま，「ある地域への公共投資の 1 単位増加が，その地域の民間資本の限界生産性を増加させる」とする。数学的には，

$$\frac{\Delta MPK_J}{\Delta Q_J} > 0 \quad (J = A,\ B) \tag{5.6}$$

と表される。このとき，市場原理や GDP 最大化に反する公共投資は，上記の文脈でいうと，3 大都市圏（図表 5-7 の地域 B）の民間資本の限界生産性を下げ，地方圏（同図の地域 A）の民間資本の限界生産性を（人為的に）上げる。(5.4) で動く民間市場では，民間資本は地方圏により多く行くことになり，図表 5-7 の K^* は右にシフトする。1960 年代〜90 年代を中心とした，地方への民間資源の移動（引き留め）を目的とした公共政策としては，
(i) 大都市圏への工場立地を制限し地方への移転に補助金などの支援措置を

---

[9] 吉野直行・中島隆信・中東雅樹（1999）「地域別・分野別生産関数の推計」吉野直行・中島隆信（編）『公共投資の経済効果』（日本評論社，pp.35-88.）。ここでは，民間資本の限界生産性に関する (5.4) は満たされていないが，民間資本の配分には，法人税などその他の影響も考えられる。地域間の MPK の差がより小さい研究も存在する。

■図表 5-7　民間資本の配分への影響

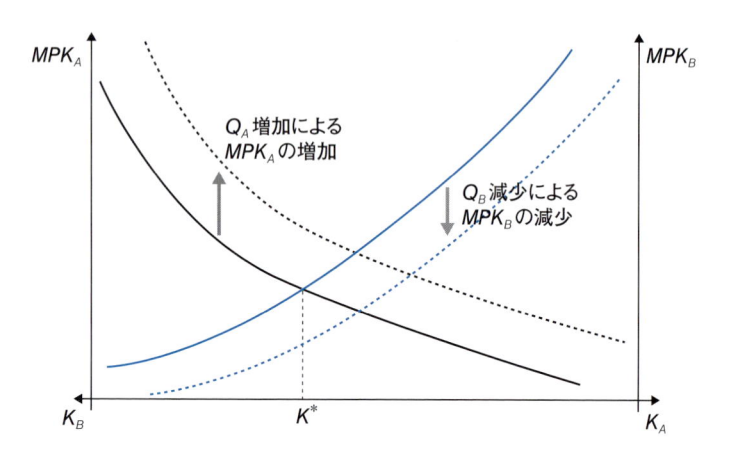

与えた「工場三法」，(ii) 全国総合計画（全総）における，苫小牧や西南地域といった地方における工業団地などの整備，(iii) 地方に対して高速道路や新幹線を建設・延長する計画などが挙げられる。

K や Q の配分（Allocation）と，国富の再分配（Redistribution）は，混同してはならない，別の概念である。国富の大きさが所与であれば，その分配は，結果の平等に関する価値判断の問題である。しかし，生産要素の配分は，国富（$Y_A + Y_B = F_A(K_A, Q_A) + F_B(K_B, Q_B)$）の大きさに影響を与える。1990年代の総合経済対策において，公共事業は景気対策の中心政策であったが，現実には，高度成長期後期から始まった，後進地域優先の再分配的な公共政策が定量的に大きく，地方圏および農業などに偏重した財政支出となった。結果として，地域間・産業間の資源配分に歪みが生じ，国全体の経済成長を低めたと考えることができる[10]。

10　地域間所得再分配が，労働の地域間限界生産性格差を相殺するように生じているとの指摘もある。川崎一泰（2011）「財政を通じた地域間再分配と生産要素の移動」日本財政学会（編）『財政研究』（有斐閣，第7巻，pp.107-122.）また，八田達夫（2009）『ミクロ経済学II——効率化と格差是正』（東洋経済新報社）および増田悦佐（2004）『高度経済成長は復活できる』（文春新書）も参照。

5.2　地方財政（地方交付税交付金を中心として）[11]

わが国では，地方公共団体（都道府県および市町村）がカバーしなければならない行政の範囲が大きい。他方，地方税は全体でみて地方の行政サービスの4割程度しかカバーしておらず，また，地方税は法人税において5倍以上，所得税で3倍程度，消費税で2倍程度の税収格差（いずれも都道府県）があるといわれる。このような背景は，必然的に，国から地方への財政移転の必要を意味するが，わが国の制度の内実は，地方政府の債務の増大（図表5-8）や，財源の非効率な使用に至った可能性が高いことを，本節では指摘する。

▶地方政府の予算編成

毎年，中央政府（国）が一般会計予算を立案する際，並行して総務省は次年度の地方政府の歳入歳出総額の見込額を策定する。これを**地方財政計画**と

■図表5-8　地方の借入金残高および交付税特会借入残高の推移

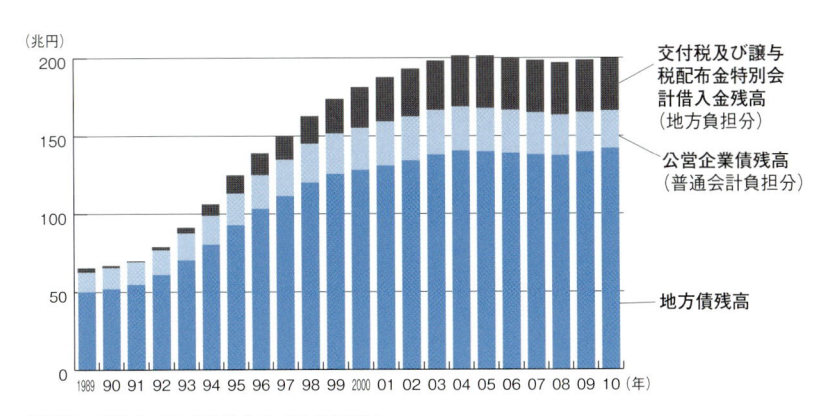

（出所）　総務省「地方財政白書（各年度版）」

11　本節の取扱いは，赤井伸郎・山下耕治・佐藤主光（2003）『地方交付税の経済学——理論・実証に基づく改革』（有斐閣）を参照。

呼ぶ。

地方自治体は，地方の自前の税源である**地方税**[12]，国が使途を特定して地方政府に交付する**国庫支出金**，国税の一定割合を自治体の財政力の低さに応じて分配する**地方交付税交付金**，および**地方債**の歳入を主として，歳出を賄う。このうち，国庫支出金と地方交付税交付金は，中央政府（国）にとっての歳出，地方政府にとっての歳入である。

▶ 地方交付税交付金（1）：算出方法

各自治体への地方交付税交付金は，以下のように決定される。まず，各自治体が標準的な行政を合理的水準で実施したと考えたときに必要と想定される金額として，「**基準財政需要額**」を算定する[13]。次に，自治体の独自財源として，基幹となる地方税の収入見込額を算定する。これを「**基準財政収入額**」という[14]。この2つの額の差額が，各自治体に配分されるべき地方交付税交付金額となる。ここで，基準財政需要額が基準財政収入額を下回る自治体の交付税額は0で，そのような自治体は「**不交付団体**」と呼ばれる：

$$\text{自治体への地方交付税交付金} = \max\{\text{基準財政需要額} - \text{基準財政収入額},\ 0\} \tag{5.7}$$

(5.7) で規定される地方交付税交付金は，財政力の弱い自治体であっても「ナショナルミニマム」としての行政サービスに必要な財源を保障する機能（**財源保障機能**）と，税源の偏在からくる地方公共団体間の財政力格差を調整する機能（**財源調整機能**）を持つとされる。

---

[12] 自治体自身が徴収に関わる税のほかに，地方譲与税と呼ばれる，国が徴収した特定の税目の税収を，一定の基準により地方団体に分配するものもある。

[13] 基準財政需要額は，算定する経費の種類ごとに，地方交付税法で定められた，人口，道路面積，高齢者人口，森林面積などの「測定単位」に，測定単位当たりの単価である「単位費用」を乗じ，更に，寒冷地・人口要因（過疎化や高齢化の程度）などにより測定単位の数値を増減させる「補正係数」を乗じたものとして策定される。測定単位と単位費用は各年度の地方交付税法で定められ，補正係数は総務省令で定められる。

[14] 正確には，地方税法によって税目が定められている「法定普通税」を主体とした地方税収入の75％に，地方譲与税などを加えた値である。

■図表 5-9　2011 年度地方財政計画[15]（計 82.5 兆円）：歳入（左）と歳出（右）

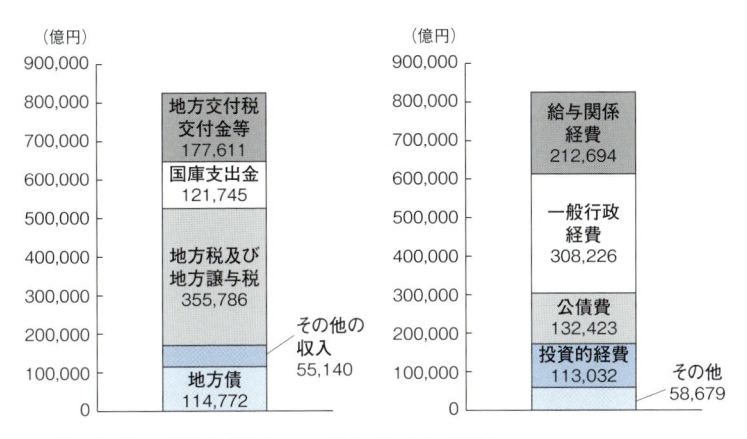

歳入（億円）:
- 地方交付税交付金等　177,611
- 国庫支出金　121,745
- 地方税及び地方譲与税　355,786
- 地方債　114,772
- その他の収入　55,140

歳出（億円）:
- 給与関係経費　212,694
- 一般行政経費　308,226
- 公債費　132,423
- 投資的経費　113,032
- その他　58,679

（出所）　東洋経済新報社『図説日本の財政（平成 23 年版）』

▶地方交付税交付金（2）：財源不足補塡措置と財政の歪み

　国と地方の財政における関係をみるために，第1章で見た，中央政府一般会計の歳出と，図表 5-9 左を並べてみよう。

　図表 5-10 右の2番目の項目「国庫支出金」は，同左の「その他の一般会計歳出」（社会保障関係費・公共事業関係費・文教及び科学振興費など）からの地方政府への充当に対応する。また，国債費以外の中央政府一般会計の24％，地方財政計画歳入の22％を占める地方交付税交付金については，予算編成の過程で以下のような算定と補塡がなされる。

　まず，地方財政計画（図表 5-9）の策定においては，歳入として見込める地方税収と，中央政府一般会計からの国庫支出金の合計を，地方政府の歳出総額から差し引くことで，**地方交付税交付金としての必要額**が算出される。また，中央政府一般会計からは，国税の交付税対象項目（所得税・消費税・法人税・酒税・たばこ税）について，対象年度の税収見込額に一定の率

---

[15] 2012 年度の予算は，東日本大震災特別会計との相互繰入が入る。本節では，わが国の予算制度に関する構造的な問題を取り扱うため，一般会計予算に関する数値はすべて 2011 年度のもので議論を行う。

■図表 5-10　中央政府一般会計歳出（左）と地方財政計画歳入（右）

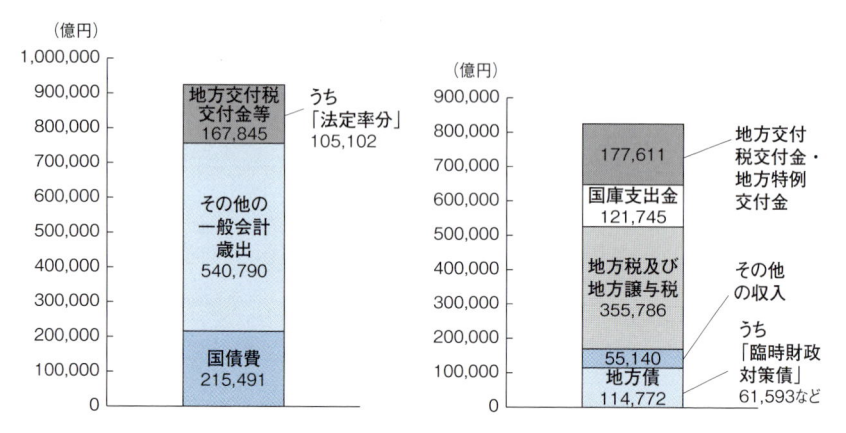

中央政府一般会計歳出（億円）:
- 地方交付税交付金等 167,845（うち「法定率分」105,102）
- その他の一般会計歳出 540,790
- 国債費 215,491

地方財政計画歳入（億円）:
- 地方交付税交付金・地方特例交付金 177,611
- 国庫支出金 121,745
- 地方税及び地方譲与税 355,786
- その他の収入 55,140（うち「臨時財政対策債」61,593など）
- 地方債 114,772

（出所）　東洋経済新報社『図説日本の財政（平成23年版）』

（「地方交付税法定率」と呼ばれる）を乗じた額が，地方交付税交付金用にプールされる。これを**地方交付税交付金の法定率分**と呼ぶ。法定税率は年々若干の変更があるものの，上記5項目の税収の約30%[16]であり，このように確保される「法定率分の地方交付税交付金」は，現在の国税収入からではせいぜい11〜13兆円程度（2011年度においては約10.5兆円）である。しかしながらこの額は，例年，(5.7)で算定される，各自治体への地方交付税交付金としての必要額の総計に満たず，以下のような「財源不足額」が生じる：

$$\text{地方財政計画における財源不足額} = \text{地方財政計画歳出総額} - (\text{地方税} + \text{国庫支出金} + \text{地方交付税法定率分など}) \quad (5.8)$$

2011年度地方財政計画では，(5.8)における財源不足額は14.2兆円に達した。このような財源不足を補填するための特別措置を，「**地方財政対策**」と呼ぶ。地方財政対策における財源補填措置としては，以下の3つが用いられる：

---

[16] 2011年度で，所得税の32%，法人税の34%，酒税の32%。消費税の29.5%，たばこ税の25%。

(i) 中央政府一般会計における補塡。2011年度では，約6.3兆円が，地方の財源不足の状況を踏まえた加算額とされ，法定率分との合計額約16.8兆円（図表5-10左）は，地方交付税交付金の「入口ベース」と呼ばれる。
(ii) 地方交付税交付金に関する特別会計（交付税及び譲与税配付金特別会計）[17]の借入として計上（2011年度で約9,800億円）。これを加えた値が地方の歳入（「出口ベース」と呼ばれる）として図表5-10右に表れる。
(iii) それでも地方財政計画の歳出を賄えない部分を，地方債で賄い，その元利償還分を後年の基準財政需要額に計上する。(5.7)より，とりわけ，基準財政収入額（地方税収）の低い自治体には，地方交付税交付金で元利償還分が手当てされる。

詳しく見てみると，財政の歪みへの含意が明らかになる。(i)（中央政府一般会計からの補塡）は，中央政府からの拠出を，ルールで決まっている，税収見込み額の法定税率分より増額させるものである。このような会計の遣り繰りは，中央政府の歳出を圧迫し，国債の増加要因となる。(ii) は，「隠れ借金（埋蔵借金）」と呼ばれる，特別会計を通じた会計操作である。入口ベースと出口ベースの差額が，特別会計の借入となる（第1章図表1-4参照）。会計間の帳簿の付け替えに過ぎないが，この措置によって，より一般の目に触れられやすい，一般会計における国債や地方債を減らすことができる[18]。交付税及び譲与税配付金特別会計の借入は，財政投融資資金や民間からの借入でファイナンスされてきた。借入残高は50兆円を超え[19]，その地方負担分は，現在の地方の債務の約17%を占める。

(iii) は，「地方債の元利償還措置」と呼ばれる，中央政府による地方の借

---

[17] 特別会計とは国が特定の理由で一般会計と区分して経理する必要がある場合に，目的別に設定する会計（第1章参照）。地方交付税も，地方譲与税などと合わせて経理するための特別会計を設けている。

[18] 特別会計においては，その剰余金などが「埋蔵金」と呼称される一方，借入・債務を発生させているものも存在する。1990年代までの予算編成では，このほかに，一般会計の国債費を減少させるために，一般会計から国債整理基金特別会計への繰入を停止させる，などの方法が用いられた。岩本康志（1996）「隠れ借金」（日本経済新聞，1月23日〜29日朝刊，「やさしい経済学」）参照。

[19] この残高は地方と国で負担が分担されることとなっており，2007年度には，残高約52兆円のうち約33.6兆円が，地方の負担として図表5-8に表れている。

■図表 5-11　財源不足（5.8）とその補塡措置

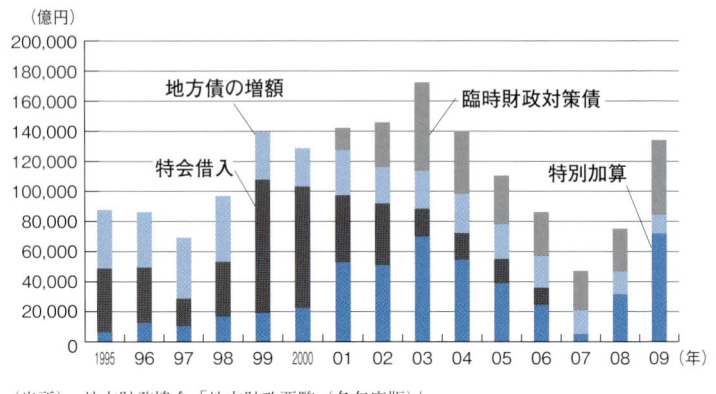

（出所）　地方財務協会「地方財政要覧（各年度版）」

金の肩代わりである。臨時財政対策債や減税補塡債と呼ばれる地方債は，その元利償還費の 80％ や 100％ が後年度の基準財政需要額に算入される。(5.7) より，地方税収の低い自治体には，こうして積み増しされた基準財政需要額が地方交付税として充当され，財源保障がなされるので，財政運営において地方政府のコスト意識を希薄にさせる。また，地方債発行の後年の地方交付税に債務償還が含まれるわけであるから，交付金制度全体の硬直化を招く。他方，不交付団体はこのような制度の恩恵を受けることができない。

(5.8) の財源不足額は，1995 年度から 2009 年度の平均で，約 11 兆円にものぼる（図表 5-11）。一時的な財政緊縮や内訳の変化はあるものの，このような財政措置が恒常的で多額であったことは否めず，(5.7) の算定が，地方交付税交付金の法定率分を恒常的に上回っていたことを意味する。

▶ 地方交付税（3）：問題の所在

(5.7) において，基準財政需要額は，その算出方法が複雑である一方，中央政府の裁量の余地が多いとみられる。例えば，内需拡大や景気対策といった国策を反映した公共事業などに関しては，その地方負担分を基準財政需要額に算入（交付団体にとっては交付税の増額に相当）したり，地方債で賄い，その元利償還を，後年度の基準財政需要額に算入（臨時財政対策債について

の上記説明を参照）するなどの政策が繰り返された。この結果，1970年代以降の，地方交付税額と基準財政需要額の伸びは，名目GDPのそれを大きく上回り，「必要な公共サービスの財源保障」という，地方交付税交付金の本来の目的からは乖離したものとなった。また，地方の側は財政運営のインセンティブが歪められ，国に施策と財源を依存することとなった。

　ここで生じた財政赤字（国・地方・特別会計）は，その質に大きな問題がある。それは，責任の所在の曖昧さと，そこから来る財政運営のインセンティブの歪みである。すなわち，財源不足の補填措置は，いずれも，後年度の財政負担の所在が曖昧であるため，関係者の赤字に対する責任や危機意識を乏しくさせ，恒常的な減額が難しい。その結果，財政赤字の増大につながった。

5.3　1990年代の地方公共投資

　本節では，5.2節で述べた地方交付税交付金を含めた国と地方の財政制度が，どのようにして，5.1節で述べた社会資本の非効率性に至ったかを議論する。

▶ 制度的概要

　一般政府の投資支出（公的固定資本形成）に占める地方自治体（都道府県・市町村）のシェアはかなり高い。地方自治体による公共投資額は，実施ベースでみて，7～8割である。

　地方債以外の地方自治体の財源のうち，地方税と地方交付税交付金を合わせて，**一般財源**と呼ぶ[20]。地方自治体の公共投資は，中央政府からの補助金（国庫支出金）を資金源の中心として行われる**補助事業**と，補助金以外の一般財源が中心となる**地方単独事業**から成る。後者は，地方自治体が自らの負担で行うことを名目としているものである。

---

[20] 正確には，前節で言及した地方財政対策（iii）の一部（臨時財政対策債）も，一般財源に含まれるが，臨時財政対策債の発行は2001年以降である。ここでの議論は，2001年以前のものである。

■図表 5-12　地方政府の投資的経費における補助事業費と単独事業費の推移（1990 年代）

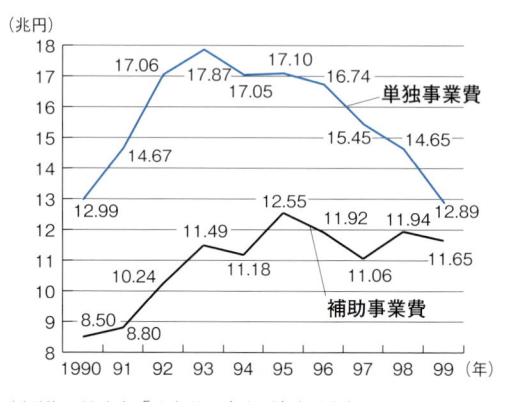

(出所)　総務省「地方財政白書（各年度版）」

　地方単独事業は 1992〜1998 年度の**総合経済対策**における公共投資追加額のうち 2 割近くを占め，景気対策に重要な役割を占めてきた（図表 1-9）。また，1990 年代において，国や地方公営企業の公共投資額は増加傾向にあった一方，地方自治体の公共投資額は 1995 年度をピークに急速に減少している。大幅に減少しているのは地方単独事業の方である（図表 5-12）。

▶ 1990 年代の地域別の地方単独事業の推移

　各地方自治体が，財政需要を自治体の税源でどこまでまかなえるかを示す指数として，基準財政収入額を基準財政需要額で除した数値を，「財政力指数」という。以下では，1995〜1997 年度の平均の財政力指数によって都道府県をグループ分けして議論を行う。例えば，不交付団体である東京都は基本財政収入額が基本財政需要額を上回っているので，財政力指数は 1 を超える。財政力指数が東京に次いで高い愛知県・神奈川県・大阪府は，財政力指数は 0.8 から 1 の間であった。

　1990 年代の地方単独事業の推移を，財政力指数別に測ってみると，財政力指数が高い自治体での単独事業の減少率が大きい。東京都・愛知県・神奈川県・大阪府の地方単独事業費は，大規模な補正予算の入った 1993 年度以

降大幅に減少し，1999年度には1993年度の5割以下まで落ち込んだ。一方，財政力指数の低いこのほかの道府県では高水準を維持し，特に財政力指数が0.4未満のグループでは，1998年度・1999年度においても，1993年度より単独事業は増加していた。すなわち，1990年代の不況期において，**公共事業が都市圏ではなく地方圏に偏っていた**（肥後・中川（2001，図表4および5））[21]。

なぜ，このような現象が生じたのであろうか。理由は以下のとおりである。まず，地方単独事業の執行に必要なのは一般財源，すなわち地方税と地方交付税交付金である。バブル崩壊後の景気後退期前半（1992～1996年）においては，日本経済全体に対する経済規模（県内総生産）のシェアが圧倒的に大きい，関東・近畿・東海といった都市部の方で，実質経済成長率がより低かったのに対し，その他の地方圏での実質経済成長率はむしろ国の実質GDP成長率を上回っていた[22]。こういった背景を受けて，地方税収は都市部を中心として急減した。1991年度と1998年度の比較で，東京都・愛知県・神奈川県・大阪府は，地方税及び地方譲与税が15%以上の減収であったのに対して，前述した平均財政力指数が0.4未満の県では，むしろ地方税収は増えていた。これに加えて，地方交付税交付金が地方圏と都市圏の一般財源の増減を決定づけた。財政力指数が高い自治体は3大都市圏に多いので，地方交付税交付金は，都市圏よりも財政力指数が低い地方圏に重点的に与えられ，その交付額全体も，経済対策に伴い，増えた。すなわち，財政力指数の高い自治体で一般財源が**減少**し，低い自治体で一般財源が**増加**する，という**逆転現象**が生じたのである[23]。

他方，1990年代においては地方債発行は旧自治省（現総務省）の許可制であり，その使途にも厳しい制約が存在したため，財源不足を地方債の発行

---

21 肥後雅博・中川裕希子（2001）「地方単独事業と地方交付税制度が抱える諸問題——地方交付税を用いた地方自治体への財政支援策の効果と弊害」（日本銀行ワーキングペーパーシリーズ No.01-9）．

22 土居丈朗（2000）「裁量的財政政策の非効率性と財政赤字」（大蔵省財政金融研究所「21世紀初頭の財政政策のあり方に関する研究会報告書」，38-61）．

23 ちなみに，財政力指数の高い東京および都市部における，不況に伴う地方税収の大きな落ち込みは，わが国の法人税（地方では法人事業税など）への依存度の高さとも関係がある（第7章で言及する）．

■図表 5-13 地方財政における逆転現象

	一般財源		経常的歳出	地方政府のキャッシュ・フロー＝一般財源ー経常的歳出	公共投資の地方単独事業
	地方税	地方交付税交付金			
都市部の自治体	減少	変化なし／微増	抑制できず	逼迫	減少
地方圏の自治体	増加	増加	増加	余裕を保つ	増加

増で賄うには，限度があった。また，人件費・補助費・公債費などの経常的歳出の切り詰めだけでは，歳入増減率の格差を埋め合わせられなかった。その結果，一般財源から経常的歳出を差し引いた，地方政府のキャッシュ・フローの増減と，地方単独事業の増減が，正の相関を有することとなった。財政力指数が高い自治体ほどキャッシュ・フローの減少率が高く，単独事業がより減少しているのである。以上のことは図表 5-13 のようにまとめられる。

5.1 節では，公共投資（社会資本）を地方圏により多く誘導する政策が，経済成長を阻害したことを指摘した。経済成長は**長期（均衡）**への含意であるが，本節の指摘は，**短期の景気対策**の観点からして重要である。地方交付税交付金による補塡が少ない都市部においては，不況期には税収減から一般財源が逼迫し，単独事業が減少することになる。即ち，キャッシュ・フローに順応して決まっていた単独事業は景気変動に**正循環的**（Pro-Cyclical）に変動せざるを得ない。第 2 章で言及したとおり，景気対策としての財政出動は**反循環的**（Counter-Cyclical）でなければ有効ではなく，マクロ的にみた景気対策の有効性を損ねるものとなった。他方，過度な財源保障は地方圏の歳出を非効率なまま肥大化させ，それが国と地方の財政赤字の拡大に拍車をかけた。本章で挙げた諸問題は，裁量政策の積み重ねがもたらした，資源配分の非効率性に帰すことができる。

▶構造改革の評価

小泉内閣期のいわゆる構造改革においては，公共事業関係費，地方交付税

■図表 5-14　国富の増加と再分配

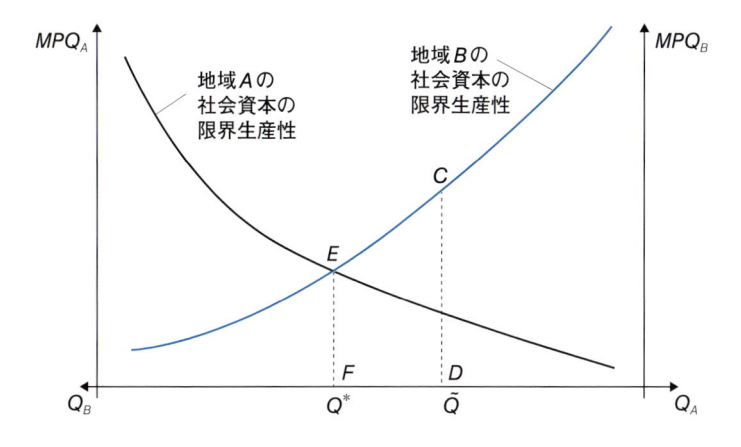

交付金や補助金の削減が行われ，一部の論者からは地方切り捨てという批判を受けた[24]。資源配分の文脈でいえば，図表 5-5 の地域 A を地方圏とし，地域 B を都市圏と見立てれば理解できる。

地域 A に過剰に社会資本が充てられている $\tilde{Q}$ から，より国富の高い Q^* に近づけるように，公共財源配分を変更すれば，地域 A の生産は減少する。Q^* への変更が，地域 A にも便益を及ぼすには，増えた富（地域 B にとって領域 $CDFE$）の一部を地域 A に還元する必要がある（図表 5-14）。

他方，第 1 章で見たように，所得分配は本来，「都市から地方へ」ではなく「豊かな者から貧しい者へ」である。都市にも貧しい者は存在し，居住の自由および地域間移動の自由がある限り，地方を弱者とする見方は必ずしも正当化できない。従来の所得分配機能の縮小は，再分配目的を保つならば適切な所得分配ツールへの変換を意味するべきである。いわゆる「セーフティネット」とは，産業間や地域間の労働力や生産の移動に伴い，その過渡期の所得を補う失業保険などの公的扶助を指すが，上記の政策変更が地域 A の失業を生むならば，例えば地域 B で増えた雇用に課税し，失業保険の拡充

---

[24] 小泉内閣中期までの，地方の財政赤字や公共事業費の変遷とその評価は，肥後雅博（2005）「地方財政の現状と今後の展望」（日本銀行ワーキングペーパーシリーズ，No.05-J-12）に詳しい。

を行う，というのが，国富増大と地域 A への補償を両立させる政策となる。

しかしながら，領域 $CDFE$ に相当する効率性の増加が，国全体に享受されるには，いくつかの障害が存在する。第1に，資源の効率的な再配分は瞬時には生じない。資本設備は短期には固定されており，限界生産性の高い地域や産業へ，即座に資本を移動させることはできない。労働（雇用）に関しても，産業間や地域間の移動は**人的資本**（Human Capital）の置換などを必要とする。従って，資源の効率的な再配分とそれに伴う国富の増大には，時間がかかり，短期的にはむしろ痛みが目立つ。第2に，雇用のセーフティネットや労働所得税の累進課税などが全般的に手薄で，労働の流動性が低いわが国においては，地域間資源配分や雇用体系の変化を補うセーフティネットの機能や雇用総量の増加が限定的であった。これらの背景が「地方切り捨て」論につながったと思われる。

補論　生産関数と利潤最大化

本章（5.1）や第6章（6.1）のような生産関数をグラフで表す際には，生産要素の複数の要素のうち考察対象のもの以外のものを固定し，産出量を特定の生産要素でグラフ化するのが便利である。いま，（5.1）の形の生産関数において，下付きの J を省いて表示し，$Y=F(Q, K)$（例えば $Y=Q^{0.3}K^{0.7}$）を考える。所与の Q に対して，生産要素 K と生産物 Y の間の関係を書くことができる。図表5-15(a)は，そのような関係をグラフ化したものである。

図表5-4で議論したとおり，(i) 生産関数は右上がりの傾きを持ち，(ii) 生産関数の傾きは投入量が増えるにつれなだらかになる。生産関数の K-Y 平面における傾きを MPK で表すと，(i) に対応し MPK は正で，また (ii)（限界生産性逓減）に対応してグラフ右の MPK は右下がりである。

図左の点線は，この関数において Q が増えたときを表している。より多くの Q はより生産に貢献するので，任意の投入量に対する生産レベルを上げる。これに対して，図右の点線は，（5.6）に対応する。

利潤最大化問題の解（5.5）は，以下のように記述できる。生産物 Y の価格が P と与えられており，また，資本の借り手である企業は，単位ごとに費用 R を支払わなければならない。このとき生産者は，

$$利潤＝売上－費用＝P \times F(K, Q) - R \times K$$

■図表 5-15（a） 生産関数（左）と資本の限界生産性（右）

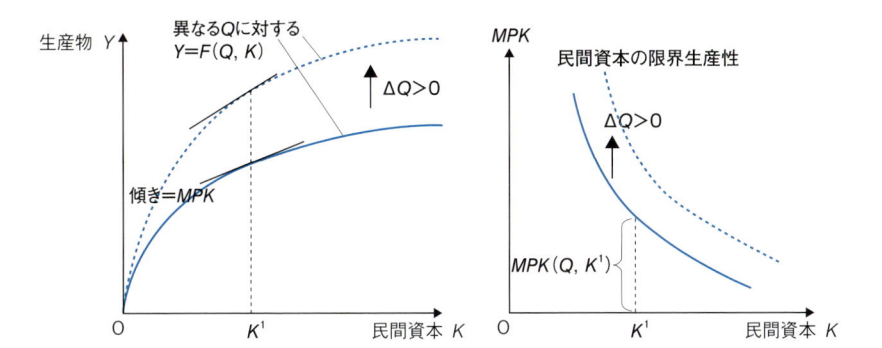

■図表 5-15（b） 利潤最大化条件

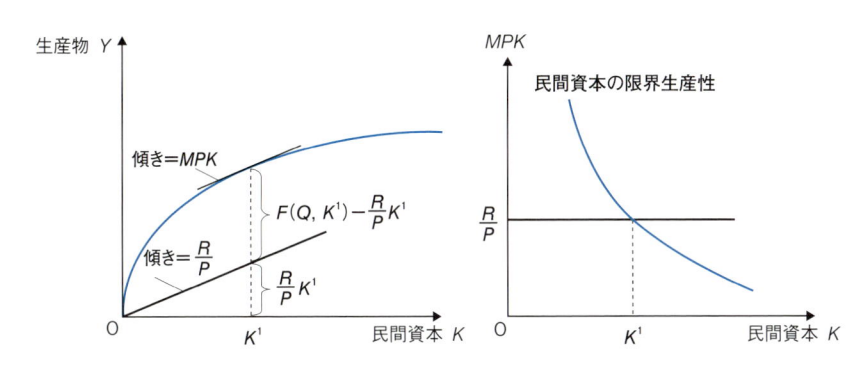

を最大にするように資本需要 K を選択する[25]。上の式は更に，利潤 $= P \times (F(K, Q) - \frac{R}{P}K)$ と書き換えられ，市場価格 P, R を所与として行動する生産者は括弧内の $F(K, Q) - \frac{R}{P}K$ を最大にするように K を選択する。利潤最大化の意思決定に重要なのは，単位ごとの限界生産物（$MPK = F(K+1, Q) - F(K, Q)$）と，対応する費用支払の増加 $\frac{R}{P} \left(= \frac{R}{P} \times (K+1) - \frac{R}{P} \times K \right)$ の比較である。$MPK > \frac{R}{P}$ である生産水準は，追加的な生産から得られる生産物が費用の増加を上回るので実現させ，$MPK < \frac{R}{P}$ となる生産水準は，限界生産物が支払に届かないので実現させ

---

[25] 社会資本 Q は公的主体によって選択されるものとして所与。

ない。限界生産性逓減の性質から，利潤を最大にする資本需要量は，図表5-15(b) 左で示されているように，生産関数の傾き（MPK）が $\frac{R}{P}$ と等しくなるところ（図の K^1）で達成される。

復習問題

(1) 日本の社会資本地域間資源配分は，国富（あるいは経済成長）の最大化からどのように乖離していたか。

　本章では(a) 2地域 A，B の社会資本 Q_J と民間資本 K_J（$J=A$，B）に関する総産出最大化の条件と，(b) 現実の地域間資源配分がどの最適条件からどのように乖離しているかという観点からの経済分析を紹介した。分析の結果を要約し，資源配分の歪みや経済成長構造への含意を述べよ。

(2) 以下の空欄を埋めよ。空欄（ 3 ）は5.2節で言及した3つの財源補塡措置に言及せよ。

　地方自治体は，大まかに言って，地方の自前の税源である地方税・国が使途を特定して地方公共団体に交付する国庫支出金・国税の一定割合を自治体の財政力（の低さ）に応じて分配する（ 1 ）・および地方債の歳入で，歳出を賄う。（ 1 ）の資金は，主要国税の対象年度の税収見込額を，一定の率（法で先決しており，（ 2 ）と呼ばれる）で乗じた額が，中央政府の会計からプールされるが，地方政府の歳入として定まる額は，これよりも多い。この差額（財源不足額）は，（ 3 ）などでファイナンスされ，わが国の財政赤字を増大させた。

　1992年以降，政府は景気回復を目的とした減税・公共投資などの施策のパッケージである（ 4 ）をたびたびアナウンスした。公共事業はその多くが地方自治体で実施され，とりわけ，一般財源（地方税と（ 1 ））が中心となる（ 5 ）事業が，景気対策に重要な役割を占めた。しかしながら，1990年代を通じて，（ 5 ）事業は，3大都市圏など都市部で（6 増加／減少）したのに対し，都市圏以外の地方圏では（7 増加／減少）した。

(3) 前問空欄（ 3 ）の，財政運営のインセンティブの歪みへの含意を述べよ。

(4) (2) 空欄（ 6 ）（ 7 ）が，公共事業の地域別・通時的な資源配分に与えたそのマクロ経済学的含意を論ぜよ。財政制度はどのように関わったか。

発展問題

(1) 財務省や総務省による予算関係資料を参照し，図表5-2，図表5-10，図表5-11に対応する直近の値を調べよ。

（解答は，本書サポートページを参照。）

第 6 章

マクロ経済学の新展開と財政政策のあり方

　本章では,「古典派対ケインズ派」という図式を越えた形で進んでいる現代のマクロ経済学に基づいた,「失われた10年」とそれ以降をめぐる経済問題と政策的処方を,できるだけ平易な形で紹介し,いままでカバーした内容を振り返りながら,ありうべき公共政策の姿を明らかにする。マクロ経済学では伝統的に「需要面は短期的な景気循環,供給面は長期的な均衡」という二分法的なとらえ方がなされ,わが国における1990年代初頭以降の長期停滞およびデフレの要因についての議論も,総需要要因と総供給要因に大別されるきらいがあった。これに対して新しいアプローチは「総需要不足か総供給の下方シフトか」という不況の要因に関する論争の争点に新しい解釈を与え,またとりうる経済政策のバラエティも,ケインズ派やリカードの等価定理とは異なるものを示唆する。

6.1　短期均衡と長期均衡

　本節は準備段階として,第2章で導入した *IS-MP* 分析(一般に *IS-LM* 分析と呼ばれるもの)を拡張する。第1に,長期では物価が可変であるので,新たに物価をモデルに導入する。第2に,第3章・第4章で議論した,消費者や企業が,現在のみならず将来の所得変化や政策変化を織り込んで反応するというポイントを考慮に入れてモデルを再導入する。

▶ TFP(全要素生産性)

第2章(2.1)で導入した**生産関数**は,一国の生産技術から規定され,GDP を規定する。民間部門からの生産要素としては,第2章で労働(L),第5章で民間資本(以下「資本」と略,K)を導入した。本章では更に,生産技術や生産性が可変であることを考慮し,生産関数を,

$$Y = F(A, K, L) \tag{6.1}$$

と表す。ここで A は,労働・資本以外に生産の効率性ひいては経済成長に影響する諸要素を総合するもので,**全要素生産性**(Total Factor Productivity,以下 **TFP** と略)と呼ばれる。TFP の中で最も重要視されるものは技術や技術革新であり,ほかの例としては,石油など生産に重要な要素も考えられる。財政の文脈での例としては,第5章で考察した,公共事業を中心として供給される社会資本(Q),また生産に影響を与える規制などが考えられる。

図表 6-1 においては,K を所与として,生産要素 L と総生産 Y の関係を示したものである。点線はより生産性が高いケースであり,(6.1)においては,これを変数 A が高いケースとして扱う。

(6.1)の生産関数においても,5.1節同様,資本の限界生産性($MPK = F(A, K+1, L) - F(A, K, L)$)を定義することができる。第5章補論の**図表 5-15(a)** と同様の理由により,TFP(A)や労働投入(L)が増大・

図表 6-1 生産関数と TFP

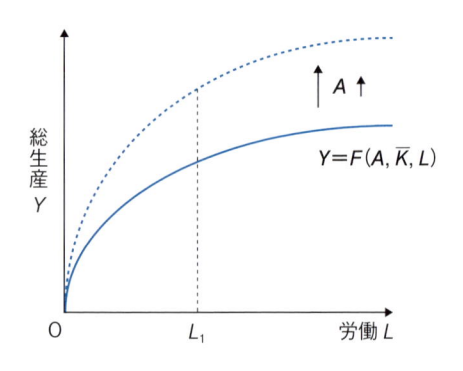

増加すると，*MPK* も増加する。

▶ 総需要と総需要曲線

総需要とその財政政策による管理政策を議論した第 2 章では，経済の総需要は財市場の均衡（*IS* 曲線）と，中央銀行の金融政策（*MP* 曲線）から決定されることを示した。以下，順に述べていく。

まず，議論の焦点を絞るために本章では閉鎖経済を考える。すなわち，総需要 (2.2) は $Y=C+I+G$ で表される。

消費 C については，第 3 章で考察した二期間モデルを利用して記述する。第 3 章の C_1^* のように，異時点間の消費者の最適化行動から，消費は，今期の可処分所得 $Y-T$，そして将来の予想可処分所得 Y^f-T^f に依存して決まる。すなわち，

$$C = C(Y-T, \ Y^f-T^f) \tag{2.4}'$$

と記すことにする[1]。なお，現在あるいは将来の可処分所得の増加は消費を増やすとする。

投資 I は，企業の利潤最大化行動に基づき導出される。利潤を最大にする最適投資は，第 2 章 (2.10) で指摘した，機会費用としての金利（利子率）の減少関数であることに加え，生産関数における将来の資本の生産性が重要となる。将来の予想 TFP を A^f と示すと，投資関数は[2]，

$$I = I(r, \ A^f) \tag{2.10}'$$

と記すことができる。ここで投資関数は r の減少関数，A^f の増加関数である。

本章の *IS 曲線* は，(2.4)′，(2.10)′ に，政策変数である G を総需要項目

---

[1] 具体的な効用関数に基づく導出例は第 3 章補論 2 を参照。なお，そこでも示されているように，最適消費は金利 (r) にも依存するが，このことは本章においては相対的に重要ではないので記述を省くとする。

[2] I と A^f の関係は以下のように示される。企業の将来生産 Y^f が生産関数 $Y^f=F(A^f, K^f, L^f)$ から決定されるとする。現在の資本の量が K^0 である企業は，$I=K^f-K^0$ だけ投資を行う。本書サポートページの第 5 章補足「投資の意思決定」の項と同様の理由により，利潤を最大にする K^f は A^f について増加であるので，企業の最適投資も A^f について増加関数となる。

とする財市場の均衡条件として与えられる：

$$Y=C(Y-T,\ Y^f-T^f)+I(r,\ A^f)+G \qquad (IS)'$$

IS 曲線は第 2 章と同様，国民所得 Y と金利 r の関係で表し，ここで新たに加わった Y^f-T^f や A^f はパラメータとして取り扱う。なお，肩付きの f は今期における将来予測値を表す。第 2 章発展問題（2）を参考にすると，Y^f（将来の所得）の増加は IS 曲線を右に，T^f（将来の税負担）の増加は IS 曲線を左に，A^f（将来の生産性）の増加は IS 曲線を右にシフトさせる。

次に，**MP 曲線**を，物価水準の可変性を導入して拡張する。中央銀行は通常，インフレーションに対して総需要を抑制するように，金利を上昇させる（詳しくは補論を参照）[3]。いま，これを，物価水準（P）に対して金利を上昇させる形で定義する：

$$r=\hat{r}(Y,\ P),\ \hat{r} は P の増加関数 \qquad (MP3)$$

財市場と貨幣市場の均衡は，価格 P を所与とした IS・MP 曲線の交点で与えられる。図表 6-2 左において，物価水準 P は（MP3）の位置を決定するパラメータであり，物価水準が上昇すると，中央銀行は（MP3）に従い緊縮的金融政策を行うので，利子率は上昇し，（IS）'を通じて均衡所得水準は低下する。この Y と P の軌跡を記述したのが，図表 6-2 右の総需要曲線（AD）である。すなわち，AD 曲線は Y–P 平面上で右下がりの曲線として描かれる。

なお，G，T および（IS）'で導入した諸パラメータの変化は，対応する変数の変化が IS 曲線を右（左）にシフトさせるとき，AD も右（左）にシフトさせることが分かる。例えば，G の増加は AD 曲線を右にシフトさせる（図表 6-3）。すなわち，拡張的財政政策は物価上昇圧力を生む。

---

[3] 貨幣供給を一定とする場合均衡金利は上がり，貨幣供給を政策的に動かす場合でも，物価の上昇に対しては均衡金利を上昇させて総需要を抑制するのが，中央銀行の自然な姿である。Romer, D.（2000）. Keynesian Macroeconomics without the LM Curve. *Journal of Economic Perspectives*, Vol. 14（2），149–169. で指摘されたように，伝統的な AD–AS 分析では，厳密には物価レベルと期待物価上昇率（期待インフレ率）を両方モデルに入れねばならない。本章では，スタンダードなマクロ経済学で扱われているように，両者を別個に取り扱う。名目金利と実質金利を区別し，期待インフレ率を入れたモデルは 6.4 節で言及する。

■図表 6-2　AD 曲線

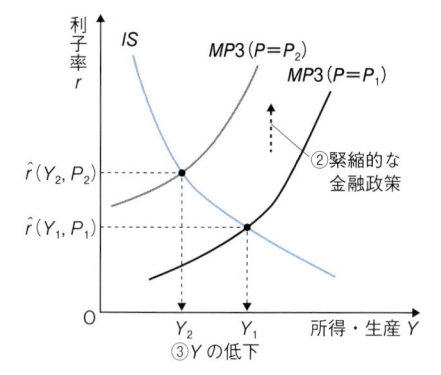

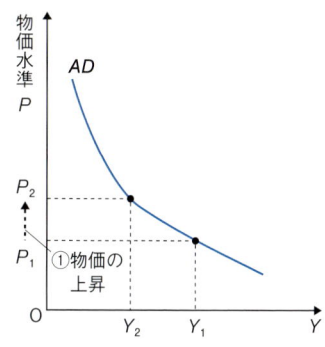

■図表 6-3　AD 曲線の右シフト（拡張的財政政策の場合）

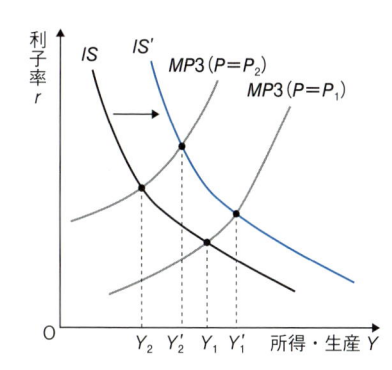

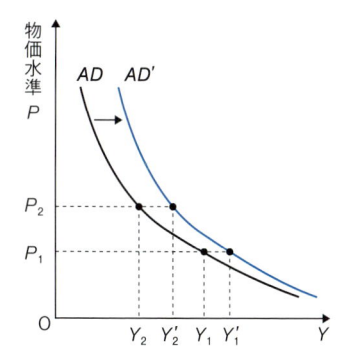

総供給曲線と短期・長期均衡

　標準的なマクロ経済学の分析においては，総供給サイドの記述として企業の労働需要・物価や賃金の硬直性・情報の錯覚などを基礎にした総供給曲線（AS）を導出するが，結局のところ，総供給サイドで重要なのは，短期と長期で物価と総生産がどう調整されるか，という点に絞られる。

　総需要と総供給の均衡は以下のように表される。2.1 節（2.3）式：

$$F(A,\ \hat{K},\ \hat{L}) = C + I + G \tag{2.3}'$$

■図表 6-4　短期均衡と長期均衡

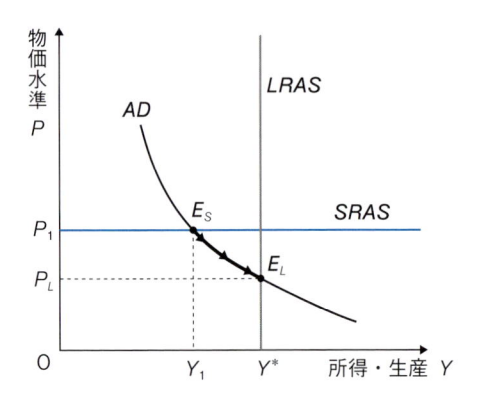

($\hat{K}$, $\hat{L}$ は要素市場の短期均衡水準）において述べたように，短期においては価格調整が不完全で，物価水準は所与である。需給均衡の総生産は総需要（AD：(2.3)′右辺）が決定し，**短期総供給曲線**（Short-Run Aggregate Supply；$SRAS$）は総需要に反応して，短期均衡は図表 6-4 の $E_S = (Y_1, P_1)$ で決定される。所与の物価水準に対応する総需要が (2.14) で導入した完全雇用 GDP（潜在的な値という意味で「**潜在 GDP**」とも呼ばれる）に一致する保証はない。図表 6-4 において，総需要は潜在 GDP を下回っている（$Y_1 < Y^*$）。短期均衡の GDP と，完全雇用水準 Y^* の差を「**GDP ギャップ**」と呼ぶ（ここでは，好況のときに GDP ギャップが正となるようにセットしている。図表 6-4 において，GDP ギャップ＝$Y_1 - Y^* < 0$）。

長期においては，2.4 節で議論したように，物価の調整によって，要素市場で完全雇用水準 K^* および L^* が達成され，経済は完全雇用 GDP：

$$Y^* = F(A, K^*, L^*) \qquad (2.14)'$$

に到達する。この Y^* が，長期均衡における総生産である。Y–P 平面上において，縦軸に平行な，$Y = Y^*$ で与えられる線を，**長期総供給曲線**（Long-Run Aggregate Supply；$LRAS$）と呼ぶ。

図表 6-4 では，E_S からの右下方の矢印が，長期均衡 E_L に到達する物価

P と総生産 Y の調整を表す。負の需給ギャップを生じさせるような財・サービスへの低い需要は、物価の低下をもたらす。中央銀行は金利を引き下げるのでそれが消費・投資需要をもたらす。経済が完全雇用水準に到達すると、物価も AD における対応する値で安定する。

総需要・総供給均衡の記述は以下のようにまとめられる。短期均衡（E_S）では物価水準は所与であり、総需要が総生産を決める。長期均衡（E_L）では総供給（$LRAS$）が総生産を決定し、AD 曲線が均衡での物価水準を決定する。

6.2　2つのタイプの不況

このモデルにおいては、2つのタイプの不況プロセスと財政政策の効果を述べることが可能である。

▶ 需要サイド発の不況

不況のプロセスの第1は、需要サイド発の不況である。これは第2章で考えたように、総需要の縮小が GDP ギャップを生むケースである。

1990年代以降のわが国で、総需要縮小要因としては、(i) 不十分な金融緩和やデフレなどによる消費（C）・投資（I）の低迷、(ii) 銀行の貸し渋りなど、金融不全による投資（I）不足などが挙げられる。

第2章では、財政政策が、乗数効果を通じて、短期の GDP を増加させることを示した。ここでは、新たに AS が加わった文脈で、財政政策の効果を、長期を含めて考察する。

図表6-5では、要因 (i) (ii) によって総需要が弱い状態で、所与の物価 P_1 における総需要 Y_1 が完全雇用水準 Y^* を下回る状況を考えている。短期における財政政策は、まず総需要を形成する諸パラメータや MP 曲線の形状、および2.3節「総供給への影響を考えた包括的考察」で述べた直接的クラウディング・アウトの大きさに応じた乗数効果（$Y_1 \to Y_2$）を生む。物価が即座に反応しない範囲では、均衡は E_1 から E_2 へ水平に移動する。E_2 に

■図表 6-5　需要サイド発の不況

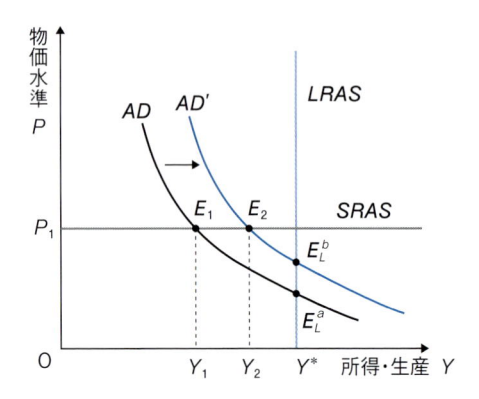

おける国民所得水準が，潜在 GDP よりも上になるかどうかは，財政政策の規模と乗数効果の大きさに依存する[4]。

では，長期においては何が生じるであろうか。まず，ある程度の時間の経過が考えられるとしたら，財政政策自体も持続可能なものを考えねばならない。もし，財政出動が短期で終了するものであれば，AD 曲線は元の位置に戻り，経済は図表 6-4 と同じ経路で長期均衡 E_L^a へ到達する。持続可能な財政拡大，例えば均衡予算による財政拡大は，AD' と $LRAS$ の交点 E_L^b へと導く。この場合，長期均衡物価水準は E_L^a のものよりも高い。AD' が，当初の物価水準（P_1）において潜在 GDP を上回るような財政拡大を実施するのであれば，長期均衡物価水準は当初の水準（P_1）を上回る（すなわち，過度な政府支出はインフレーションを起こす）。

他方，財政拡張が持続可能なものでなければ，別のストーリーが可能である。民間主体は T' の増大予想による**恒常所得**低下（第 3 章・第 4 章）や将来可処分所得の不確実性による**予備的貯蓄動機**（第 4 章）などを通じて，消

---

[4] 財政赤字が拡大を続けたわが国にあっても，財政出動が過少であったと指摘される局面は少なくない。バブル崩壊直後は財政政策の初動の遅れや赤字国債不発行への固執があった。その後の財政運営でも，公表された支出増加と減税を完全には果たしていないと思われる局面があると指摘する者もいる。1997 年の財政構造改革法も，その後の景気の腰折れの要因となったと批判する論者もいる。小泉内閣前期では，歳出の抑制がデフレ不況と重なった。

費を減少させる。消費の縮小は，IS 曲線，ひいては AD 曲線を左にシフトさせる。よって，財政政策の効果は長期では短期と大きく異なる。ケインズ的財政政策は短期の GDP 形成には影響を及ぼしうるが，長期では Y が先決であり，G を上げる（ないし T を下げる）政策は，Y ではなく r や P に影響を及ぼす。

しかし，もし 1990 年代以降のわが国の不況が，ここで述べた総需要が原因のものであるならば，なぜ GDP は伸び悩み続けたのかという疑問が残る。総需要面が不況の原因であるとする立場においては，ここで言う「短期」は必ずしも時間の長さではないと強調されることが多いが，それにしても，10 年やそれ以上というのは，景気循環のスパンからみても長い。

▶ 供給サイド発の不況

従って，現行のフレームワークから考えられる不況のもう一つのパターンは，Y^* 自体が何らかの理由で低下した可能性である。1990 年代以降のわが国で，総供給縮小要因としてよく挙げられるのは，(i) 産業構造調整の遅れ，(ii) 資源配分の非効率化――背後の原因としては，銀行の追い貸し・過剰貸出，政府による非効率な公共投資など，(iii) 企業部門の生産性低迷などが挙げられる。これらは「構造要因」とも総称され，小泉内閣期には，それらを是正する「構造改革」の必要性が問われた。

総供給サイドの要因 (i), (ii), (iii) は，マクロの生産関数 (2.1) で考えると，全要素生産性（TFP）の低下に相当する部分が大きい[5]。1990 年代の不況と TFP 上昇率低下の関連の可能性は，林とプレスコット（Hayashi and Prescott (2002)）によって最初に示された。彼らは，古典派モデルに基づいた景気循環理論を用い，1990 年代のわが国の長期不況は，TFP の低下によってかなりの程度説明できると主張した[6]。財政や公共投資の文脈でいうと，上の要因のいくつかは，第 5 章で触れた社会資本配分の非効率性など

---

[5] (6.1) での総供給の構成要素としてこのほかに資本（K），労働（L）がある。TFP は労働・資本需要に影響を与えるので，均衡のこれらの水準は TFP の下落とともに下がる。既に議論したように，TFP の下落は資本の限界生産性（MPK）を下げ，過剰資本の状況を起こす。また，供給サイド発の不況を取り扱ういくつかの論文は，制度的な労働時間の短縮（時短）などの重要性を挙げている。

図表 6-6　供給サイド発の不況

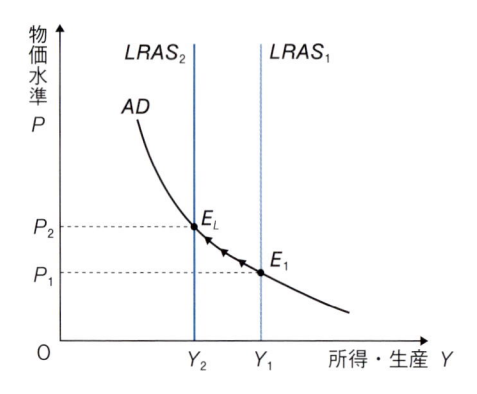

[図：縦軸に物価水準 P、横軸に所得・生産 Y。$LRAS_2$ と $LRAS_1$ の2本の垂直線と右下がりの AD 曲線。$LRAS_1$ と AD の交点が E_1（価格 P_1、生産 Y_1）、$LRAS_2$ と AD の交点が E_L（価格 P_2、生産 Y_2）。]

と整合的であるといえる。

では，本章の基本モデルに戻り分析を進めてみよう（図表6-6）。技術進歩の停滞や非効率な公共投資など，TFPを減少させるショックが生じると，(2.14)′を通じて Y^* が減少する。モデルでは，$LRAS$ の左方シフトに対応する。このとき均衡はどのように変化するのであろうか？　答えは物価（P）の調整速度に依存するが，少なくとも長期的には，Y の減少と P の上昇（インフレーション）がみられなければならない[7]。

現実の日本経済では，デフレ（P の下落）が生じた。従って，長期不況の説明には，TFP低下以外の（ないしそれを補強する）要因が必要である。

なお，潜在GDPやGDPギャップは，スタンダードな推計方法（詳しくは本書サポートページの補足「潜在GDPとGDPギャップの計測」の項を参照）に基づいて，たびたび報告がなされている。内閣府・OECDや経済学者により逐次発表されるGDPギャップやTFPのデータにおいては，おお

---

[6] Hayashi, F., and Prescott, E. (2002). The 1990s in Japan : A Lost Decade. *Review of Economic Dynamics*, 5, 206–235. その後の議論では，TFPの低下はHayashi and Prescott (2002) で計測されたほど大きなものではなく，わが国で技術進歩の低迷があったわけではないという研究もいくつか出された。

[7] TFPの民間投資への影響を考えれば，投資 I の低下が AD を左へシフトさせうるが，Hayashi and Prescott (2002) は，1990年代は一部の年を除いて民間投資は制約を受けておらず，いわゆる「貸し渋り」は定量的に大きくなかったことを示している。

■図表 6-7　わが国の GDP ギャップ（1994〜2011 年）

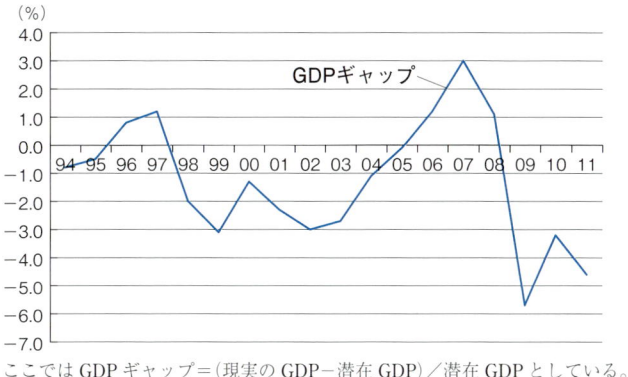

ここでは GDP ギャップ＝（現実の GDP－潜在 GDP）／潜在 GDP としている。

（出所）　OECD Economic Outlook

むね，バブル崩壊以降は TFP が低く，また 1996〜1997 年や 2006〜2007 年を除くと GDP ギャップは負で推移している（図表 6-7）。より重要であると思われる点としては，現実の経済は，供給サイドを固定した需要サイドのみの景気循環でも，GDP ギャップが存在しない供給サイドのみの景気循環でもなく，需要サイド・供給サイドの要因が同時に発生しているようにみえることである。実はこれらの間には相関が在るのではないかという仮説の一つを，次節にて学ぶ。

6.3　より新しいアプローチ

「失われた 10 年」とその後のような，長期的で複雑な問題を考える上では，「不況の原因は総需要か総供給か」という問いかけに終始するのは生産的ではない。マクロ経済研究におけるより新しいアプローチは，同じショックが総供給側のみならず総需要側にも影響することが重要であることを明らかにしている。

▶ 金融市場における情報の非対称性（Asymmetric Information）

情報の非対称性とは，資金の供給者である銀行などが，企業などの資金需要者の質（ここでは生産性）および行動（投資・労働選択など）に関する情報を完全に持っているわけではないことを指す。例として，生産性に関する情報の非対称性を考えよう。資金の借り手は自分の生産性や生産プロジェクトのリスクを知っているが，資金の貸し手は借り手の平均的な生産性しか知らないとする。個々の借り手の生産性が判別できない貸し手は，借り手の平均的な収益に合わせて金利を設定して資金を供給しようとするが，そのような価格づけでは良質な借り手が逆に市場から退出し，その結果貸し手は希望に反して生産性の低い貸し手にしか資金を供給できないことがある（逆選択 (Adverse Selection) と呼ばれる）。この結果，満たされない資金需要および資金供給が存在し，高TFP企業の退出，新規参入産業の低TFP，低TFP企業の存続，という状態が生じうる[8]。

情報の非対称性は，逆選択以外にも存在し，行動に関する情報の非対称性がもたらす道徳的危険 (Moral Hazard)，債権者が債務者の正確な収益を把握するには審査費用が必要である有償状態監査 (Costly State Verification) が知られており，将来の経済的帰結に対して現在の時点で最も望ましいとされる行動にコミットメントできないことから生じる時間的非整合性 (Time Inconsistency) なども，貸出市場の均衡とマクロ経済に有意に影響を与えることが知られている。

市場が完全に機能する状況では，低い均衡取引量は需要か供給が小さいことしか意味しないが，情報の非対称性は，潜在的な総供給が実現しえない理由の一つを与える。マクロ経済のTFPへの因果関係としては，金融市場の機能不全が，資源配分の非効率化を通じて総供給に影響を与えたということになる。

---

[8] 西村清彦・中島隆信・清田耕造 (2003)「失われた1990年代，日本産業に何が起こったのか？——企業の参入退出と全要素生産性」*RIETI Discussion Paper Series* 03-J-002），権　赫旭・深尾京司 (2007)「失われた10年にTFP上昇はなぜ停滞したか——製造業企業データによる実証分析」林　文夫（編）(2007)『経済停滞の原因と制度』（勁草書房，第3章）。

▶ デフレと実物取引の関係[9]

　情報の非対称性や不完全コミットメントのもとでは，企業（借り手）の生産のための資産は担保としての役割も持ち，その結果，投資選択が企業資産の担保価値（企業価値）で制約されることが知られている。いわば，企業が第3章で紹介した借入制約におかれている状況であり，バブルの崩壊やデフレで企業価値が下落した際は，企業は投資を更に減少させることになる。

　この状況は，生産性（TFP）を引き金として，資産価格の悪化と総需要の収縮の悪循環が生じる「資産デフレ・スパイラル」を起こしうる。TFP下落が生産関数における投入（資本）と生産の関係を下方にシフトさせると，第1ステップとして，資本の限界生産性（MPK）が下がり，過剰資本の状況を起こす。第2ステップとして，過剰資本は，短期的には資本の使用価格（第5章のR）を下げる。資本の使用価格は企業価値と関わっているので，これが株価などの下落を伴う。金融市場が健全であればスパイラルはここで止まり，資本財が安価になったことによる新規投資などにより経済は持ち直すが，家計や企業が，恒常所得やバランスシート悪化に伴う借入制約から，消費や投資を更に萎縮させれば，第3ステップとして，生産に必要な企業の労働などの生産要素需要の減少をもたらす。労働の低下は更に資本の限界生産性を下げ，第1ステップに戻ることにより，資産価格の悪化と総需要の収縮の悪循環が発生する[10]。

　ここで，第3ステップから，次の第2ステップ，つまり株価の下落を避けるためには，労働（L）を逆に上昇させればよい。資本の生産性は上昇し，結果的に株価も増大する。従って，総需要を刺激して雇用を増やすケインズ的財政出動は手っ取り早い株価対策の役割も期待された。福田・計（2002）[11]によると，1990年代の前半では，財政出動のアナウンスメントは，株価を有意に上昇させたが，1990年代半ば以降になると，大幅な財政出動が決定

9　本項の議論は，宮尾龍蔵（2005）『コア・テキスト マクロ経済学』（新世社）第9章を参照。
10　わが国の資産デフレやバブルなどのような資産価格が引き起こす経済現象は，一般価格のデフレ・インフレとは一線を画した文脈で理解すべきという考え方がある。白川方明（2010）「中央銀行の政策哲学再考──エコノミック・クラブNYにおける講演の邦訳」（日本銀行ホームページ http://www.boj.or.jp/announcements/press/koen_2010/data/ko1004e.pdf）などを参照。
11　福田慎一・計　聡（2002）「日本における財政政策のインパクト──1990年代のイベント・スタディ」（金融研究，第21巻第3号，55-100.）。

されても，株価が大きく上昇することはまれとなり，1990年代末には，有意性は低いが，長期国債利子率の上昇や為替レートの下落（円安）が政策決定後に観察された。ここからみても，総需要サイドからの支援は一時的かつ限定的なものであった。

▶総供給下落の総需要への波及

宮尾（2005, 2006）[12]は，TFPの低下は短期的にGDPギャップを悪化させる（総供給も減るが総需要はもっと減る）ことを示した。つまり，総供給の低下は，短期的には負の需要ショックとして機能する。このことの直観は以下のとおりである。上で挙げたTFPを低下させる構造要因は，消費に関連する部分でいうと，(2.4)′のY^f（長期的な家計の恒常所得）に影響を与える。また，(2.10)′のA^fの低下（企業の収益見通しの悪化）は投資の減少を呼ぶ。前項で述べたように，資産価格下落を通じた影響は，投資の減少を強める。これらはすべて，総需要曲線（AD）の左シフトに反映される。こうして継続的な総需要不足が生じると，更に物価下落を引き起こす。

このことを，本章で導入したAD–ASモデルで図示する[13]。図表6-8において，不況が生じる前の均衡を，ADとLRASの交点E_1で表す。E_1においてGDPギャップが生じているかどうかは重要ではないので，E_1では完全雇用が生じているとする。いま，経済の構造要因によるTFPの低下が生じると，Y^*の下落に伴いLRASが左にシフトする（①）。他方で，上で述べたプロセスからADの左シフト（②）が生じる。AD曲線の左シフトが十分に大きければ，新たな短期均衡（E_2）においては，負のGDPギャップ（総需要不足）が生じる。そして，E_2から新たな長期均衡（E_L）への調整過程においては，物価は下落しなければならない。これは，90年代後半以降のデフレと整合的である。

---

12 宮尾龍蔵（2005, 前掲，第11.3節），宮尾龍蔵（2006）「日本経済の変動要因：生産性ショックの役割」（日本銀行ワーキングペーパーシリーズ，No.06-J-1，宮尾龍蔵『マクロ金融政策の時系列分析――政策効果の理論と実証』（日本経済新聞社）第8章所収）。

13 AD–AS曲線を用いた説明は便宜上に過ぎない。宮尾（2006）の結論は実証分析から導かれたものであり，宮尾（2005, 11.3節）には，1990年代以降のさまざまな現象と整合的な一つの試論であり，より詳細な実証分析の検証が必要としている。

■図表 6-8　総供給（TFP）から総需要へのフィードバックを伴う不況

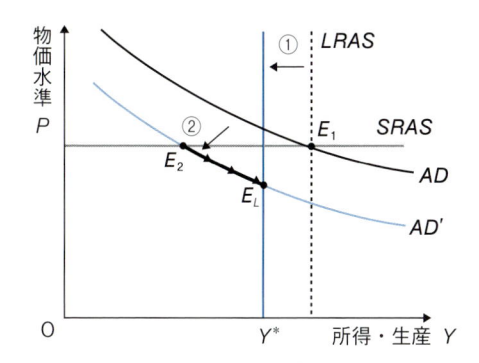

6.2節では，不況の原因として総需要発・総供給発の片方のみでは不況のメカニズムと帰結を完全に説明しえないことを述べた。本節においては，金融市場の不全などの経済への負のショックが総需要・総供給両方に影響したり，資産デフレ・スパイラルや図表 6-8 で見たように，総供給発の不況要因が総需要を縮小させたりする状況を明らかにした。いずれも，わが国で観察された不況の長期化やデフレと整合的である。

❖ コラム　IS–LM 分析から現代のマクロ経済学へ

　一昔前までは **IS–LM 分析**（本書では LM 曲線を MP 曲線に置き換えた）はマクロ経済学の中心であったが，「現代のマクロ経済学では $IS–LM$ 分析はもはや有用ではない」といった批判を聞いたことがある読者は少なくないであろう。しかしながら，アメリカの学部レベルのテキストにおいても，$IS–LM$ 分析はマクロ経済の一般均衡体系，短期–長期均衡の推移，経済政策の効果の基本を学ぶツールとして用いられている。$IS–LM$ 分析で教育を受けた末に上記のような批判を聞いたとき，私たちはどのような対応をすればよいのだろうか。

　このことを考える上では，大学院のコア・コースを修了した学生に「$IS–LM$ 分析の有用性」について聞いてみるとよいかもしれない。おそらく，大学院生は $IS–LM$ 分析をコア・コースのマクロ経済学では学ばず，それと全く異なる内容を学んでいるので，そのような問いには，実はきちんとした訓練を受けていない限り容易に答えられない。

上級のマクロ経済学では，第3章で学んだ「二期間モデル」を多期間に拡張した最適化問題の理解が必須となる。学ぶモデルは数学的高度化に重点がおかれている反面その他の面での捨象がなされている。貨幣は中立的であり，完全雇用である（！）ので財政政策の雇用・消費拡大効果はない。従って IS–LM 分析を学ぶ上での重要な想定は，大学院レベルで最初に学ぶ基本モデルにはないのである。この基本モデルが古典派の流れに属することは，上級レベルのスタンダードが古典派であることを必ずしも意味しないが，もしそのように誤解してしまえば，大学院生は正しい理由も分からず「IS–LM 分析は，大学院では用いないから，スタンダードではない」などと結論付けることになりかねない。

正しい理解の出発点は実は，第3章で言及した「ルーカス批判」にある。動学的要素の入っていない単純な IS–LM モデルにおいては，現在の政策変更が将来に関する経済主体の期待に影響を与え，経済主体の行動を変える可能性を考慮していない。ルーカス批判は，より新しい学派であるニューケインジアンにも共有されており，民間主体の反応を考慮に入れなければ，正しい財政政策の処方はできない[14]。この，「反応」の理解の端緒となるのが，古典派モデルに基づいた「最適化」モデルなのである。ただ，古典派の伝統的な想定のうち，完全な経済合理性や完全な市場などは必ずしも成立せず，例えば消費の過剰反応の存在（第3章）がケインズ的財政政策に限定的な有効性を認めさせるといったことも生じる。また，6.3節の資産デフレ・スパイラルも，金融市場の不完全性のない市場では第2ステップで止まるので，持続的不況は説明できない。現代のマクロ経済学は，「動学的・ミクロ的基礎付けに則った一般均衡」（Dynamic and Micro-Founded General Equilibrium）の体系であり，その基本的なとらえ方においては「○○派」に依拠するものではない。IS–LM 分析は，このうちの「一般均衡分析」（複数市場の同時均衡を扱うモデル）の基本描写であり，あとは個々のパーツを動学的・ミクロ的基礎付けに則ったものに置き換えれば（例えばケインズ型消費関数を恒常所得仮説や借入制約などを念頭に入れた消費行動に置き換える），財政政策の経済効果に対するある程度のイメージができる。IS–LM 分析は，そのような思考エクササイズの土台となることを意図したものである。

---

[14] ルーカス批判に基づいた現代のマクロ経済学の解説は，加藤　涼（2007）『現代マクロ経済学講義──動学的一般均衡モデル入門』（東洋経済新報社）などを参照。

6.4 マクロ財政政策の評価

本節においては，(i) 財政政策のスタンスの評価と経済効果に関する分析手法，(ii) ケインズ的裁量政策の今日的評価，(iii) デフレ・ゼロ金利下における均衡総需要とマクロ政策の役割，(iv) 資源配分（費用便益分析）の考察の重要性 について議論する。

▶ 構造的財政赤字

財政赤字の発生は，その一部は景気循環と関連しているが，不況のための経済対策など，政府による裁量によるものも存在する。財政政策のスタンスの評価と経済効果を考察するために，OECDや内閣府で行われている財政収支の要因分析では，財政収支を景気循環要因と構造要因の2つに分解する方法がとられる。**循環的財政赤字**（Cyclical Budget Deficit）とは，景気の好不況に応じて，税収や失業給付などの歳入・歳出が変動する部分である。これに対して，財政赤字のうち，循環的財政赤字を除いた部分を**構造的財政赤字**（Structural Budget Deficit）という。

2.2節(iii)では，所得税の累進課税や失業保険などの歳入・歳出における，景気と反循環的（Counter-Cyclical）な側面を，財政の**自動安定化装置**と呼んだ。自動安定化装置により，好況時には循環的財政黒字が，不況時には循環的財政赤字が発生する。第2章の文脈では，これに加えて，ケインズ的な裁量的財政政策を行う際に，構造的財政赤字（ないし黒字）が発生する。他方，構造的財政赤字は完全雇用財政赤字とも呼ばれ，経済が不況を脱却し完全雇用水準に達したときにも解消されない財政赤字の額を表す。構造的財政赤字の割合が大きくかつ積年に累積されていくときには，財政の硬直化や将来世代への負担の積み残しといった，将来の財政運営の難しさを示すことになる。

構造的財政赤字を求めるには，各歳出・歳入項目について，まずその実績値を構造要因と景気循環要因に分解する。例えば，法人税という歳入項目について，実際の税収から，潜在GDPと相関する部分を抽出し，この値を法

■図表 6-9　一般政府財政収支対 GDP 比の要因分解（1992〜2011 年）

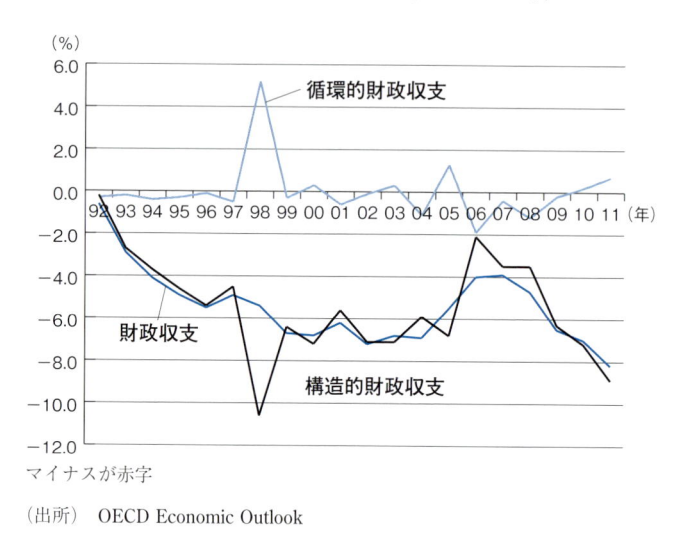

（グラフ：循環的財政収支、財政収支、構造的財政収支、1992〜2011年、単位%、マイナスが赤字）

（出所）　OECD Economic Outlook

人税の構造要因とする。次に，実際の税収と構造要因との差を法人税の景気循環要因とする。こうして得られた値を各項目について集計することで，構造的財政赤字と循環的財政赤字が得られる。構造的財政赤字の計算については，潜在 GDP の推計方法，考察する推計期間など，多くの要因により異なることに注意する必要があるが，わが国では，1980 年代以降，一部の年を除いて構造的財政赤字が財政赤字のほとんどの割合を占めていることでは概ね一致している（図表 6-9）。

　構造的財政赤字は，第 2 章のケインズ的財政政策の評価にも用いられる。これは，構造的財政赤字と GDP ギャップとの間の計量分析から得られる。例えば吉田・福井（2000）においては，1970 年度から 1984 年度までについては GDP ギャップと構造収支に相関があったのに対して，1985 年度から 1997 年度までについては，相関が消滅し，構造的財政赤字が景気回復に有効でなくなってきていると結論付けている[15]。

▶ 裁量政策の評価[16]

2.2節の (2.5)〜(2.7) のような政策は，「裁量政策」（Discretionary Policy）と呼ばれる。この財政政策が景気安定化（Y が潜在値よりも下がったときに赤字財政を，逆の場合は緊縮財政をとる）と整合的となるには，第1に，不況あるいは景気過熱を認知し，適切に実施する必要がある。ところが現実には，景気の認知にはラグが生じがちで，立案・実行までを考えると景気の波と比較した時間的ラグは場合によっては相当大きくなる。第2に，不況における政府支出拡大や減税は現実にも支持が得やすい政策であるが，景気過熱期における政府支出縮小ないし増税は国民の支持を得にくく，現実の政治においても敬遠されがちとなるため，このような政策は執行においてバイアスがかかる。第3に，政策の裁量性を織り込んだ経済主体の行動変化の結果，政策効果が当初の意図より小さくなったりかけ離れたりする可能性を織り込まなければならない[17]。これに対して，自動安定化装置は，反循環的な政策を裁量で行うのではないので，これらの問題からは開放される。

アメリカでは，ケインズ的財政政策を景気安定化に積極的に用いるという発想は，1980年代には既に消えていっており，リーマンショック期を例外として，景気・金利などのマクロ変数の安定化には，金融政策による調整が中心となっていった[18]。財政政策の中でも，構造的財政収支はGDPギャップとほとんど相関しないのに対し，循環的財政収支はGDPギャップと相関がみられ，また自動安定化装置の景気循環への貢献も定量的により大きい。また，ヨーロッパでもその国民負担率の高さから，財政収支には景気循環と相関する部分が大きく，自動安定化機能の作用が大きい[19]。これらと比較す

---

15 吉田和男・福井唯嗣 (2000)「日本財政における構造赤字の推計——構造的財政収支を基準とした政策評価」（フィナンシャル・レビュー，第53号，162-184.）。他方，1990年代を含んだ期間においても，GDPギャップと構造的財政赤字に有意な相関を得るものもある。岩本康志 (2002)「財政政策の役割に関する理論的整理」（フィナンシャル・レビュー，第63号，8-28.）および Tsuri, M. (2005). Discretionary Deficit and Its Effects on Japanese Economy. *Applied Economics*, 37, 2239-2249. を参照。

16 本項の議論は岩本 (2002, 前掲) を参照。

17 G. マンキュー（著）足立英之ほか（訳）(2012)『マンキューマクロ経済学Ⅱ——応用篇（第3版）』（東洋経済新報社）第3章，第4章を参照。第2のポイントは，公共選択理論（Public Choice）からのケインズ派政策への批判である。第3のポイントは，第3章「リカードの等価定理」における減税乗数の低下とも関連する。

ると，わが国では裁量的財政政策の比重が依然として大きい。

▶ ゼロ金利と財政政策

物価が可変である本章のフレームワークにおいては，**期待物価上昇率**（期待インフレ率）が，均衡金利に影響を与える。不況・金融危機・資産価格の下落といった事象が総需要を弱め，デフレ期待が増幅された状況においては，実は金融政策の実行にはある制約がかかることが知られている。

ここでは，名目金利と実質金利の説明から始める。いままで金利（r）として取り扱っていたのは**実質金利**（Real Interest Rate）である。実質金利は財の個数単位で計算される利子率であり，既に見てきたように家計や企業の消費・投資意思決定に影響を及ぼす。これに対して**名目金利**（Nominal Interest Rate）は貨幣（円）単位で計算される利子率であり，中央銀行が直接操作する政策金利などは名目金利である。

実質金利と名目金利の関係を考える例として，いま，名目金利が1％であるとしよう。もし，消費財の物価変動がない（期待インフレ率が0）ならば，所定単位の貨幣で来期に買える財の個数は今期のそれよりも1％増える。このとき実質金利は1％である。他方，消費財に1％の物価上昇があると予想されれば，所定単位の貨幣で来期に買える財の個数は今期と変わらない。このとき，実質金利は0％である。この議論を一般化すると，「実質金利＝名目金利－期待物価上昇率」という**フィッシャー方程式**が導かれる。

現金の名目収益は0であるから，中央銀行の政策変数である名目金利は，0未満にすることができない。また，物価下落（デフレ）期待がある場合には，現金にさえ正の実質金利がつく（所定単位の貨幣で来期に買える財

---

18 前段で述べた，景気悪化の認知や政策実行のラグという観点では，金融政策にもそのような面があるが，例えばTaylor, J. (2000). Reassessing Discretionary Fiscal Policy. *Journal of Economic Perspectives*, 14, 21-36. では，(i) 連邦準備制度理事会（FRB）の決定の方が国会を経る財政政策よりも迅速である，(ii) 政策を反転させる必要性が明らかになったときには金融政策の方が容易に実行できる　ことを挙げている。政治的なバイアスなどについては，政策決定を中央銀行に委任して，中央銀行が裁量ではなくルールに基づいた政策を履行して評判（Reputation）を上げていくことが，信頼ある政策の安定的履行につながる。A. エーベル，B. バーナンキ（著）伊多波良雄ほか（訳）（2007）『マクロ経済学 下――マクロ経済政策編』（シーエーピー出版）14.3節を参照。

19 例えば，内閣府（2006）「世界経済の潮流」第1-2-1図を参照。

■図表 6-10　ゼロ金利の罠

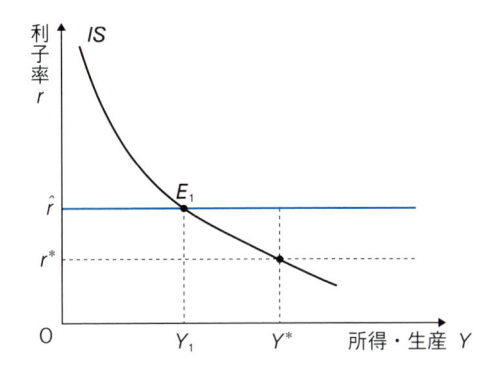

の個数は今期のそれよりも増える）ことに注意しよう。フィッシャー方程式より，金融政策が実現できる金利には，実質金利≥－期待物価上昇率，すなわち，

$$\hat{r} \geq 期待デフレ率 \qquad (MP4)$$

という制約が存在する。

　もし現実の経済が，名目政策金利を 0 ％に近づけ，更にデフレ期待が ($MP4$) を等号で満たすところまで高まってしまったならば，本章の基本モデルで示した，長期均衡（$Y=Y^*$）への調整過程が，実現されない。**図表 6-10** においては，完全雇用 GDP の実現には均衡金利が r^* まで下がる必要があるが，名目金利が下限に達している中で，期待デフレ率が図の $\hat{r}$ の高さであれば，実質金利は下げようがなく，経済は完全雇用 GDP に到達しない。これを**ゼロ金利の罠**と呼ぶ。

　「ゼロ金利の罠」を，「MP 曲線が水平の場合」と解釈すれば，第 2 章の分析における，ケインズ的財政政策が最も有効な場合[20]であるが，既に述べられたいくつもの理由により，伝統的な公債発行を伴う財政政策は (2.5) に

---

[20] MP 曲線が水平の場合，(2.13) におけるクラウディング・アウトがなく，45 度線分析が示す (2.5) が成立する。

おけるものほど有効でない。より最近の議論で強調されているのは，経済主体の将来の期待（予想）に働きかける経路である。例えば，中央銀行が将来の金融の拡張を約束することによって，インフレ期待を高めることができれば，実質利子率を下げることにより，投資や消費が刺激される。また，政府の異時点間予算制約式における，現在から将来にかけての公債政策が，現在の物価水準に影響を与える可能性が指摘される[21] など，財政政策にも，いままでと異なる形で，一定の役割があることが示されている。

▶ 資源配分の考察の重要性[22]

GDP ギャップやデフレが観察されたとしても，その裏にある原因が何かによって政策的含意は異なる。第2章における短期均衡においてでも，2.3節「総供給への影響を考えた包括的考察」で述べた**直接的クラウディング・アウト**の可能性は無視できない。マクロ的視点からの財政政策の評価においても，政府支出に対する**費用便益分析**（Cost-Benefit Analysis）の適用が不可欠である。すなわち，政府支出は，その社会的便益と使われる費用（社会的費用）を計測した上で，当該事業による社会的純便益が正であることが望まれる。

景気対策としての政府支出を例に，費用便益分析を適用するとどのようになるかは以下のとおりである。まず，政府支出の純便益として，(2.5) のような，政府支出の増加がそれ以上の国民所得の増加を引き起こす効果を考慮に入れるべきであろうか。答えは否である。なぜならば，乗数効果は，政府支出の財源を公債発行で調達する際に得られるものであるが，公債で調達した資金は将来の増税によって償還される必要がある。すなわち，償還負担分の現在価値は，費用として組み込まれる必要があるので，現在価値で考えれば，それは即座の増税による調達と等価である。そのように考えれば，純効果として考えるべきは，(2.7) の**均衡予算乗数**が妥当である。

一方，費用便益分析での費用計算の原則は，直接支出された金銭費用では

---

[21] 「物価水準の財政理論（Fiscal Theory of Price Level）」のフレームワークによる。竹田陽介 (2002)「デフレ下における財政政策ルールをもとめて」（フィナンシャル・レビュー，第64号，140-179.）などを参照。

[22] 本項の議論は岩本（2002, 前掲）を参照。

なく，その事業によりどれだけ民間部門の資源を奪ったかという機会費用で評価する必要がある。機会費用の中で重要な要素は振替効果と呼ばれるもので，第2章で挙げた例でいえば，公立図書館での書籍やCD・DVDの利用が民間消費を振り替える場合は，それを差し引いた消費および生産の純増が純便益にカウントされる。次の例として，失業者が公共政策によって雇用された場合を考えよう。失業者の余暇の機会費用は必ずしもゼロではない。仮に，労働市場に市場の失敗がなければ，失業者の留保賃金（労働を進んでするための最低限の賃金）は市場賃金かそれ以上であるから，政府による雇用機会の提供は既存労働の振替か直接的クラウディング・アウトの効果しか持たない。市場の失敗による過少雇用（遊休資源の発生）があれば，留保賃金が市場賃金を下回る失業者も存在するので，この場合は純便益が発生しうる。しかし，政府による雇用機会の提供が，遊休資源の活用に結実せず，他企業からの転職者などの振替効果によって埋められる場合も排除できない。同様に，6.3節で見た貸出市場のように，市場の失敗がある場合には，政府介入の是非は市場の失敗を矯正できるか否かにかかっている（本書サポートページの補足「市場の失敗のもとでの公共投資や公的金融の役割」の項を参照）。

　つまるところ，市場の失敗の有無とその性質，政府がなしうる事業がもたらす機会費用など，さまざまな面が，公共事業の純便益を決定する。いずれの問題においても，現状における市場の失敗の性質を見極めた上で，政策一般に関して大幅な見直しが必要となっている。

補論　貨幣市場の均衡と物価

　伝統的なケインズ派分析における，流動性選好理論では，貨幣市場の均衡を，中央銀行が操作する貨幣供給と，経済主体の貨幣需要が均衡するときの (Y, r) の組合せとして示す。物価水準が可変であるフレームワークにおいては，LM 曲線は，貨幣供給を物価水準で基準化した実質貨幣供給が，第2章発展問題 (5) で紹介した貨幣需要と等しいところで決まるので，

$$\frac{M}{P}=l_0+l_1Y-l_2r, \quad l_0, \ l_1, \ l_2 \text{ は正の定数} \qquad (LM)'$$

という関係で示されるとする（なお，線形の関数の想定は，モデルが代数的に解

けるための単純化である）。この式を変形すると，$r=(l_0/l_2)-(1/l_2)(M/P)+(l_1/l_2)Y$ という関係が導出され，P の上昇に対しては，実質貨幣供給 (M/P) の減少が貨幣の超過需要をもたらし，均衡金利を上昇させる。すなわち，貨幣供給 M を一定とするなら，物価上昇に対しては貨幣市場で決定する金利は上昇する。貨幣供給を政策的に動かす場合でも，物価の上昇に対しては均衡金利を上昇させて総需要を抑制するのが，中央銀行の自然な姿である。こうして（MP3）が導出される。

復習問題

(1) TFP（全要素生産性）および GDP ギャップについて，その定義と計測方法を述べよ。
(2) 本章のモデルでは，TFP の低下が短期的に GDP ギャップを悪化させる（総供給も減るが総需要はもっと減る）ことが生じうる。

　A. TFP 低下が総需要（GDP ギャップ）にもたらすフィードバック，あるいは，TFP の低下と GDP ギャップの悪化の両方をもたらすものとしては，どのようなものが考えられるか？

　B. このメカニズムはデフレの発生とも整合的である。不況の発生と均衡（長期均衡）の変化を，横軸に Y，縦軸に P をとったグラフにおいて説明せよ。

　C. この説明が正しい場合，ケインズ的な政府支出や減税は不況脱却に有効か？　理由をつけて述べよ。
(3) 循環的財政赤字と構造的財政赤字について，その概念と計測方法を述べよ。
(4) 政府支出の振替効果について述べよ。

発展問題

(1) 図表 6-5 においては，財政政策発動後の短期均衡 E_2 から長期均衡への過程は一様でない。なぜか。
(2) 第 3 章から本章までの考察により，第 2 章の単純化されたモデルにおける以下の結論は，どのように修正されるか。

　A. 限界消費性向が 0.8 のとき，政府支出乗数は 5 となる。

　B. 政府支出乗数は 1 よりも大きく，減税乗数は政府支出乗数よりも大きい。

　C. MP 曲線が水平のときには，ケインズ的財政政策が最も有効になる。

　D. 不況期に公債発行を伴う総需要拡大を用いて，好況期に増税（あるいは歳出削減）を用いることで，景気安定化とともに財政収支をバランスさせることができる。

（解答は，本書サポートページを参照。）

第 7 章

租税と社会保険料
：概観および原則

　政府は，さまざまな公共サービスを私たちに提供するが，その財源のうち最も重要なものは租税である。また，本書でここまで何度か言及したとおり，財政においては社会保障の比重が高く，国民負担でみた場合，年金・医療・介護といった社会保険料は，租税と一体で考察することが重要となる。

　本章では，いくつかの統計数字を用いながら，租税および社会保険料負担の現状をみていく。また，経済学的な観点から，租税が満たすべきいくつかの原則を紹介する。

7.1 税制の現状

▶ わが国の税制の概観

　わが国では，中央政府レベルでは所得税・法人税・消費税を基幹税とする**国税**が徴収され，地方税府レベルでは**地方税**として，個人住民税・地方法人二税（法人事業税と法人住民税）・地方消費税，および地方独自の固定資産税や都市計画税が徴収されている。このほかに，社会保障給付の財源として，業種別の組合を母体とする医療保険（健康保険）や年金保険，市町村が運営主体の国民健康保険や介護保険などの**社会保険料**が，被保険者の勤務先・居住地・年齢などに従って徴収されている。

　まず，国税から概観しよう。**図表 7-1** は，第 1 章で紹介した中央政府一般会計歳入（**図表 1-3** 右）を再掲したものである。2012 年度予算においては，

■図表 7-1　中央政府一般会計における国税（図表 1-3 右再掲）

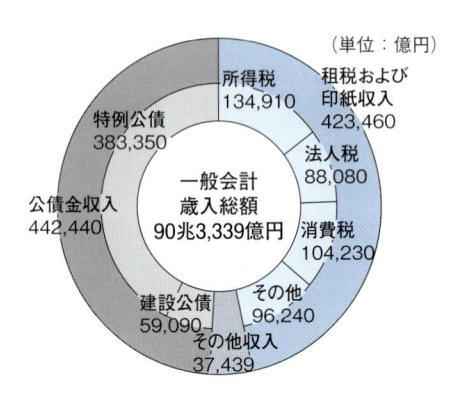

（単位：億円）

- 所得税　134,910
- 租税および印紙収入　423,460
- 法人税　88,080
- 消費税　104,230
- その他　96,240
- その他収入　37,439
- 建設公債　59,090
- 公債金収入　442,440
- 特例公債　383,350
- 一般会計歳入総額　90兆3,339億円

歳出総額 90.3 兆円のうち，税収（租税および印紙収入）は 42.3 兆円である。国税における主要な租税項目は，所得税（2012 年度で 13.5 兆円），法人税（同 8.8 兆円），消費税（同 10.4 兆円）である。これらの 3 つの税のうちでは，法人税が最も景気の影響を受けやすく変動が大きい。最も安定した税収を期待できるのは消費税である。5％の消費税（2012 年現在）のうち 4％が国税収入となり，1％の税率は約 2.5 兆円の税収を生む[1]。

このほかの国税としては，相続税（同 1.4 兆円），揮発油税（同 2.6 兆円），酒税（同 1.3 兆円），たばこ税（同 9,500 億円），印紙収入（同 1.0 兆円）などが続く。一般会計税収は 1991 年で 59.8 兆円にものぼったが，長期の不況による減収と減税（制度的な減税と景気対策のための減税）によって，税収は低迷を続けている。1999 年度から 2012 年度までにおいては，税収の平均は 45.5 兆円（最大 51.0 兆円，最小 38.7 兆円）である。

地方税においては，国税基幹税に対応した個人住民税（2012 年度で 11.7 兆円）・地方法人二税（同 6.4 兆円）・地方消費税（同 2.6 兆円），および地方たばこ税（同 1.1 兆円）・自動車税（同 1.6 兆円）・軽油引取税（同 8,900

---

[1] 図表 7-2 においては，1999 年度から 2012 年度まで，所得税収は平均で 14.9 兆円（最大 18.8 兆円，最小 12.9 兆円），法人税収は平均で 10.7 兆円（最大 14.9 兆円，最小 6.4 兆円），消費税収は平均で 10.1 兆円（最大 10.6 兆円，最小 9.7 兆円）である。

■図表 7-2　国税主要三税の税収の推移

(兆円)

所得税: 15.4, 18.8, 17.8, 14.8, 14.7, 13.9, 15.6, 14.9, 16.1, 15.0, 12.9, 13.0, 13.5, 13.5
消費税: 10.4, 9.8, 9.8, 9.5, 9.7, 10.0, 10.6, 10.5, 10.3, 10.0, 9.8, 10.0, 10.2, 10.4
法人税: 10.8, 11.7, 10.3, 10.1, 11.4, 13.3, 14.1, 14.7, 6.4, 9.0, 9.4, 8.8

1999　2000　01　02　03　04　05　06　07　08　09　10　11　12 (年)

(出所)　財務省資料

億円)などのほか，固定資産税（同 8.5 兆円）・都市計画税（同 1.2 兆円）など，地方のみの税も存在する。

　私たちが社会保険料として支払っているものは，勤務先・居住地・年齢などに従ってさまざまなものがある。例えば，サラリーマンが支払う**厚生年金保険料**は，2010 年度で 22.7 兆円，また**健康保険料**（組合健康保険および協会管掌健康保険）は同年度で 14.1 兆円に及ぶ。社会保険料の総額は，2010 年度で 57.8 兆円であり（図表 1-5(b)），国税総額（2012 年度予算では 42 兆 3,460 億円）を大きく上回る。

　次項では，日本の税や社会保障負担は，欧米のほかの国と比べるとどの程度なのかを概観する。

▶ 基幹税の国際比較

　図表 7-3(a) は，給与収入階層別に，所得課税負担を比較したものである。各国ともに所得が増加するとともに所得に占める納税の率も上昇する累進課税をとっているが，わが国では税負担を軽減させる控除の適用範囲が広く，全般的に所得税の負担額は低い。実は，給与収入が 3,000 万円を上回るようなところでは，所得税の税負担は諸外国並みか諸外国より高いが，そのよう

図表 7-3(a)　給与収入階級別の個人所得課税（所得税および
　　　　　　　個人住民税など）負担額の国際比較

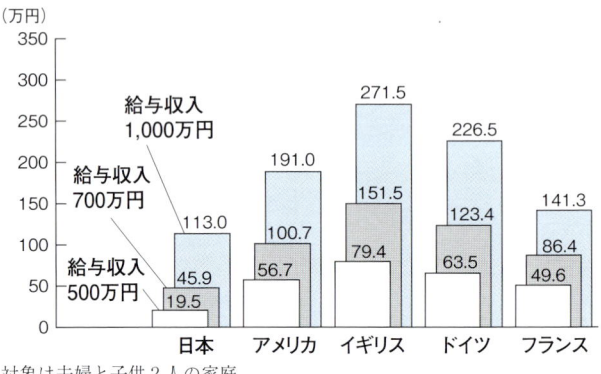

(万円)

給与収入 1,000万円／給与収入 700万円／給与収入 500万円

	日本	アメリカ	イギリス	ドイツ	フランス
1,000万円	113.0	191.0	271.5	226.5	141.3
700万円	45.9	100.7	151.5	123.4	86.4
500万円	19.5	56.7	79.4	63.5	49.6

対象は夫婦と子供2人の家庭。

(出所)　財務省資料

な家計は，納税者全体の1％未満である。

　また，国民所得に占める個人所得課税負担割合（2012年度）は，日本7.3％，アメリカ10.0％，イギリス13.3％，フランス9.9％と，際立って少ない。

　図表 7-3(b) は法人税について比較したものである。わが国の法人税率は，OECDのほかの国と比べても高い。累次の税制改正で，ようやく実効税率が40％前後まで下がったというのが実情である。なお，地方税としての法人事業税などが高いところにも，わが国の特徴がある[2]。

　消費課税は，財・サービスのすべての取引に原則的に課せられる**付加価値税**（Value Added Tax：わが国の消費税に相当）と，酒税・たばこ税・ガソリンへの課税といった**物品税**（ないし個別物品税（Excise Tax））から成る。付加価値税の標準税率が15％であるEU諸国[3]では前者の割合が高く，中央

---

[2] 法人税は財源が偏在する税であり，第5章で言及した税源の地域間格差や，不況に伴う地方財源の不安定化など，多くの問題を抱える。地方法人税については，近年，利潤（法人所得）のみならず従業員給与や支払利子などの「付加価値」に課税ベースを拡大する「外形標準課税」や，地域間の税源偏在を是正するため一部譲与税化（地方法人特別税）などが行われたが，いずれも抜本的な改革とは程遠い。

■図表 7-3(b)　法人所得課税の実効税率の国際比較

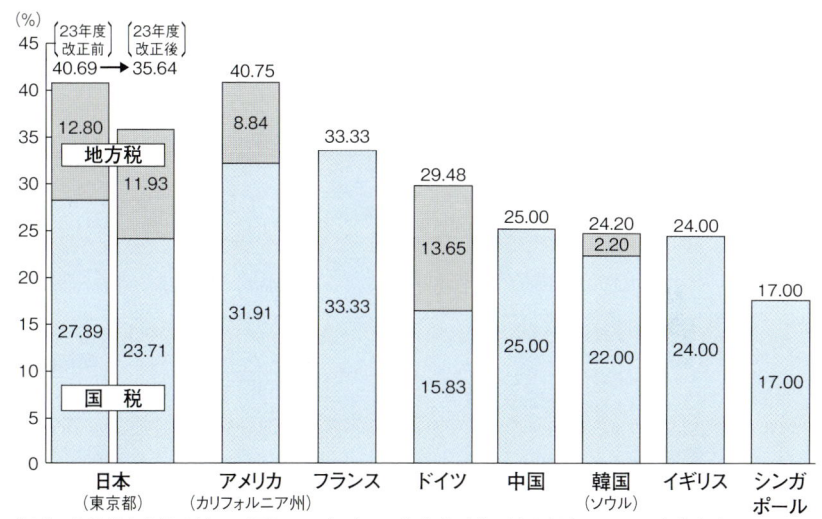

（％）

国	国税	地方税	合計
日本（東京都）23年度改正前	27.89	12.80	40.69
日本（東京都）23年度改正後	23.71	11.93	35.64
アメリカ（カリフォルニア州）	31.91	8.84	40.75
フランス	33.33		33.33
ドイツ	15.83	13.65	29.48
中国	25.00		25.00
韓国（ソウル）	22.00	2.20	24.20
イギリス	24.00		24.00
シンガポール	17.00		17.00

各国の実効税率内訳は以下の通り。日本（2010年度改正前―法人税率：30％，事業税率：3.26％，地方法人特別税：事業税額×148％，住民税：法人税額×20.7％；2010年度改正後―法人税率：25.5％，事業税率：3.26％，地方法人特別税：事業税額×148％，住民税：法人税額×20.7％），アメリカ（連邦法人税率：35％，州法人税率：8.84％），フランス（法人税率：33 1/3％），ドイツ（法人税率：15％，連帯付加税：法人税額×5.5％，営業税率：13.65％），中国（法人税率：25％），韓国（法人税率：22％，地方所得税：法人税額×10％），イギリス（法人税率：24％），シンガポール（法人税率：17％）。

（出所）　財務省資料

7.1 税制の現状

政府（連邦政府）レベルで付加価値税がないアメリカでは，後者の割合が高い。わが国の消費課税全体の対国民所得比は，アメリカ並みに低い（図表7-3(c)）。

従って，基幹税の所得税・法人税・消費税について，所得税：低い，法人税：高い，消費税：低い，となる。

▶国民負担率

租税負担と社会保障負担を合わせて，対国民所得比をとったものを，国民

3　いわゆる「福祉国家」といわれるデンマークやスウェーデンでは25％，また，ほかのOECD諸国では，ニュージーランドで15％，オーストラリアと韓国で10％である。

■図表7-3(c) 国民所得に占める消費課税（国税・地方税）の割合

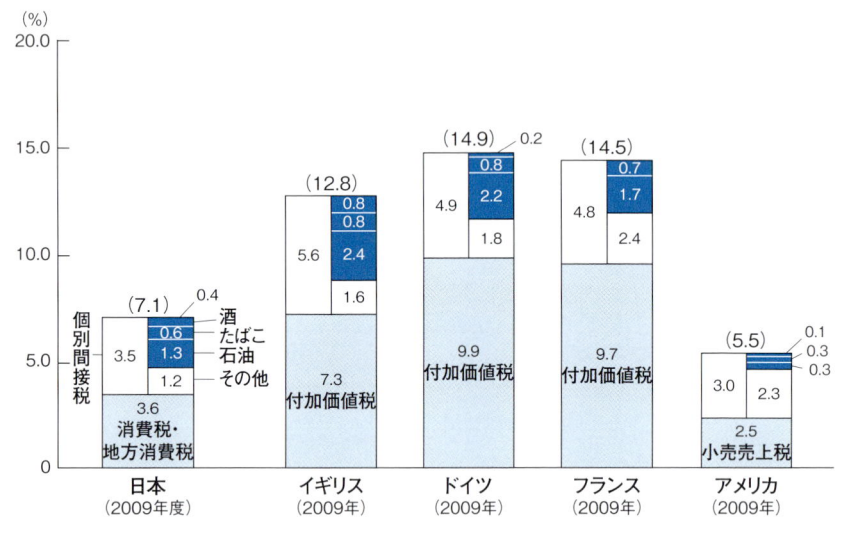

日本 (2009年度): 個別間接税 — 0.4 酒たばこ、0.6、1.3 石油、1.2 その他、3.6 消費税・地方消費税 (計 7.1)
イギリス (2009年): 7.3 付加価値税、1.6、2.4、0.8、0.8、5.6 (計 12.8)
ドイツ (2009年): 9.9 付加価値税、1.8、2.2、0.8、0.2、4.9 (計 14.9)
フランス (2009年): 9.7 付加価値税、2.4、1.7、0.7、4.8 (計 14.5)
アメリカ (2009年): 2.5 小売売上税、2.3、0.3、0.3、0.1、3.0 (計 5.5)

（出所）財務省資料

負担率と呼ぶ。

「福祉国家」である北欧（スウェーデンなど）は60％を超え，公共部門の低いアメリカで約30％である。これに対して日本は，増税への忌避と高齢化による社会保障給付の上昇により，国民負担率でアメリカ並みの水準でありながら，より高い歳出を恒常的に求める構造が，第1章から述べていた高い財政赤字と関わっている[4]。なお，社会保険料を含めたわが国の国民負担率については，以下のようにまとめることができる。まず，既に述べた所得税と付加価値税は，国民負担全体との比率においても低く，法人税は，国民負担全体との比率においても高い。次に，社会保険料の負担が高い。国民負担全体との比率においては約42.3％であり，この値はドイツやフランスに

---

[4] 国民負担率には，財政赤字を将来の国民負担とみなした「潜在的な国民負担率」（＝国民負担率＋財政赤字対国民所得比）という概念もある。2012年度では，わが国の潜在的国民負担率は51.2％となる見通しである。なお，わが国の老年人口比率の高さを考えると，1人当たりの福祉歳出はかなり低いと指摘する者もいるが，いずれにしろ「身の丈に合った」税負担をしていないことは確かである。

■図表 7-4　国民負担率とその内訳の国際比較

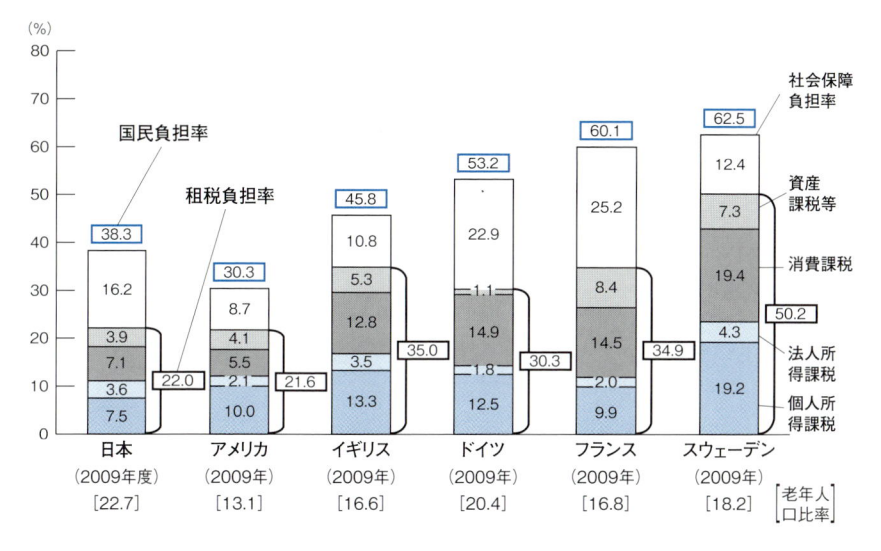

	日本 (2009年度) [22.7]	アメリカ (2009年) [13.1]	イギリス (2009年) [16.6]	ドイツ (2009年) [20.4]	フランス (2009年) [16.8]	スウェーデン (2009年) [18.2]
国民負担率	38.3	30.3	45.8	53.2	60.1	62.5
社会保障負担率	16.2	8.7	10.8	22.9	25.2	12.4
資産課税等	3.9	4.1	5.3	1.1	8.4	7.3
消費課税	7.1	5.5	12.8	14.9	14.5	19.4
法人所得課税	3.6	2.1	3.5	1.8	2.0	4.3
個人所得課税	7.5	10.0	13.3	12.5	9.9	19.2
租税負担率	22.0	21.6	35.0	30.3	34.9	50.2

[老年人口比率]

(出所)　財務省資料

おけるものと近い（**図表 7-4**）。

　本書では，経済学的な観点からは，税制の基幹は消費税と所得税であるべきという観点から，基幹税のデザインに関する議論を行う。増大する社会保障負担を，社会保険料で賄うか税で賄うか，また資産課税をどの程度にするかは，異なる税による効率性の阻害の程度，所得再分配への国民の選好度などに依存する。また，同じ名称の（ないし機能が対応する）税であっても，内実（例えば法人税の控除体系・所得税の累進度・投資収益課税における所得税と法人税の調整など）は国によってさまざまである。従って，「望ましい税体系」を考える際には，各税の比率のみならず，その内実をきちんと議論する必要がある。

7.2 税の種類

▶ 直接税と間接税

　中央政府（国）が徴収する税を国税，地方政府が徴収する税を地方税というが，国税の所得税と地方税の住民税など，それぞれのレベルで同じ課税対象に対して課税がなされることもある。税項目の分類および税制全体の評価においてしばしば用いられるのは，直接税と間接税という分類である。

　直接税と間接税の分類としては，2通りの定義がある。第1に，古典的な定義においては，税の負担者と納税者という観点から，「税の支払い者と納税義務者が同じである」税を直接税とする。所得税は納税義務者であるサラリーマンや自営業者が，自らの所得から税を支払うものである。このほか法人税や相続税などが，直接税に分類される。これに対して，「税の支払い者と納税義務者が異なる」税を間接税と呼ぶ。例えば，消費税の納税義務者は財やサービスの販売事業者（売り手）であるが，売り手は消費税を商品価格に上乗せし，その商品を購入した消費者（買い手）が税を支払う。このほか酒税・たばこ税・揮発油税・地方道路税などが，間接税に分類される。

　ただ，この定義では，サラリーマンの給与所得などの所得税に適用される源泉徴収課税（Withholding Tax）（雇用者など所得支払者が，給与・報酬などを支払う際に，それから所得税などを差し引いて国などに納付するもの：第10章10.2節を参照）を直接税とすることができない。そこで第2の定義として，「税の支払い者の個別事情を考慮できる税」を直接税とする。所得税でいえば，家族構成・職業・年齢などの人的事情に応じたさまざまな控除が存在し，また高額の所得階層に対してより高い税率を適用する累進課税の体系が備わっている（第10章）。これに対し，消費税では，同じ消費をした消費者には，その個別事情に依らずに同額の税支払いが生じる。

　国際比較をすると，標準税率15%の付加価値税（わが国の消費税）が政府財源の基幹となっているEU諸国では間接税の比率が高く，中央政府（連邦政府）レベルで付加価値税がないアメリカでは，所得税などの直接税の比率が高い。わが国は，直接税の比率においてはアメリカにより近い。

直接税と間接税という分類は，税がどのような形態で徴収されているかという，制度的な分類に過ぎない。これに対し，税制を経済学的に分析する際に重要な問題は，その税制によって資源配分や所得分配にどのような影響が及ぶか，ということである。例えば，消費税は消費者（買い手）が税の支払いをする税であるが，買い手は価格に租税が上乗せされると需要を減少させるため，売り手は消費税の導入によって一般に受取価格を引き下げざるを得ない。極端なケースとして，消費税分を全部売り手が引き受け，消費者価格を据え置いた場合には，消費税の実質的な負担者は売り手となる（第8章8.2節）。雇用に伴う所得税についても，雇用者が所得税分を給与に上乗せして支払うならば，所得税の実質的な負担者は雇用者（労働需要者）となる（第8章8.4節）。税の負担が納税義務者からほかの経済主体に移ることを税の転嫁という。ここでみたように，直接税も間接税も一般に転嫁をもたらす。重要なのは課税の実質的な負担者，あるいは負担の程度や割合である。

▶ 所得課税と消費課税

　任意の課税体系において，「税金を課税する対象となる範囲」を課税ベースと呼ぶ。基幹税の課税体系の課税ベースとしては，所得か消費（あるいはそれらの組合せ）と成らざるを得ない。以下では，所得と消費に対してどのように課税すべきかということが，重要な論点となる。厳密な議論を行うために，まず所得と消費の定義を明らかにしておこう。所得の定義として有名なものは，以下のヘイグ（R. Haig）とサイモンズ（H. Simons）による定義である。この定義によれば，所得とは，ある一定期間内（通常の所得税の対象としては1年）における，消費および資産の純増（貯蓄）から成る：

$$所得 = 消費 + 貯蓄 \tag{7.1}$$

　消費についていえば，以下で述べるように市場での現金取引を伴わないものも考察せねばならないが，さしあたっては市場で取引される財・サービスの購入を考察対象とする。貯蓄は，預貯金のみならず株式や土地などの資産購入を含めた，フロー（過去からの積立を含めた預金残高や資産保有ではなく，期間内の資産の純増）の値である。

消費や貯蓄の源となる所得は，サラリーマンの給与や報酬などから成る**労働所得**と，銀行や公社債の利子所得・株式からの配当所得・資産の譲渡益（キャピタルゲイン）から生じる譲渡所得といった**資本所得**とに，大まかに区分できる。本書第9章以降で展開する理論モデルにおいても，現実の税制における取扱いにおいても，この区分は有用となる。所得に対して，その源泉を問わず合算して課税する課税方法を，**包括的所得税**（総合課税）と呼ぶ。わが国では，第2次世界大戦後の「**シャウプ勧告**」(Report on Japanese Taxation by The Shoup Mission)[5] において，この包括的所得税の理念が税制の根幹として置かれた。

しかし，わが国のみならず，現実の所得税制においては，包括的所得税の原則を現実に適用するのは難しいことが明らかになっている。第1に，税務上の取扱いの難しさなどに起因して，資本所得は労働所得と異なる扱い（分離課税）がなされている。第2に，株式や土地などの保有資産が値上がりした際には，売却しなくても「含み益」（値下がりの際には損失）が発生する。(7.1)の所得としては，キャピタルゲインは発生ベースでとらえるべきである。しかし，現実にはほとんどの場合，キャピタルゲインは**実現時**（資産が売買されたとき）**にのみ**課税される。第3に，株式の配当やキャピタルゲインは，それらが株主（家計）レベルで発生する前に，企業レベルで法人税として課税され，資本所得の家計レベルでの課税は**二重課税**をもたらすが，資本所得の二重課税を完全に調整するのは難しく，現実にも行われていない（第10章・第11章参照）。

包括的所得税に対置する考えは，消費を課税対象とする**消費課税**の考えである。(7.1) より，

$$\text{消費} = \text{所得} - \text{貯蓄} \qquad (7.2)$$

となる。

消費課税の代表的なものは，最終消費への**一般消費税**（General Consumption Tax）である。これは，すべての財・サービスの取引に対し，製

---

[5] アメリカの経済学者シャウプ（C. Shoup）を団長とする日本税制使節団による，日本の税制改革に関する報告書（1949年および1950年）。

造・卸売・小売といったそれぞれの段階での付加価値＝売上－原材料費への課税（付加価値税）[6]や，最終消費者への課税（小売売上税）である。これらは，納税義務者を販売事業者とする間接税である。一方，直接税体系の中での消費課税も古くから考察されていた。すなわち，所得から貯蓄を控除したものを課税対象とし，そこに累進課税を適用する，というアイディアである。このような税は**支出税**（Expenditure Tax）と呼ばれる。支出税は，包括的所得税の多くの問題をクリアできる税制として，ミード（J. Meade）を委員長とするイギリス税制委員会の報告書（**ミード報告**）[7]にて提言され，近年では更に，企業レベル（法人税）を含めた税制改革案としての「**フラット・タックス**」（Flat Tax）および「**エックス・タックス**」（X Tax）といった提言もなされている。しかし，これらの税制も現実への適用は難点が存在する（第11章11.3節）。多くの先進国と同様，わが国の税制は，消費税や社会保険料の比重の上昇，資本所得への分離課税など，消費課税と所得課税の中間形態の税制をとっている。

なお，「所得よりも消費の方が捕捉が容易なので，消費課税の方が望ましい」との議論がしばしば聞かれるが，過度に強調されるべき論点ではない。第1に，現金取引を伴わない消費は課税対象とならない。例えば，農家は自分の農地で採れた農産物を，市場で売却することができる一方，自分で消費することもできる。前者は取引における消費税や事業者の所得税などで捕捉されるが，後者は自家消費と呼ばれ，課税が難しい。第9章で取り扱う個人の**余暇**も，同様の構造を持つ[8]。第2に，土地や耐久消費財などは貯蓄（資産購入）と消費の両面が存在し，その境界は明確ではない。第3に，雇用に

---

[6] 付加価値税は，1954年にフランスで導入されて以来，わずか半世紀余りで，発展途上国を含めた世界のほとんどの国によって採用されるようになった。付加価値税を含めた消費課税における，企業レベルでの課税ベースについての説明は第11章を参照。一般には，投資費用は全額控除とされる。

[7] The Institute for Fiscal Studies (1978). *The Structure and Reform of Direct Taxation : Report of a Committee Chaired by Professor J. E. Meade.*

[8] 自家消費分の市場価値は，**帰属所得**（Imputed Income）と呼ばれる。帰属所得には，GDPの計上においても問題になる（すなわち，国富や経済厚生を測る上でも重要とみなされる）項目も多いが，同時に，課税における難しさも含んでいるのである。詳しくは第9章9.2節を参照。なお，一部の帰属所得への課税も含め，所得や消費への課税を補完する意味においては，資産保有（ストック）に課税する**資産課税**（固定資産税や相続税など）のあり方も重要になる。

伴って生じる社宅などの福利厚生も，消費ないし所得として捕捉しなければならないが，多くは課税されていない[9]。

また，法人所得が課税ベースとなりうるかについては，以下の2つの考えがある。第1に，法人は出資者である株主によって所有され，法人は個人の株主が事業活動を通じて利益を得るために組織された擬制的な集合体であるという考えである（このような考えを**法人擬制説**と呼ぶ）。法人擬制説に則る場合，**企業利潤**（法人所得）は最終的には株主の所得であり，配当所得に適切に課税していれば，法人税の存在理由はなくなる。これに対して，法人は株主と別の課税対象となりうるとする考え（**法人実在説**）の根拠としては，個人形態よりも法人形態で事業を行うことの利点（出資者への有限責任など）が挙げられる。また，企業利潤は100％配当されずに，内部留保として残されることも多いため，（個人所得との二重課税には留意する必要がありつつも，）法人段階での課税が一般に行われている。ただし，前項で述べた論点でいうと，法人税は可能な転嫁の方向が多岐にわたる（雇用，投資，金融活動，土地の借用・保有）ので，「法人税」イコール「法人が実質的な税負担をする税」でないことには留意する必要がある。

7.3 課税の原則

租税は国家形成の重要な要素であるが，古今東西を問わず，租税は国家の思考錯誤の産物であった。有名なものとしてイギリス（17世紀末〜19世紀）の窓税（Window Tax）がある。これは，家一軒の課税に加え，その家についている窓の数に応じて金額が増えていく方式をとっていた。中世の日本やヨーロッパには，家屋の間口の距離の長さに応じて課税する間口税

---

[9] このほか，所得税には，課税対象となるべき所得のうち把握できる度合いが，業種により格差があるという，いわゆる「クロヨン」問題がクローズアップされることがある。しかし，第10章10.3節で言及するように，クロヨン問題は，自営業者などがサラリーマンよりも所得税制上優遇されていることを即意味しない。また，自営業者などは多くが小規模事業・店舗であり，売上を消費税として捕捉するにしても，税務の行政費用や納税協力費用は高い。現実にも，小規模企業は免税や簡易課税制度と呼ばれる特別措置が行われ，いわゆる「益税」問題を生じさせている。

（Frontage Tax）という税もあった。このような税が当初何を目的とし、また社会にどのような帰結をもたらしたかは明らかであろう。国家の近代化とともに、経済学でも、課税のありうべき原則が議論されるようになった。課税の原則については、アダム・スミス（A. Smith）をはじめ、ドイツの財政学者ワグナー（A. Wagner）、アメリカの経済学者マスグレイブ（R. Musgrave）などの議論があるが、わが国においては、中立・公平・簡素の3つを課税の原則としている。

▶ 1．中立性（Neutrality）

　課税の中立性は、第1章1.1節で考察した公共部門の役割の「資源配分機能」に対応する。議論の出発点は、「市場均衡では、限られた資源を、経済効率上望ましい形で配分する」という、アダム・スミスの「見えざる手」の議論である。これは市場経済が実現する効率性（Efficiency）を指している。

●市場均衡の効率性

　まず、特定の財（アイスクリームとする）の市場取引を表す経済モデルを導入し、租税がない経済における市場均衡の効率性を示そう。簡単化のために、同じ数の同質な嗜好（効用関数）を持った消費者と、同質な技術（生産関数・費用関数）を持った生産者から成る市場を考える。

　各生産者が生産するアイスクリームの量を X とし、経済の生産サイドから描写する。生産者は、その財を生産するための費用を、供給のための意思決定の基礎とする。企業はアイスクリームの生産のために労働・資本・原材料などの生産要素を必要とする。いま、$c(X)$ で X 単位生産するための（最小）費用とする。1生産者が財を生産するための生産要素の限界生産性が逓減する（第5章）ことは、財を同じ単位だけより多く生産するために必要な要素投入量、および要素投入の購入額である費用が、生産量が増加するにつれて多くなることを意味する。いま、生産を1単位増加することによる費用の増加分を限界費用 $MC(X)=c(X+1)-c(X)$ とすると、限界費用は生産量の増加につれて増加する。これを「限界費用逓増」という（図表7-5）[10]。

　次に、各消費者が消費するアイスクリームの量を X とし、経済の消費サ

■図表 7-5　費用関数（上）と限界費用（下）

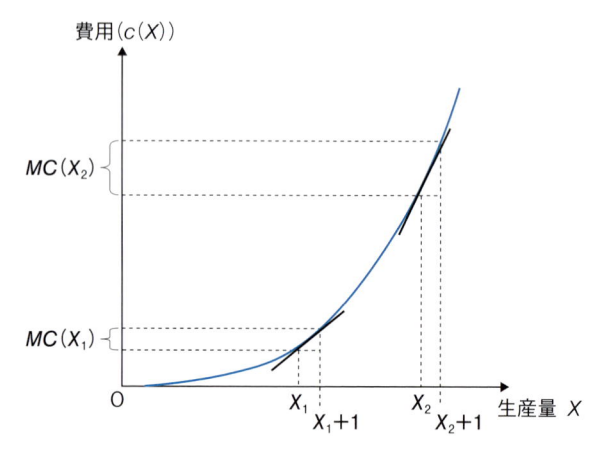

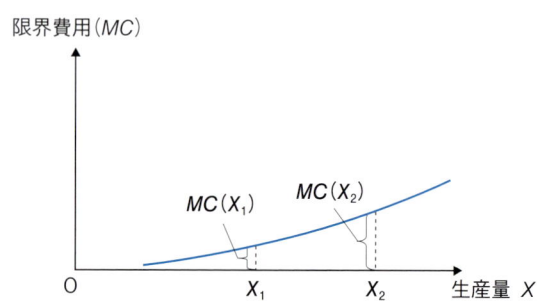

イドを描写しよう。消費者はアイスクリームの消費から満足度（**効用**）を得る。消費者が消費する財の量 X とそこから得られる効用水準の関係を，関数 $u_X = V(X)$ で表す[11]。

より多くの消費はより高い効用を与えるので，$V(X)$ は右上がりの傾き

10　限界生産性逓減と限界費用の関係は，例えば八田達夫（2008）『ミクロ経済学 I ──市場の失敗と政府の失敗への対策』（東洋経済新報社）の第 2 章を参照。ここでは，企業が生産をするか否かに関わらずかかる費用（固定費用）を考察から外している。企業が操業している限り，固定費用の存在は生産量に関する意思決定に影響せず，また企業の長期の意思決定には固定費用は存在しないので，以下の議論の本質に影響は与えない。以下では，通常の競争企業の環境と整合的な，限界費用が逓増するか一定であるケースを取り扱う。

11　第 3 章の効用関数（3.2）は，すべての消費財にまつわる消費計画全体を評価するものであるが，ここでの関数 V は，多数の消費財を消費する消費者の，特定の財からの消費と，そこからの効用（満足度）の関係を示すものである。

■図表7-6　効用関数（上）と限界効用（下）

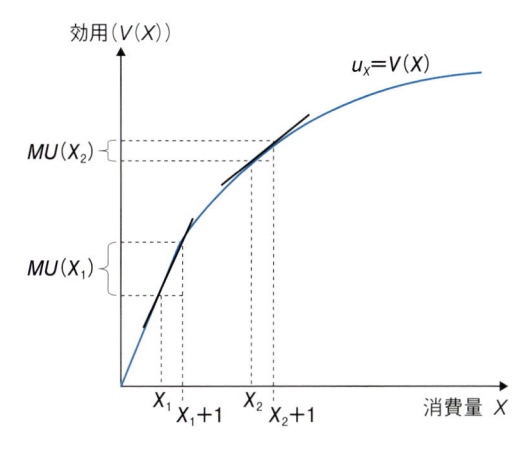

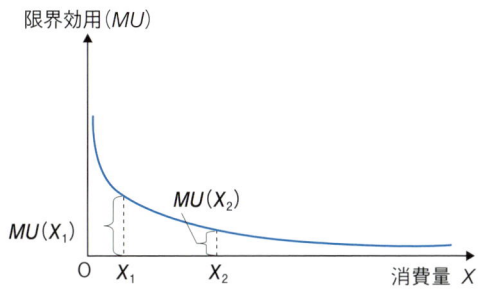

を持つ。消費者の需要決定で重要なのは，もう1個のアイスクリームを食べたときの効用の増分（**限界効用**（Marginal Utility））である。図表7-6上における各点の限界効用 $MU(X) = V(X+1) - V(X)$ は効用関数の傾き，すなわちアイスクリームの消費を1単位増やしたときの効用の増加分で示される。消費者は1個目のアイスクリームから最も高い限界効用を得，アイスクリームの消費が多いほど，追加的に得られる限界効用はより少なくなる。この性質は「限界効用逓減」といわれる。

　資源配分の効率性とは，社会が希少な資源からどの程度の便益を獲得しているかを指す。ある配分が効率的でなければ，消費者と生産者の間で実現していない利益があることになる。例えば，アイスクリームの生産が，図表7

■図表7-7 市場取引の効率性

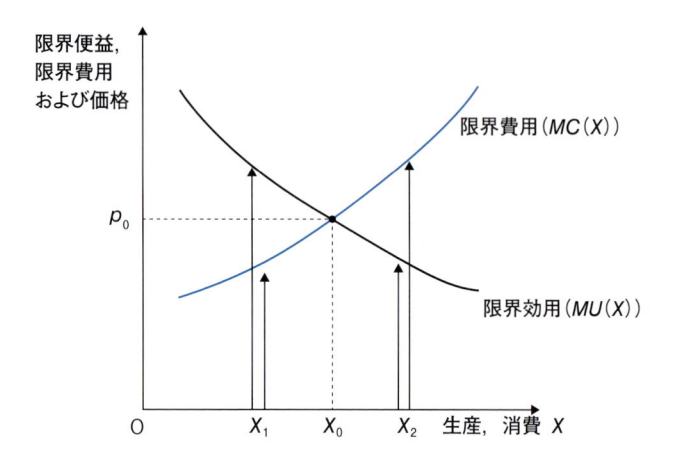

縦軸：限界便益，限界費用および価格
横軸：生産，消費 X

限界費用（$MC(X)$）
限界効用（$MU(X)$）
p_0, X_1, X_0, X_2

-7 の X_1 単位行われ，消費者によって消費されるとする。このとき，アイスクリームの消費者にとっての価値（限界効用）は生産者の限界費用を上回っているので，より多くのアイスクリームの生産と消費が，社会的により望ましい。すなわち，X_1 単位の取引は効率性の観点からみて過少な取引量である。他方，アイスクリームの生産および消費が，図表7-7 の X_2 単位まで行われてしまうと，今度は生産者の限界費用が消費者の限界効用を上回ってしまうので，X_2 単位の取引は効率性の観点からみて過剰な取引量である（経済における生産資源は限られているので，ほかの財の生産および消費が過少になってしまう）。このように考えると，この経済においてアイスクリームの生産・消費が最大の便益を生む取引量は，図の X_0 ということになる。

市場経済における各経済主体は，市場価格を所与のもとで，供給行動・需要行動を行う。第8章で示すとおり，生産者の限界費用曲線は**供給曲線**を形成し，消費者の限界効用曲線は**需要曲線**を形成する。市場での需要と供給が均衡する需給均衡価格は，図の p_0 で与えられる[12]。市場では，消費者の効

---

[12] 需給均衡に到達するメカニズムは，通常のワルラス（L. Walras）によるものを考える。価格を調整する仲買人が，需要が供給を上回る（下回る）際に価格を上昇（下落）させるように価格を調整すると，市場の超過需要（超過供給）が減少する方向で数量が調整される結果，図の p_0 が需給均衡価格となる。

用最大化行動から消費者は限界効用が価格と等しくなるところまで消費し，生産者の利潤最大化行動から，生産者は限界効用が価格と等しくなるところまで生産するので，社会的に最大の便益を生む取引量である X_0 が実現するのである。同様の帰結は，労働や資本といった生産要素の取引などにも成立する。

●課税の中立性

　課税の中立性とは，「課税・税制の存在が，家計や企業の選択に影響を与えない」ことを指す。ここで言う選択とは，家計でいえばどういった財やサービスを購入するか，所得のうちどの程度を貯蓄に回すか，また与えられた時間のうちどの程度を労働時間に充てるか，といった問題であり，企業であれば資金調達を株式によるか，借入によるか，といった問題を指す。例えば，政府が物品税という形で特定の財により高い税率を課していれば，家計は税のない場合と比べて，その財の購入を控えることになる。このような場合，「租税は経済行動に中立的でない」と呼ぶのである。経済行動に中立的でない税においては，価格機構がもたらす資源配分機能が歪められ，消費者の効用と生産者の利潤が損なわれる（第8章）。同様に，所得税や消費税も，家計の貯蓄や労働インセンティブ，企業の雇用や設備投資などに影響を与え，経済活動に中立的でない（第9章）。このほか，法人税と個人所得税の格差に対応した課税上の組織形態や課税所得の内訳の変更，縁故者で所得を分割・移転するなど，組織上・財務上の措置を通じて租税回避をする誘因も，近年では重要な要素として考えられている（第9章・第11章）。

　一般に納税者は税負担を逃れようとするので[13]，ほとんどの税は，消費者・生産者・労働者の行動変化をもたらし，またそれに伴い経済に厚生損失を生むことになる。そして，厚生損失が免れないときには，厚生損失の最小化が，租税の経済目的の一つとなる。

13　例外となりうる1つのケースは，租税の支払いが公共サービスの受益と直接関連している場合であるが，以下で述べるように，個々の納税者と対応する公共サービスの受益を完全にマッチさせるのは難しい。いま一つの例外は，一定の固定額を納税者から一括して徴収する一括税（Lump-Sum Taxes）である。一括税については第9章を参照。

▶ 2．公平性（Equity）

税の負担を考えるに当たっては，対応する資源配分の効率的配分のみならず，個々の単位で人々の間でどのように分担されるべきかも，考慮されねばならない。税制が公平であるかどうかを評価する原則としては，応益原則と応能原則がある。

●応益原則（Benefit Principle）

公共のサービスから受ける便益に応じて税を負担するのが，「**応益原則**」である。公共サービスに関連したさまざまな使用料・手数料，および高速道路の建設や維持費とリンクさせた料金や税という形を取る目的税は，この応益原則に沿っている。応益原則を精緻化させたものとしてはリンダール（E. Lindahl）[14]のアプローチがある。ただ，人々が受けた便益を特定化し，それに完全に見合った税支払いを各人に定めるのは困難である。道路・橋や消防・警察といった公共サービスのように，いったん供給されたサービスの便益が支払いをしなかったものにも及び（公共財へのフリーライド：第1章1.1節），また税負担も諸個人が互いに他者へ転嫁させようと政治的に画策する場合，問題は更に複雑になる。いずれにしろ，租税という費用を，公共サービスからの便益に対応させるのは，自然な考えであり，費用や便益の考察については，第6章6.4節で紹介した費用便益分析を適用して政策設計に活かすことも可能である。

●応能原則（Ability-to-Pay Principle）

税の公平性のいま一つの原則である「**応能原則**」は，「人々の負担能力に応じて税負担をする」というものである。応能原則から考えた課税の公平性は，第1章1.1節で考察した公共部門の役割の「**所得再分配機能**」に対応する（応益原則は，資源配分機能を補完するものと考えられる）。

応能原則における公平性の概念は，水平的公平性，垂直的公平性の2つが

---

[14] Lindahl, E.(1919/1958). Just Taxation-A Positive Solution. In R. Musgrave and A. Peacock(Eds.), *Classics in the Theory of Public Finance*, New York : St. Martin's Press, pp.168-176.，「リンダール均衡」と呼ばれる政府支出と租税配分額の決定方式においては，各経済主体の公共サービスの利益（限界効用）に基づいた租税と，そのような総支払に見合った政府支出の組合せが決定される。

ある。

●水平的公平性（Horizontal Equity）

課税の水平的公平性とは，同じ状況にある人々は課税においても同等に取り扱われるべき，ないし，「〇〇が同じ個人は××が異なっても同じ税負担であるべきである」とする公平性概念である。

所得税は，水平的公平性を確保するのが難しい税である。例として，課税対象となるべき所得のうち把握できる度合いが，業種により格差があるという，いわゆる「クロヨン」（給与所得者は課税対象の9割が把握され，個人事業所得者は6割，農業所得者は4割）問題がある。ほかの問題として，同額の合計所得を稼ぐカップルが結婚した場合には，適用される税・控除体系が変わってしまう。結婚によって所得税額が増えたり減ったりすることを，結婚税・結婚ボーナスなどと呼ぶ。また，資本所得の取扱いも不公平性のもととなる。生涯所得が同じ個人であっても，老年期に多くの消費を選好する個人は，より多くの資本所得（利子所得や配当所得など）が生じるが，若年期に浪費した個人より，多くの税金を支払うこととなる。

●垂直的公平性（Vertical Equity）

課税の垂直的公平性とは，「より豊かな人（担税力のあるひと）にはより高い負担を求めるべき」という考えである。ここにおいては2つの問題を考えなければならない。第1に，「より豊かな」をどのように定義するか，という問題である。第2に，どれほどの負担格差をつけるべきか（累進度の問題）である。

第1の問題に関しては，前節で議論した，課税ベースとしての所得ないし消費の妥当性がある。年々の所得は一時的な要因で変動する「一時所得（変動所得）」も含まれ，また潤沢な資産からの取り崩しで消費が賄えるが当期所得は少ない高齢者などが含まれる場合，年間所得は適切な担税力を測る課税ベースではない。消費活動が生涯所得から決定されるとする恒常所得仮説（第3章）のもとでは，消費税は生涯所得への課税と等価である（第11章11.1節）。他方，消費を課税ベースとする税は付加価値税が広く普及してい

るが，間接税であるため，担税力による累進課税のデザインは，限定されたものとなる（ただし，第10章10.4節の消費税税額控除を参照）。前述したとおり，直接税体系の中での消費課税の，現実への適用は難しいことを第11章で触れる。総括すると，概念としての課税ベースは消費の方がより望ましいが，消費課税では累進度（より担税力のある人に多く負担してもらう度合い）に限度がある。

　第2の問題（累進度）を，現実の税制において判断する基準の一つは，税率である。経済学での平均（Average）と限界（Marginal）の概念は，税率においても有用な概念となる。所得税について考察しよう。**平均税率**（Average Tax Rate）とは，税金の総額を総所得で割ったものである。**限界税率**（Marginal Tax Rate）とは，所得が1円増加したときの税の支払いの増加分である。例えば，政府が所得のうち最初の100万円を非課税[15]，100万円を超えて200万円までは10%の課税，200万円を超えて300万円までの所得には20%の税率を適用しているとする。このとき，所得が200万円の個人の平均税率は5%であり，この人の限界税率（例えば，副業や資産譲渡益など，新たな所得が発生したときに適用される税率）は20%である。また，所得が250万円の個人の平均税率は，8%と，所得が200万円のときよりも増加する。このように，高所得の納税者の方が低所得の納税者よりも平均税率が高い税を**累進税**と呼ぶ[16]。なお，すべての所得階層に対して一律の平均税率が適用される税を**比例税**，高所得の納税者の方が低所得の納税者よりも平均税率が低い税を**逆進税**と呼ぶ。消費税は，消費を課税ベースとした比例税であり，所得に関わりなく定額が徴収される国民年金保険料などは，負担が逆進的である。

　納税者の犠牲とその上昇幅をみるには平均税率が，税制が個人の所得稼得インセンティブを歪めるかを測るときには，限界税率が重要である。限界税

15　所得税制においては，収入のうち費用とみなされるもの，また家族構成など人的事情によって定められている控除を差し引いたものが所得税の対象となる。ここの例では，収入のうち100万円までは控除の対象と扱い，課税対象とならない。なお，少額所得を控除扱いするのは，以下の簡素の原則とも整合的である。

16　低取得者に給付される生活保護などの，政府からの移転支出を考慮に入れると，累進性はより高まり得る。税制における給付政策については，第10章10.4節を参照。

率が高い税制のもとでは,現在の仕事よりも報酬の高い（よりハードな）仕事を引き受けた際の,手取りの報酬を下げてしまうので,人々は労働や資産投資への意欲（インセンティブ）を損なうことになる（第9章9.3節）。他方,資源配分の効率性や個人のインセンティブを重視し,限界税率を低めると,高所得者からの税収が下がるので,政府支出を削減するか,低所得者の税負担を増やすかのどちらかとなる。政策決定者は,ここにおける効率‐公平のトレードオフを念頭に入れる必要がある。

❖ コラム　応益原則と応能原則

　応益原則と応能原則は,どちらが優れたアプローチであるという比較はできない。まず,応益原則は資源配分機能の補完であり,応能原則は,所得再分配機能に関する原則である。また,応益原則においては,各人への租税配分と受益に見合った政府支出が同時決定されるのに対し,応能原則（第8章8.3節の最適課税理論を含む）のアプローチでは,政府支出は所与であるか,社会厚生を最大にする別の基準で決定される。望ましい税制を考えるに当たっては,双方の原則・アプローチを考慮に入れるべきである。

　中央政府と地方政府の税配分において,所得再分配をより重点的に行う中央政府の租税体系はより応能原則に近く,より小さいエリアの住民のニーズに合うサービスをすべき地方政府は応益原則に則るべき[17],という見方もありうる。前掲した,各国に共通した国と地方の租税構成の違いとして,例えば,地方では固定資産税や消費税の割合がより高い。地方の公共サービスが産業の生産性や住民の生活環境を向上させれば,それは地価や消費の活況といった形で反映されるので,固定資産税や地方消費税は,ある程度応益原則を反映したものと考えることができる[18]のである。また,国税は所得税や法人税の割合がより高い。消費税や所得税は,中央と地方でまたがるケースが多い。前述したとおり消費税は生涯所得課税の一面もあり,生涯所得に従った応能原則の性格を持っているともいえる。わが国の地方個人所得税（住民税）は,税率が一律（10％）で,国税（課税所得に応じて,5％から40％の6段階）よりも累進度が低く,応能原則の性格は国税レベルでより強く反映されている。

---

[17] もしこのように歳入体系を分離すれば,各々の税収に従った歳出政策の規模が自ずから決まってくることになる。
[18] ただし,地方消費税についてこの考えが適用できるためには,最終消費が生じる地域で課税がなされる仕向地主義（Destination Principle）課税になっている必要がある。

少子高齢化社会にあるわが国において，応益原則が重要となるのは，年金・医療・介護などの社会保障関係費である。第4章で述べた賦課方式（世代間扶養）でのファイナンスは，社会保障サービスの受益者（老年世代）と負担者（若年世代）が乖離する。この，受益と負担の乖離は，第4章で指摘した世代間不公平性のみならず，資源配分の効率性にも影響を与える。第1に，負担者である若年世代の雇用や労働インセンティブに負の影響を及ぼす（第8章8.4節・第9章9.2節，9.3節）。第2に，受益者は社会的費用を認識できずに社会保障サービスの過剰消費をしてしまう（第8章8.5節）。老人向けの社会保障費の財源を，老人自身からの保険料や，老人自身の若年期からの積立金から賄う方法は，自らの負担が財源と直結するので，労働インセンティブへの負の影響は緩和され，また過剰消費を避けるような制度設計に合意しやすくなる。ただ，年金制度の年金純債務をはじめ，受益と負担の乖離を矯正するための費用は莫大であるため，少なくとも過去の債務を減少させていく過程では，応能負担も併用せざるを得ない（第11章11.2節）。

▶ 3．簡素（Administrative Simplicity）

租税制度を管理するには（かなりの）管理負担費用がかかる。徴税コストとしては，以下の2つを念頭に入れる必要がある。第1に，国税庁職員の確保など，税務執行にかかる費用である。これを，税務行政費用（Tax Administration Cost）と呼ぶ。第2に，納税義務を履行するに当たり，申告書を作成する，そのための記録をとる，税理士に相談をするなどの，納税者の側の金銭的・時間的・心理的な費用である。これを納税協力費用（Tax Compliance Cost）と呼ぶ。

異なる税体系は異なる徴税コストをもたらす。また，たとえ同じ税であっても，納税義務手続きの違いによって異なる徴税コストをもたらしうる。所得税の場合で考えよう。所得税の支払い方法は，大まかに言って，雇用者など所得支払者が，所得を支払う際にそれから所得税などを差し引いて国などに納付する源泉徴収課税（Withholding Tax）と，税務署に対して納税者が自分で納税額を計算して申告する確定申告（Tax Return）での支払いの2通りが存在する。確定申告の場合は主に納税者自身が納税協力費用を負担し，源泉徴収の場合は徴収代行者（サラリーマンの所得税や社会保険料の場合は

企業の経理など）が納税協力費用を負担する。納税対象所得の性質によって，これらを使い分けることが，徴税コストの点で重要になる[19]。

● 近代国家の租税構造の推移

近代国家の基幹税とその構造は，(a) 貴金属・酒・たばこ・さまざまな贅沢品といった個別物品税，関税，および土地や自動車などの（固定）資産税，(b) 法人税と累進的個人所得税，(c) 付加価値税，累進度を低く（フラット化）した所得課税，社会保険料などの給与所得からの徴収（Payroll Tax），労働所得と資本所得を区別して課税する「二元的所得税」（Dual Income Tax）というふうに3段階の推移をみせた。以下にその特徴を示す。

まず，近代国家の第1段階（a）では，法的にも管理が必要（ないし容易）な取引対象である，酒・たばこ・不動産・自動車が，課税がしやすい。また，国境を管理する必要に応じて，海外との取引も，徴収コストが低いものとして重要となった。物品税の徴収方法として知られているのが，わが国では酒税や揮発油税の際に用いられる「蔵出し税」である。酒税において，酒蔵から外へ持ち出した時点で課税されていたことから，この名称がついた。揮発油税でいうと，末端のガソリンスタンドよりも，出荷元である製油会社から徴税した方が徴税コストが低いため，蔵出し税方式がとられている[20]。ただ，このカテゴリーは課税対象財が限られ，とりわけ，取引量に応じて査定される税が主であるため，サービスにはほとんど課税されない。そうすると，税収が上がらないばかりか，経済活動の多様化ともに課税・非課税品目の選定作業の煩雑化が問題となる。第2段階（b）は，前述したシャウプ使節団日本税制報告書（シャウプ勧告）がわが国に提言した租税体系に相当する。法制が整備され，法人や個人所得の管理[21]が可能になると，第1段階で

7.3 課税の原則

---

[19] 個人所得税で考える。副業のないサラリーマンの所得は，家族構成など基本的な情報があれば，所得税が計算できるので，源泉徴収制度はわが国の所得税の中心であった。資本所得に関しては，原則的には確定申告が必要であるが，銀行預金や一部の株式の配当・譲渡益など，源泉徴収で徴収される対象が増えつつある。

[20] ただし，地方税である軽油取引税については，蔵出し税にすると，製油所のない都道府県に税収が入ってこないほか，用途に応じて知事の承認による課税免除が認められることとなったため，小売時に課税されることになった。

[21] 法人企業としての登録，企業会計の標準化，雇用に伴う給与収入の政府への通知などによる。

の限られた課税対象の消費・生産ではなくより広範囲の所得（つまり消費・投資活動の源泉（Source））に課税することで，より安定的な税収が得られるようになる。ただ，自営業などの所得や，多様化する資本所得（投資収益・株式配当・さまざまな売買益等）など，捕捉の難しい所得，ないし二重課税の対象となるものが多く，資源配分の効率性や水平的公平性を阻害するようになり，税制の複雑化が避けられない。

第3段階（c）は，広範囲な消費課税と資本所得に対する簡易課税と位置付けられる。広範囲の財・サービスの消費を捕捉することは，第1段階の課税対象財と税収が限られる問題にも，第2段階の資本所得への不公平税制にも，優位に立つことができる。付加価値税の導入が，それを可能にした。税の累進性と必要な税収の多くを，比較的徴税コストが低い労働所得税で確保し，累進課税の難しい資本所得には低率の比例課税を行う（第11章11.3節）。第3段階における税制は，前述したミード報告の後継である，マーリーズ（J. Mirrlees）を委員長とするイギリス税制委員会の報告書（マーリーズ報告）[22] に評価・提言がある。

発展途上国においては，納税の行政コストが高い農業や自営業の割合が高く，税務行政の効率・公平性を高める源泉徴収のシステムも広くは行き渡らないため，税収に占める所得税のウエイトは小さい。累進課税が難しい上で，貧困層が大きい国においては，大衆課税は難しく，また中小の商店や農村の商取引を捕捉できなければ，消費課税の課税ベースも小さくなり，贅沢品に高い税率をかけるなど物品税の役割が大きくなる。他方，第1段階に属する関税の割合も高くなる。これらの税は中立性・経済成長・グローバル経済への対応といった面で不利になってしまうがゆえに，発展途上国ではしばしば「関税を縮小・撤廃し，付加価値税に代替する」ことの是非が，自由貿易協定などを巡る対外的問題と国内生産・消費の効率・公平性を巡る対内的問題を包括した大きな経済問題となる。

22　Mirrlees, J., Adam, S., Besley, T., Blundell, R., and Bond, S.(eds.),(2010). *Dimensions of Tax Design : The Mirrlees Review*, Oxford University Press. および Mirrlees, J., Adam, S., Besley, T., Blundell, R., and Chote, R.（eds.）,(2011). *Tax by Design : The Mirrlees Review*, Oxford University Press.

● 課税の原則：補足的注

　任意の課税体系において,「税金を課税する対象となる範囲」を課税ベースと呼ぶのであった。例えば,消費課税においては,一部の商品を選定して課税する物品税は課税ベースが狭く,付加価値税（消費税）は課税ベースが広い,という言い方をする。一般に,一定の税収を上げるには,課税ベースが狭い方が税率は上がり,課税の中立性（資源配分の効率性）はより損なわれることになる。所得税で考えれば,課税対象の所得や税支払階層が偏れば,公平感にも影響を与えるであろう。また,近代国家の発展によって税務行政のインフラが整うに従い,より広い課税ベースの税体系の方へ租税構造が推移していることも読み取れる[23]。

復習問題

(1) わが国の基幹税である所得税・法人税・消費税は,その税率や対国民所得比で考えて,所得税：(高い/低い),法人税：(高い/低い),消費税：(高い/低い)。適語を選べ。
(2) 「間接税では,税の支払い者と納税義務者が異なるので,税負担の一部が納税義務者からほかの経済主体にシフトする『租税の転嫁』が生じる」という。消費税を例にとり,このことを解説せよ。また,直接税では「租税の転嫁」は生じるか。
(3) 所得税は,水平的公平性を確保するのが難しい税といわれる。例を挙げよ。

発展問題

(1) 「年金保険料が積立方式（第4章4.1節）で運営されていれば,年金保険料負担の国民所得比の大小は,経済学的に重要ではない」このことを解説せよ。また,このことは,国民負担率と財政運営一般に関して,どのような含意を持つか。
(2) 固定資産税と地方消費税は,応益原則の観点から正当化できるか。地方法人税はどうか。

（解答は,本書サポートページを参照。）

---

[23] ただし,課税ベースは広ければよいというものではない。例えば,製造・卸売・小売といった多段階の商取引における売上に対して累積的に課税をする取引高税（Turnover Tax）は,同じ品目を対象に2度も3度も累積的に課税する。このような税は企業の垂直的統合が税負担を下げるので,課税上の組織形態への非中立性をもたらす。付加価値税は,この累積課税を除去するために考案された税である。任意の企業の売上のみを課税ベースとする簡素な取引高税に比べ,付加価値税は,仕入れを適切に控除しなければならないので,取引におけるインボイスの標準化などの,税務行政のインフラが必要となる。

第8章

租税の経済効果Ⅰ
：物品税と生産要素課税

　物品の購入や販売に対して課される税は2つに大別される。個々の物品に対して税率が決められている税を「物品税」（個別物品税）、広い範囲の財やサービスに対して共通の税率が課される税を「一般消費税」（わが国の消費税に相当）と呼ぶ。本章では前者を取り扱う。消費税導入以前のわが国においては、異なる物品に対してさまざまな税率の税が課せられていた。例を挙げると、ゴルフ用品（30％）、大型冷蔵庫や照明器具（20％）、貴金属製品・毛皮製品（15％）、コーヒー（5％）といった形である。現在、日本および先進国における物品税で代表的なものは酒税・たばこ税・ガソリン税である。地方税において導入されているゴルフ場利用税やホテル税・遊漁税などもある。本章では、政府が物品税を導入して市場に介入した場合、当該物品の価格・取引量・そして経済厚生にさまざまな影響が及ぶことを学ぶ。

　他方、企業は、生産者として消費者に対し消費財・サービスを供給する供給者であり、生産活動において労働・資本といった生産要素を需要する経済主体となる。労働に対しては所得税や社会保険料が課せられ、資本に対しては、法人税および配当や株式譲渡益への所得税が、企業および資産投資家の直面する価格に影響を及ぼす。物品税と同様、生産要素課税も、市場均衡や経済厚生へ影響をもたらす。

8.1 基本モデル：物品税

従量税と従価税

ある財（ないしサービス）の取引に税を課す物品税を考える。まず，物品税は，何を課税ベースとするかで2種類に分類できる。一つは，日本のたばこ税のように，課税ベースが財の物理的な単位（たばこの本数など。または，重量や体積など）である税で，従量税（Unit Tax）と呼ばれる。一方，消費税のように，課税ベースを金額（物価）としてパーセンテージが上乗せされるものは従価税（Ad Valorem Tax）と呼ばれる。従量税と従価税は租税行政においては異なる意味を持つが，本章の分析においては，従量税と従価税は実質的な差異をもたらさない。例えば，ある財の物理的数量を X，その生産者価格を p とする。この財に単位当たり τ の従量税がかかれば，消費者は生産者へ pX を支払い，税額は τX となる。他方，当該財への価格に従価税 h（日本の消費税であれば $h=0.05$）が課せられる場合，消費者が支払う税額は hpX となる。すなわち，特定の従量税率 τ がもたらす税負担は，$\tau = hp$ である従価税率 h と同等である。以下では従量税をもとに分析を進めるが，分析の帰結はすべて従価税で置き換えられる。

供給と需要

本節では，特定の財（アイスクリームとする）の市場取引を表す経済モデルを導入し，物品税が市場均衡へ及ぼす影響を学ぶ。

簡単化のために，同じ数の同質な嗜好（効用関数）を持った消費者と，同質な技術（生産関数・費用関数）を持った生産者から成る市場を考える。生産者が受け取るアイスクリームの市場価格（生産者価格）を p と表す。政府は生産者と消費者のアイスクリームの取引に対して単位当たり τ の従量税を課す。すなわち，消費者の支払価格（消費者価格）は商品価格 p ＋物品税 τ である。以下これを，

$$消費者価格 \equiv q = p + \tau \tag{8.1}$$

と表す。

まず、各生産者が生産するアイスクリームの量を X とし、供給行動を描写しよう。生産者は、その財を生産するための費用を、供給のための意思決定の基礎とする。企業はアイスクリームの生産のために労働・資本・原材料などの生産要素を必要とする。いま、第7章で導入した $c(X)$ で X 単位生産するための（最小）費用とする。生産を1単位増加することによる費用の増加分を限界費用 $MC(X)=c(X+1)-c(X)$ とすると、限界費用は生産量の増加につれて増加する（限界費用逓増：第7章図表7-5）。すなわち、限界費用曲線は右上がりである[1]。

企業の目的は、利潤最大化である。その目的を達成するために、企業は所与の価格の下で利潤を最大にするように生産量 X を決定する。利潤＝収入－費用であり、収入＝$p \times X$、費用＝$c(X)$ である。

生産者がアイスクリームを何単位生産するかは、単位販売ごとに受け取る価格 p と、対応する費用の増加 $c(X+1)-c(X)=MC(X)$ の大小から決定される。生産者は与えられた価格 p のもと、$p>MC(X)$ である生産水準は、収入の増加が費用の増加を上回るので、利潤を増加させるために実現させ、$p<MC(X)$ となる生産水準は、逆の理由で実現させない。限界費用逓増の性質から、市場で決定される生産水準において、限界費用 $MC(X)$ と生産者価格の間には、

$$MC(X)=p \tag{8.2}$$

という関係がある。これが**供給関数**（供給曲線）$X=S(p)$ を形成する（**図表8-1**）。

次に、各消費者が消費するアイスクリームの量を X とし、需要行動を描写しよう。消費者はアイスクリームの消費から満足度（効用）を得る代わりに、市場からこの財を購買しなければならない。消費者が消費する財の量 X とそこから得られる効用水準の関係を、第7章で導入した効用関数 $u_X=V(X)$ で表す。より多くの消費はより高い効用を与える。消費者の需要決

---

[1] 限界費用に関する諸性質についての注は、第7章脚注10を参照のこと。

■図表 8-1　供給関数の導出

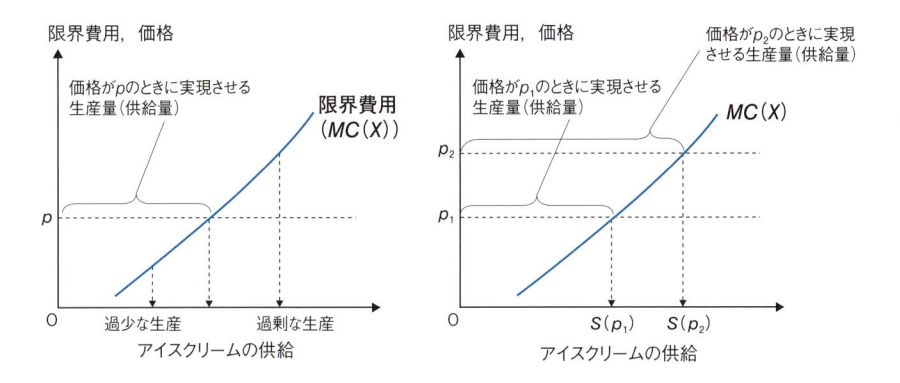

定で重要なのは、もう１個のアイスクリームを食べたときの効用の増分 $MU(X)=V(X+1)-V(X)$ である。これを**限界効用**（Marginal Utility）と呼ぶ。典型的には、アイスクリームの消費が多いほど、追加的に得られる限界効用はより少なくなり、限界効用曲線は右下がりである（限界効用逓減：第7章図表7-6）。

他方、消費には $q \times X = qX$（円）だけの支払をしなければならない。消費者がアイスクリームの消費を何単位するかは、$V(X)$ で表される便益と、支払にかかる費用とのトレードオフを比較考量することで決定される。意思決定に重要なのは、単位ごとに支払う価格 q と、対応する効用の増分 $V(X+1)-V(X)=MU(X)$ の大小である。消費者は与えられた消費者価格 $q=p+\tau$ のもと、$MU(X)>q$ である消費水準は、追加的な消費から得られる満足（消費の限界効用）が支払の費用を上回るので実現させ、$MU(X)<q$ となる消費水準は、消費の限界効用が支払に届かないので実現させない[2]。限界効用逓減の性質から、市場で決定される消費水準において、限界効用 $MU(X)$ と支払価格の間には、

---

[2] このような考察から、限界効用は、消費者が１単位の財・サービスに対して支払ってもよいと思う最大額を表していることが分かる。ここでの限界効用は、支払許容額（Willingness to Pay）とも呼ばれる。

■図表 8-2　需要関数の導出

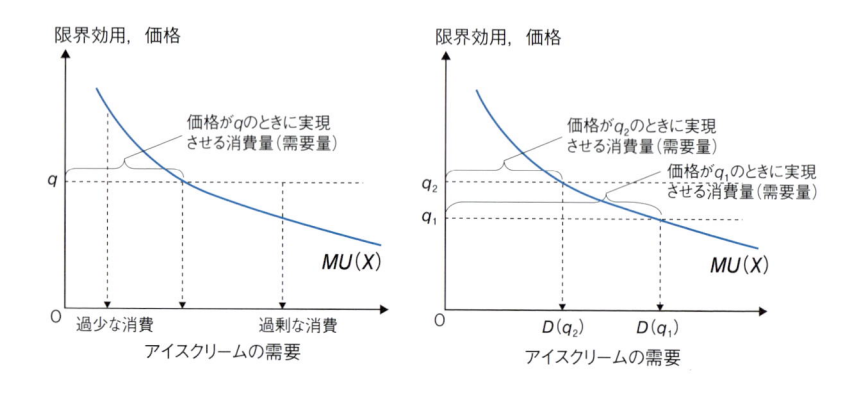

[左図] 限界効用，価格／q／価格がqのときに実現させる消費量（需要量）／過少な消費／過剰な消費／$MU(X)$／アイスクリームの需要

[右図] 限界効用，価格／q_2, q_1／価格がq_2のときに実現させる消費量（需要量）／価格がq_1のときに実現させる消費量（需要量）／$D(q_2)$, $D(q_1)$／$MU(X)$／アイスクリームの需要

$$MU(X) = p + \tau \tag{8.3}$$

という関係がある。これが**需要関数**（需要曲線）$X=D(q)$ を形成する（**図表 8-2**）。

▶ 需給均衡

　市場における各経済主体は，政府が設定した物品税τと，市場価格pを所与のもとで，図表 8-1 における供給行動，図表 8-2 における需要行動を行う。ここでは，市場価格が適切でなければ，財の需要と供給は一致しない。需給均衡に到達するメカニズムは，通常のワルラス（L. Walras）によるものを考えよう。価格を調整する仲買人が，需要が供給を上回る（下回る）際に価格を上昇（下落）させるように価格を調整すると，市場の超過需要（超過供給）が減少する方向で数量が調整される。需給均衡では，$D(q)=S(p)$[3]，すなわち $D(p+\tau)=S(p)$ となるように価格が決定される。以下ではそのような p の値を p^*，対応する消費者価格を $p^*+\tau \equiv q^*$ と表す。

　租税による政府介入がある場合，図表 8-3 における需給均衡は，通常の需

---

[3] 一般には，市場均衡は，すべての消費者の需要量を足し合わせた「市場需要」と，すべての生産者の供給量を足し合わせた「市場供給」の一致で求められる。本章では，同じ数の同質な消費者と，同質な技術を持った生産者から成る市場を考えていたので，需給均衡価格が満たす条件は $D(q)=S(p)$ で差し支えない。詳しくは補論を参照。

■図表 8-3　需給均衡

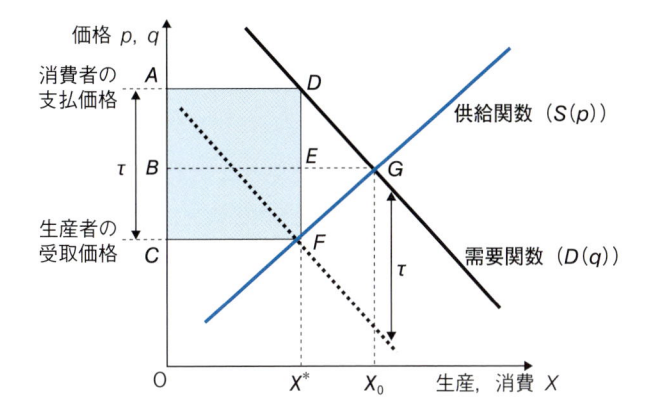

要関数と供給関数の交点では表されない。図において，右下がりの需要曲線は $q=p+\tau$ の関数，右上がりの供給関数は p の関数なので，生産者価格の間と消費者価格の間にギャップが存在する。**税のくさび**（Tax Wedge）と呼ばれるこのギャップは，需給均衡を以下のように決定する。消費者は，生産者がつけるアイスクリームの価格（p）に上乗せして租税 τ を支払うのであるから，需給均衡の数量（図表 8-3 の点 X^* に対応）では，消費者の支払価格（図の点 D の縦座標）と生産者の受取価格（図の点 F の縦座標）の距離がちょうど τ と等しくなければならない。(8.2) および (8.3) から，需給均衡の数量 X^* と税率との間には，以下のような関係がある：

$$MC(X^*) = MU(X^*) - \tau \tag{8.4}$$

(8.4) は，供給を表す限界費用曲線が，消費者の限界効用から縦に税額を差し引いた値（図表 8-3 における右下がりの点線）と交わるところで，需給均衡が決定することを示している。図表 8-3 において，市場均衡でのアイスクリームの取引によって生じる納税額は，$\tau \times X^* =$ 線分 $AC \times$ 線分 $CF =$ 四角形 $ACFD$ の面積で表される。

8.2 いくつかのポイント

▶ポイント1：租税の帰着（Tax Incidence）

本節で定義した物品税（8.1）においては，物品税は消費者が支払い，生産者は，自らの受取価格 p に租税 τ を上乗せした形式で取引が行われる。しかしながら，消費者は租税が上乗せされた価格に従って需要を減少させる。図表 8-3 では，例えば生産者が，租税がないときの需給均衡の数量（同図の点 X_0 に対応）を生産しても，その数量での買い手の限界効用から税を差し引くと，生産者が要求する限界費用を下回るため，需要は供給を下回る。租税があるもとで需給を均衡させるには，生産者は価格と供給を引き下げざるを得ない。

租税を伴う需給均衡において，税負担の一部が生産者に移っていることは，図を用いて以下のように理解できる（図表 8-4）。租税がないときの市場均衡価格を p_0 とすると，図表 8-3 での納税額 $ACFD$ は，租税による消費者価格上昇分 $AB = q^* - p_0$ がもたらす消費者の支払（四角形 $ABED$）と，生産者価格下落分 $BC = p_0 - p^*$ がもたらす生産者の支払（四角形 $BCFE$）に区

■図表 8-4　租税の転嫁

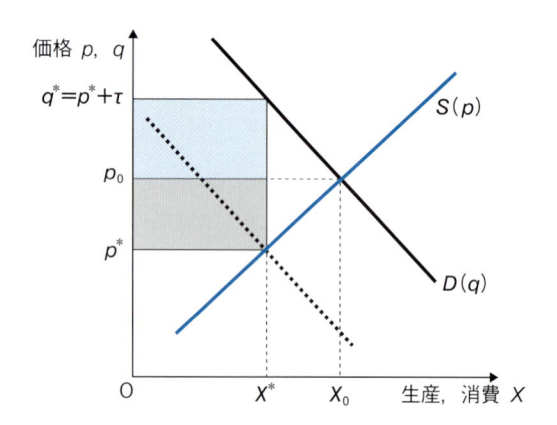

分できる。このように考えると、物品税の実質的な負担は、支払い者である消費者のみならず、生産者にも及んでいる。この状況を、「生産者に税の一部が転嫁している」と呼ぶ。

転嫁のパターンを考慮した上で、税負担が最終的にどの経済主体にどの程度帰属するかを示すものを「租税の帰着」と呼ぶ。ここでの消費者支払いの物品税のように、ほとんどの租税はその負担が、税の支払い者に100%帰属するものでなく、その帰着をできるだけ正確に知る必要がある。

▶ ポイント２：税法上の税負担者の無関連性

今度は、物品税が消費者に対してではなく生産者に課せられた場合を考える。

この場合租税の支払義務が生じた生産者の利潤は、収入−費用−納税で表され、収入$=p \times X$、費用$=c(X)$、納税$=\tau \times X$である。そうすると、利潤$=(p-\tau) \times X - c(X)$と変形できるので、(8.2)で導出された企業の利潤最大化行動は、税引き後の限界収入$(p-\tau)$と限界費用$MC(X)$との均等化条件となる：

$$MC(X) + \tau = p \tag{8.2}'$$

図表 8-5 の点線は (8.2)′の左辺を表す。供給の意思決定を表す限界費用曲線が「税込」で表され、縦に納税額を足し合わせた形で示されている。

他方、税の支払義務のない消費者の意思決定は、支払価格pと限界効用について、$MU(X)=p$と表されるが、(8.2)′より任意の価格での生産量は下がっている。需給均衡条件は、(8.2)′と$MU(X)=p$から、

$$MC(X^*) + \tau = MU(X^*) \tag{8.4}'$$

が導出される。(8.4)′は、供給を表す税込の限界費用曲線（図表 8-5 における右上がりの点線）が、消費者の限界効用と交わるところで、需給均衡が決定することを示している。(8.4)′が示す均衡取引量は (8.4) と同じである。図でいうと、図表 8-3 における需要曲線の下方シフトと、図表 8-5 における供給曲線の同じ幅の上方シフトは、同じ均衡取引量をもたらすのである。納

■図表 8-5　需給均衡（物品税が生産者に課された場合）

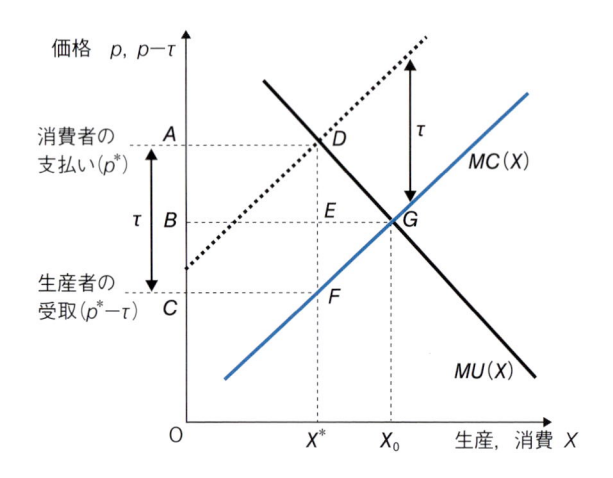

税額も $\tau \times X^*$（四角形 $ACFD$ の面積）で同様，租税の帰着が，市場価格の上昇（$p^* > p_0$）による消費者の支払（四角形 $ABED$）と，生産者の限界収入の下落（$p_0 > p^* - \tau$）による生産者の支払（四角形 $BCFE$）に区分できるところも全く同じである。すなわち，税法上の税負担者の違いは均衡取引量・税収・帰着の**いずれにも**影響をもたらさない。

▶ポイント３：租税の死重損失（Dead-Weight Loss）

　第３のポイントとして，租税が経済厚生に与えている影響を考察する。図表 8-6 は，議論を具体化するために，数値を代入してみたものである。この場合，租税がないときの市場均衡において，アイスクリームの価格（p_0）は100円，各消費者は，（１カ月当たり）11個のアイスクリームを買う。１単位当たり６円の物品税（τ）が導入されると，アイスクリームの取引は７単位に減少し，消費者価格（q^*）は103円，生産者価格（p^*）は97円となる。租税負担は，消費者と生産者によって分担される。

　ここで，租税がなかった時には実現していた８単位目の生産・消費がなぜ租税によって阻害されるかを考察することが，厚生損失の性質の解明と定量

■図表 8-6　租税の死重損失

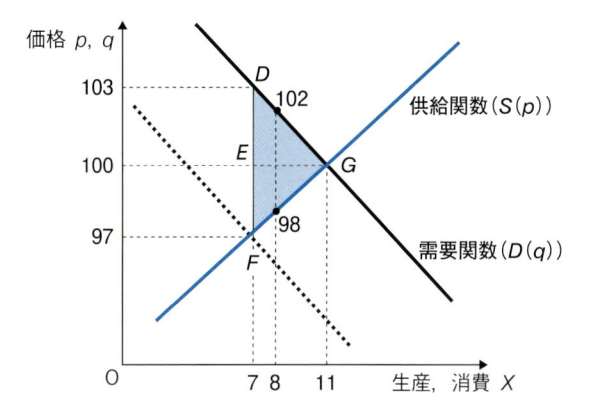

化に役立つ。いま，消費者の 8 単位目の消費の限界効用が 102 円，生産者の対応する限界費用は 98 円であったとする。買い手の支払許容額が売り手の単位費用を上回っているので，取引から売り手・買い手はともに利益を得ることが可能であるが，租税（$\tau=6$）は消費者・生産者が合わせて得られる利益（$102-98=4$）を上回るので，この取引は妨げられ，それに伴い 4 円分の逸失利益が生じる。同様の考察は 9 単位目・10 単位目についても可能である。一般には，このような逸失利益は消費者サイドでは三角形 DEG，生産者サイドでは三角形 EFG の面積で表され，合わせた三角形 DFG の面積を**死重損失**（Dead-Weight Loss；死荷重，超過負担）と呼ぶ[4]。死重損失の発生は，消費者の効用と生産者の利潤が奪われていることを意味し，効率性の観点からは望ましい資源配分がなされていないことを意味する。

4　生産者余剰（売り手が財を売って得た金額から限界費用を差し引いたもの。価格よりも下で供給曲線よりも上の部分を示す）と消費者余剰（買い手の支払許容額から実際に支払う額を差し引いたもの。需要曲線よりも下で価格よりも上の部分の面積を示す）の概念からは，死重損失は以下のように説明できる。租税により，生産者価格の下落に伴う生産者余剰の減少（利潤の減少）は，図表 8-3 の台形 $BCFG$ で表され，消費者価格の上昇に伴う消費者余剰の減少は図表 8-3 の台形 $ABGD$ で表される。これらの和（五角形 $ACFGD$）は，納税額（$ACFD$）を上回る（死重損失が「超過負担（Excess Burden）」とも呼ばれる所以である）。上回った分が，三角形 DFG である。

▶供給・需要の価格弾力性との関係

以上で考察した帰着(価格変化および租税負担割合に及ぼす効果)や死重損失の程度は，需要曲線と供給曲線の性質に依存している。具体的には，価格変化に対して供給量・需要量の変化する度合いの大きさが重要となる。

まず，供給関数から考察をはじめる。**供給の価格弾力性**は，供給量の変化率を価格の変化率で割って計算される：

$$\text{供給の価格弾力性} = \frac{\text{供給の変化率（\%）}}{\text{価格の変化率（\%）}} \tag{8.5}$$

例えば，アイスクリームの価格が200円から220円に上昇したときに，生産者の販売量が8個から10個に増加すると，供給の変化率は$(10-8)/8=25\%$，価格の変化率は$(220-200)/200=10\%$であり，供給の価格弾力性は$2.5(=25/10)$となる。

同様にして，**需要の価格弾力性**は，

$$\text{需要の価格弾力性} = -\frac{\text{需要の変化率（\%）}}{\text{価格の変化率（\%）}} \tag{8.6}$$

需要関数は右下がりであるので，価格の変化率と需要の変化率は逆の符号を取る。ゆえに，符号を正にするために，右辺にはマイナスをつけている。

需要ないし供給の価格弾力性の大きさに関する，いくつかの代表的なケースにおいて，帰着(ポイント1)および死重損失(ポイント3)のパターンを見ていこう(**図表 8-7**)。

ケース(a)は，市場供給が価格変化に対して全く変化しない場合である。(8.5)より，供給の価格弾力性は0である。この場合，需要曲線を下方シフトさせたものと供給曲線の交点のX座標は不変($X^*=X_0$)である。このとき，需要曲線が消費者価格(q^*)を決め，それはp_0と等しく，(8.1)より$p^*=p_0-\tau$となる(物品税分を全部生産者が引き受ける)。消費者は支払う価格も購入量も租税導入前と同じなので，消費者の厚生に変化はなく，他方生産者の価格(および利潤)が税率分そのまま減少するので，租税は100%生産者に帰着している。また，租税による取引の阻害がないので，死重損失$=0$である。

ケース(b)は，市場価格が少しでも変化すると供給が大きな反応を示す

■図表 8-7　租税の帰着，死重損失と弾力性

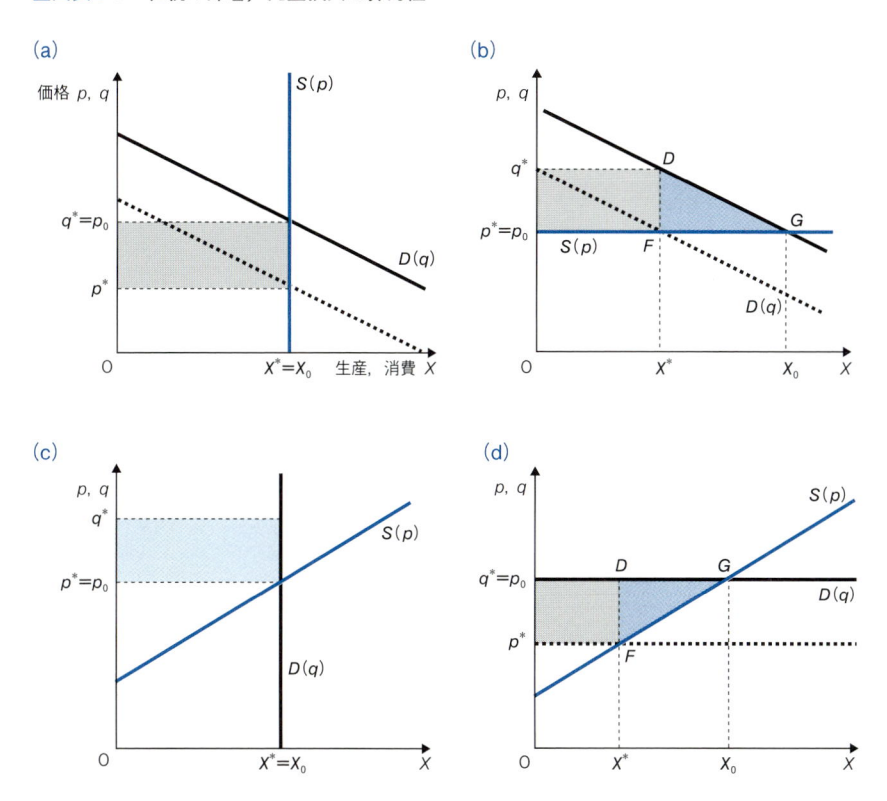

場合である（「供給の価格弾力性が∞である」という）。この場合，水平に描かれた供給曲線が均衡生産者価格（$p^*=p_0$）を決めてしまう。消費者価格 q^* は $p_0+\tau$ であり，消費者の価格が税率分そのまま上乗せされるので，租税は 100％ 消費者に帰着している。また，死重損失＝三角形 DFG である。

ケース（c）は，市場需要が価格に全く反応しない場合であり，(8.6) より，需要の価格弾力性は 0 である。この場合，ケース（a）同様，市場均衡の X 座標は不変（$X^*=X_0$）である[5]。この場合，供給曲線が生産者価格

---

[5] 図表 8-3 とのアナロジーで注意すべきは，ケース（c）において需要曲線はシフトしない（下方シフトさせた需要曲線は元の需要曲線と同じと考える）。「租税が需要曲線を左にシフトさせて均衡取引量が減少する」と誤解することのないこと。

(p^*) を決め，それは p_0 と等しく，(8.1) より $q^* = p_0 + \tau$ となる。消費者の価格が税率分そのまま上乗せされるので，租税は100%消費者に帰着している。また，租税による取引の阻害がないので，死重損失＝0である。

ケース (d) では，需要の価格弾力性が∞である。この場合，水平な需要曲線が均衡消費者価格 ($q^* = p_0$) を決めてしまう。$p^* = p_0 - \tau$ となり，生産者の価格が税率分そのまま減少するので，租税は100%生産者に帰着している。また，死重損失＝三角形 DFG である。

以上の4ケースは，より一般的に成立する以下の事実をよく表している：
(i) 税はより非弾力的なセクターに帰着（転嫁）する。
(ii) 租税の死重損失は需要・供給の価格弾力性が大きいほどより大きい。

8.3　最適課税

(8.5), (8.6) の定義，および図表8-7の議論から分かるとおり，供給の価格弾力性が大きければ大きいほど供給曲線は水平に近い。需要の価格弾力性と需要曲線についても，同様のことがいえる。図表8-8は，同様の供給曲線のもとで，需要の価格弾力性が相対的により小さいケース（左）とより大きいケース（右）を比較し，同額の従量税が，均衡取引量の縮小と死重損失に与える大きさを比べたものである。図より明らかなとおり，需要の価格弾力性がより小さい財に課税した場合の死重損失の方がより小さいことが分かる。供給の価格弾力性についても，同様のことがいえる。

課税の**効率性**（**中立性**）の観点からは，課税に伴う死重損失を最小にするというのが重要になる。このとき，需要・供給の価格弾力性がより低い財により高い課税をするのが望ましい。この命題は発見した経済学者ラムゼイ（F. P. Ramsey）の名を用い，**ラムゼイルール**ないし逆弾力性ルールと呼ばれる[6]。

価格弾力性は一般に，基礎的な食料や衣類といった必需品において低く，ぜいたく品において高い。従ってラムゼイルールは課税の（垂直的）**公平性**の観点からは必ずしも支持されない。ここに，あるべき租税ルールにおける

■図表 8-8　価格弾力性と死重損失

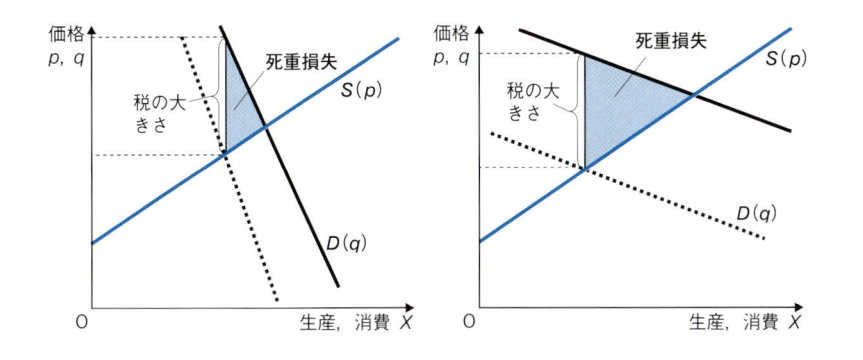

効率-公平のトレードオフが再見される。課税の垂直的公平性と効率-公平のトレードオフを考慮に入れた，社会厚生を最大にする最適物品税の研究においては，効用関数に関するある一定の仮定のもとで，ぜいたく品にも必需品にも一律の従価税を課すことが最適になることが示されている[7]。

図表 8-9 は，同じ財から得られる税収を増加させるために税率を2倍に引き上げたときの死重損失の増加を示したものである。線形の需要曲線を仮定する。税率（τ）を2倍に引き上げると均衡取引量の減少幅（図表 8-3 の $X_0 X^*$）も2倍になるので，死重損失は4倍になる。従って，同様の性質の財には，同率の課税をする（例えば，コーヒーに課税され，紅茶に課税され

---

[6] Ramsey, F. P. (1927). A Contribution to the Theory of Taxation. *Economic Journal*, 37, 47-61. 政府が公共サービスへのための所与の支出額を賄うために，同質な消費者（8.1節の仮定を想起）の効用をできるだけ損なわないように（すなわち死重損失を最小にするように），n 個の財から物品税を徴収する。財 i（$i=1, ..., n$）の供給の価格弾力性を η_i^s，需要の価格弾力性を η_i^d と表す。死重損失を最小にする税率（最適税率と呼ぶ）は，財 i（$i=1, ..., n$）について，$\frac{t^i}{q^i} = \frac{1/\eta_i^d + 1/\eta_i^s}{1/a + 1/\eta_i^s}$ を満たす（a は正の定数）。$\eta_i^s = \infty$ のケース（ミクロ経済学における長期均衡など）では $t^i/q^i = a/\eta_i^d$ と表され，最適税率は需要の価格弾力性と反比例する。ラムゼイルールの証明と関連した議論は，J. スティグリッツ（著）薮下史郎（訳）(2004)『スティグリッツ公共経済学〈下〉——租税・地方財政・マクロ財政政策（第2版）』（東洋経済新報社）20章と常木　淳（2002）『公共経済学（第2版）』（新世社）6章を参照。

[7] 例えば，Atkinson, A. B. (1977). Optimal Taxation and The Direct and Indirect Tax Controversy. *Canadian Journal of Economics*, 10, 590-606. および Deaton, A. S. (1979). Optimally Uniform Commodity Taxes. *Economics Letters*, 2, 357-361. などを参照。

■図表 8-9　税率と死重損失

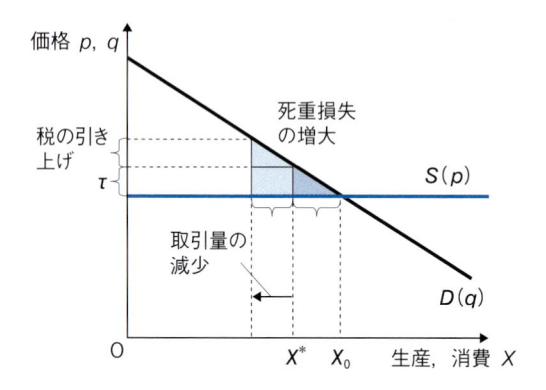

ていないケースにおいて，コーヒーの税率を半減し，紅茶に同率で課税する）ことで，死重損失を半減できる。

すなわち，中立性（効率性）の観点からは，できるだけ「**広く薄い**」税体系が望ましい。異なる物品に異なる税率（ものによっては20％や30％）が課せられ，他方でサービス業を中心に非課税品目が多かった物品税が，消費税（原則としてすべての財・サービスへの課税。導入時は3％）に移行したのは，それなりの理由があった。

8.4　生産要素への課税

これまで述べてきたいくつかの性質は，生産要素への課税についても当てはまる。いくつかの応用例を示そう。

▶ 労働市場：社会保険料の帰着

労働者の雇用先が厚生年金や共済年金といった公的年金，健康保険や共済保険といった公的医療保険に加入している場合は，労働者の給与から社会保険料が天引きとなる。この社会保険料は，「労使折半」と呼ばれ，給与から

■図表 8-10　労働需給均衡（労使折半の社会保険料の場合）

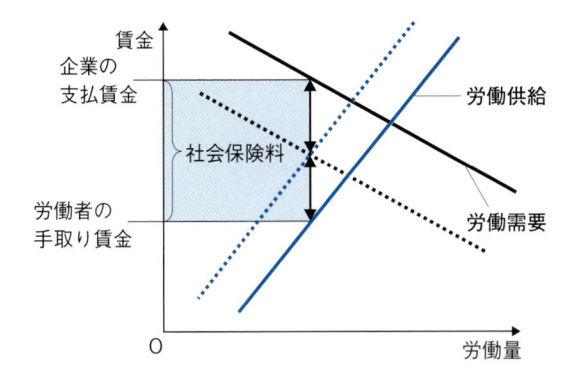

発生する保険料の 50% が雇用主（労働需要者）によって，残りの 50% が労働者（労働供給者）によって支払われている。社会保険料を労働サービスへの課税とみなせば，労使折半は，8.1 節の需要者負担のケース (8.4) と 8.2 節の供給者負担のケース (8.4)′ の中間ととらえることができる。そのようなケースが図表 8-10 にて示されている。政府が定めた社会保険料は，労働者にとっては「手取り賃金」である税引き後労働所得を減少させるために労働供給曲線が上方にシフトし，雇用主にとっては，労働コスト負担の純便益を下げるので労働需要曲線が下方にシフトする。ここで，社会保険料負担を，労使折半から「全額雇用主負担」に変更させたとする。このとき，労働供給曲線の上方シフトがなくなるが，他方，全く同じ幅だけ労働需要曲線が下方へシフトし，(8.4) と (8.4)′ の等価性と同様，労使の負担比率の変更は，均衡雇用量や社会保険料負担に影響をもたらさない。また，帰着に関しても同様で，全額雇用主負担であっても，実質的な負担は労働者に（一部）転嫁される[8]。

---

[8] 社会保険料の負担が事業主と労働者にどのように帰着するかについての実証分析においては，幅広い結果が得られており，評価はまだ定まっていない。岩本康志・濱秋純哉 (2006)「社会保険料の帰着分析：経済学的考察」（季刊社会保障研究，第 42 巻第 3 号，204-218.），Hamaaki, J., and Iwamoto, Y. (2010). A Reappraisal of the Incidence of Employer Contributions to Social Security in Japan. *Japanese Economic Review*, 61, 427-441. などを参照。

▶非弾力的生産要素に関する課税は可能か

図表 8-7(b)で見たように，供給の弾力性が大きい財やサービスへの税負担は，需要者によって負担される。生産要素に関しては，代表的な例として，国際資金移動が完全である**小国開放経済**（Small Open Economy）における資本が考えられる。国際資金移動が完全である場合は，貯蓄者（資本供給者）は収益として世界利子率（r^*）を要求し，収益が r^* より低い場合には資本は全く供給されない（図表 8-7(b)の縦座標を利子率（r），$p_0 = r^*$ として議論を応用されたい）。法人税など，企業の資本収益への税の負担は，資本需要者である企業に 100% 転嫁される[9]。

他方，図表 8-7(a)や 8.3 節で見たように，供給の弾力性が 0 ないし小さい財やサービスへの税負担は，供給者によって負担され，また死重損失（租税の存在による超過厚生損失）もゼロないし相対的に小さい。生産要素に関しても，同じ議論が可能である。古典的な例の一つは**土地**である。土地の供給量は一定である。基本モデルの帰結を当てはめると，価格に対して非弾力的な供給要素に対する税は，供給者（地主）の 100% 負担であり，需要者（賃貸人や企業）に転嫁せず，また死重損失も生じない。加えて，地主が富裕層に限られていれば，必需品課税と異なり，土地課税は垂直的公平性にも資する。19 世紀にはヘンリー・ジョージ（H. George）がこのような考えを進め，政治運動にまで発展した。

基本モデルのように，転嫁や死重損失を生まない土地課税のありうる形態の一つは，**未開発**の土地に課税することである。しかし現実には，土地自体の価値を土地開発の価値と区別することは困難であり，開発や用途に従い税負担が増加・変化するような税体系であれば，税の存在は非中立的な影響を与えることとなる。国土全体では，商業的価値が限られた荒れ地などが多くを占めるが，土地**開発**の供給弾力性はゼロではないのである。また，宅地・商工業・農業など，異なる土地の使途（Use）には異なる税負担が及ぶ。従って，土地税の存在は転嫁や死重損失と無縁ではない。

同様の例としては，原油（Crude Oil）などの天然資源がある。これもや

---

[9] 閉鎖経済で法人・非法人企業の資本利用率が異なるケースや，大国間で貿易・資本取引があるケースなどでは，転嫁のパターンはさまざまである。

はり，多岐にわたる石油の用途に対して中立的な税制，また油田開発のインセンティブを阻害しない税制の設計は難しい。

8.5 応　用

▶ 応用1：企業課税の課税ベースと帰着[10]

　ここでは，基本モデルにおける生産者（企業）への課税が，その課税ベースの設定に応じてどのような帰着の違いを示すかを考察する。帰着に関する議論が明らかにするのは，「法人税」は「法人企業が100％負担する税」**ではない**，ということであり，このことは税制の政策論議において強調に値する。

　本項では，企業には政府が設定した課税ベースに応じて法人税 τ^F（$0<\tau^F<1$）が課されるとする。法人税の課税ベースは原則としては利潤（法人所得）であるが，複雑な企業の活動に対して経済学的な利潤（利潤の概念は経済学と会計学で異なる）を税務当局が完全に把握することは難しい。基本モデルにおいては利潤＝収入（$p\times X$）−費用（$c(X)$）であった。ここでは，税務当局は収入を100％把握し課税ベースに含めるが，費用については割合 β（$0\leq\beta\leq1$）しか把握できず，$\beta\times c(X)$ のみが課税上の費用として控除されるとする。すなわち，

$$
\begin{aligned}
\text{法人税} &= \text{法人税率}\times\text{課税ベース} \\
&= \text{法人税率}\times(\text{収入}-\text{控除}) = \tau^F\times(pX-\beta c(X))
\end{aligned} \tag{8.7}
$$

　生産者の税引き後利潤は，収入−費用−法人税　と表されるので，(8.7) を参照して変形すると，

---

[10] 本項は，林　正義・小川　光・別所俊一郎（2010）『公共経済学』（有斐閣，pp.34-36.）に基づく。法人税が投資や生産などの活動にもたらす影響や帰着の詳細な分析は，上級の話題に属するので本書では割愛した。

$$\begin{aligned}\text{税引き後利潤} &= \text{収入} - \text{費用} - \text{法人税} \\ &= (1-\tau^F)pX - (1-\tau^F\beta)c(X)\end{aligned} \quad (8.8)$$

と変形できる。

以下では $\beta=1$（費用が100％控除されるケース）と $\beta=0$（費用が全く控除されないケース）の2つについて考察を進めよう。まず、$\beta=1$ のケースでは、(8.8) は以下のように変形できる：

$$\text{利潤} = (1-\tau^F)(pX - c(X)) \quad (8.8)'$$

税引き後の利潤は税引き前の利潤に正の定数 $(1-\tau^F)$ を掛けた値であるから、τ^F を所与として行動する生産者は括弧内の $pX-c(X)$ を最大にするように X を選択する。つまり、(8.8)′ に基づいた企業の生産量の選択は (8.2) と同一であり、法人税の存在によって変化しない。従って、税務当局が完全に費用を把握し控除する場合、法人税は企業の生産量に対して中立的である。

しかし、より現実的な $\beta<1$ の場合には、企業の利潤最大化行動は、(8.8)′ における税引き後の限界収入 $(1-\tau^F)p$ と限界費用 $(1-\tau^F\beta)MC(X)$ との均等化条件となる。とりわけ、$\beta=0$ のケースでは、利潤最大化条件は、$(1-\tau^F)p = MC(X)$、すなわち、

$$MC(X) + \tau^F p = p \quad (8.2)''$$

となる。(8.2)″ では (8.2)′ 同様、企業の供給の意思決定を表す限界費用曲線が「税込」で表され、縦に単位当たり納税額 $\tau^F p$ を足し合わせた形で示されている。図表8-5 同様、法人税は供給曲線の上方シフトをもたらし、需給均衡での生産量を減少させる。帰着に関する含意は、**物品税（消費課税）と同一**であることに注意されたい。すなわち、税務当局が完全に費用を把握できない場合、法人税は企業の生産量に対して中立的ではなく、法人税負担は消費者に転嫁される。企業は財・サービスの生産者であると同時に、生産要素の需要者であるから、法人税に伴う生産量の縮小は、雇用や資本需要にも影響を及ぼす。法人税の転嫁のパターンは複雑であるが、税負担や厚生損

失は，企業活動に関わるさまざまな経済主体に及ぶことが分かる。

本項の議論から，法人税に関する議論は，税率のみならず**課税ベース**に関しても議論をしなければ完全なものではないことが分かる。$\beta<1$の場合，租税による生産への影響や死重損失は，τ^Fが高いほどより大きくなる。また，税率τ^Fが高いほど，企業側が税負担を下げるためにより高いβを政治的に要求する土壌ができやすくなるが，過剰な控除[11]は課税ベースを縮小させ，税収を下げてしまう，という悪循環につながりうる。これらに伴う厚生損失が大きい場合には，法人税率を下げることが選択肢となる。また，$\beta=0$のケースが，消費課税と同一の経済効果をもたらすという点は，注目に値する。

▶ 応用2：補助金の帰着と死重損失

租税の帰着と死重損失を導出した基本モデルは，政府による家賃や米価の統制，および医療や介護などの公的サービスへの補助金に対しても応用できる。いま，農産物（**図表 8-11** 上）と医療（**図表 8-11** 下）に対する補助金を考える。政府は市場取引に対して単位当たりsの従量補助金を与えるとしよう。すなわち，消費者の支払価格（消費者価格）は商品価格p－補助金sである：

$$消費者価格 \; q = p - s \tag{8.1}'$$

補助金による需給均衡は，需要曲線を補助金額分上方シフトさせたもの（**図表 8-11** 上における右下がりの点線）が供給曲線と交わるところで決定される。図のDFの距離が補助金sに相当する。市場均衡での農産物への補助金額は，$s \times X^* = $線分$AC \times $線分$CF = $四角形$ACFD$の面積で表される。

農産物への補助金というと，便益は農家に帰属すると連想するかもしれないが，帰着の議論はここでも可能である。**図表 8-11** 上では，**図表 8-4** と同様，補助金による生産者（農家）の受取価格p^*は，補助金前の市場均衡に

---

11 企業の資本保有や投資に関する控除を高める方法としては，資本の減価償却費（機械や設備が時間の経過と使用に伴い資産価値を減少させる分）を通常の耐用年数よりも短い期間で認める加速度償却（Accelerated Depreciation）や，投資金額のすべてないし一定割合を控除に含める投資税額控除（Investment Tax Credit）がある。

図表 8-11 補助金の帰着（上）と死重損失（下）

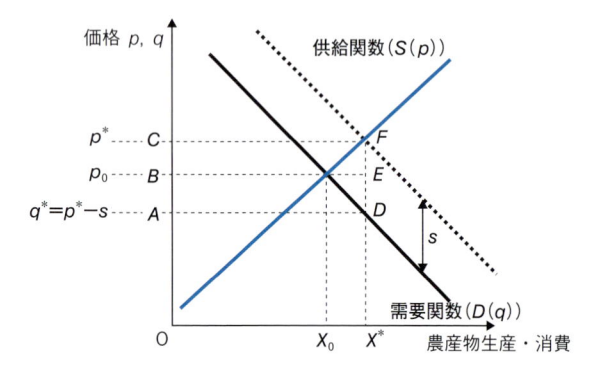

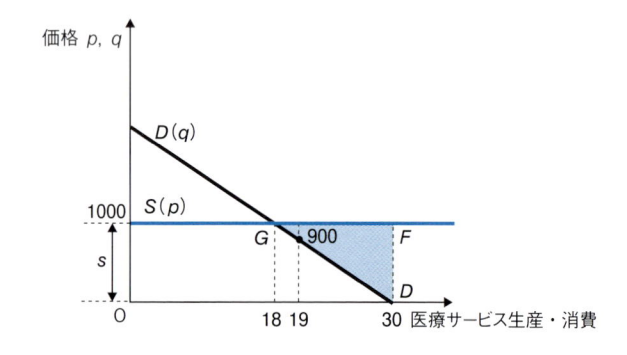

補助金を上乗せしたものではない（$p^* < p_0 + s$）。補助金の便益の一部は，消費者価格の下落（$q^* < p_0$）に反映されるからである。補助金を受ける生産者が低所得者である一方，その財の消費者には高所得者が含まれる場合，帰着をすべて考慮した政策のメリットは，垂直的公平性からは必ずしも正当化されない。

　補助金の死重損失の議論は，図表 8-6 における議論とパラレルである。図表 8-11 下は，補助金がなかった時には実現していなかった何単位かの生産・消費が，補助金によって実現している。簡単化のために医療サービスの限界費用は一定としよう。消費者の 19 単位目の消費の限界効用が 900 円，

生産者の対応する限界費用は 1,000 円であったとする。買い手の支払許容額が売り手の単位費用を上回っているので，取引の社会的純便益は負であるが，補助金によってこの取引が実現してしまう。消費者への便益が 900 円である 1,000 円の費用のサービスを補助金でサポートしている（なお一般には，ここでの生産者・消費者以外の経済主体への課税を補助金の財源とする）ので，社会には 100 円分の死重損失が発生する。同様の考察を 20 単位目から 30 単位目まで進めると，死重損失は三角形 DFG の面積で表される[12]。

　老人医療費は，かつて自己負担分が無料であったが，乱診乱療などの医療資源の浪費が問題となった。図の座標 D が，そのような現象を表している。このような損失を小さくするには，いくつかの方法が考えられる。一つは，補助金額（s）を下げることである。老人医療費を無料にするのではなく，一定額を消費者に支払ってもらう形にすれば，需要量が下がり，死重損失も軽減される。いま一つは，補助金の財源を老人からの保険料（ないし老人自身の若年期からの積立金）から賄う方法である。補助金の受益者（ここでの消費者）と負担者（ここでの，補助金の財源としての税負担をする者）が異なっていれば，受益者は社会的費用を認識できずに過剰消費をしてしまうが，自らの負担がその財源となるならば，過剰消費を避けるような制度設計に合意しやすくなる。

▶ 応用 3：異時点間の税負担

　第 3 章で扱ったライフサイクルモデルでは，以下のような生涯消費決定に関する予算制約式（異時点間の予算制約式）を議論の出発点とした。消費者の消費活動を C_1（今期の消費），C_2（将来の消費）に分ける。生涯所得の割引現在価値（(3.1c) 右辺）に関する議論はここでは省略して，生涯所得を単に Y と表す。異時点間の予算制約式は，以下のように表された：

$$C_1 + \frac{1}{1+r} C_2 = Y$$

---

[12] 医療保険がもたらす「道徳的危険（Moral Hazard）」と呼ばれるもので，Pauly, M. (1968). The Economics of Moral Hazard : Comment. *American Economic Review*, 58, 531-537. によって指摘された。

ここで、C_1 と C_2 を異なる消費財と取り扱い、異時点間の税率の選択を考える。すなわち、各期の消費税率を $\tau_t \, (t=1, 2)$ として、3.3節 (3.1c)''' のように、

$$(1+\tau_1)C_1 + \frac{(1+\tau_2)C_2}{1+r} = Y$$

とし、8.3節における最適課税の議論のように、C_1 と C_2 に対する差別的課税の是非を考察することが可能である。8.3節における最適課税の議論では、価格弾力性など、課税対象財の特性が、ありうる差別的課税の根拠となったが、ここでの C_1 と C_2 には、価格弾力性などが異なるという根拠はないので、課税の厚生損失を最小にするためには、時間を通じて消費税率を一定に保つことが望ましく、差別的課税の必要は**ない**。このような考えを**課税平準化**(Tax Smoothing)という。財政運営が課税平準化と整合的であったかは、実証分析により評価できる。わが国の財政運営は、実証分析によると課税平準化と整合的ではない[13]。

では、課税平準化の議論をもとに、いくつかの考察をしよう。

第1に、財政赤字削減の必要性を共有しながらも、経済の長期低迷の中では、「消費税引上げは時期尚早」という意見は根強く存在する。他方、本章で示したとおり、死重損失は税率の2乗に比例するので、先送りするほど後の増税の死重損失は大きくなる。財政再建に必要な消費税増税幅に関する最近の研究では、増税を数年遅らせると必要な税率が追加的に何%必要になるか、という話が含まれる。「**ディレイ・コスト**」と呼ばれる追加負担の存在と上昇は、第4章で述べた世代間不公平性を更に高める。

第2に、消費税の「段階的引上げ」の議論である。デフレ脱却政策として、「一時的に消費税率を下げてしばらくしたら上げる」という政策が提案されたことがあった。こういった提言も、異時点間の差別的課税であり、死重損失の観点からは望ましくない。課税平準化からは、**できるだけ早期の、一律の引上げ**が望ましいのである[14]。

---

[13] Barro, R. (1979). On the Determination of the Public Debt. *Journal of Political Economy*, vol.87 (5), 940–971., 中里 透 (2004)「課税平準化仮説と財政運営」井堀利宏 (編)『日本の財政赤字』(岩波書店、第4章) を参照。

第3に，課税平準化理論では，「一時的な政府支出増加」と「恒常的な政府支出増加」を区別する。震災や戦争などの一時的政府支出の増加の場合，これを財政赤字なしの即座の増税で賄おうとすると，対応する増税も一時的になる。そうすると増税期間における差別的課税が死重損失を生む。この場合，将来に対して「広く薄い」税を課すことで通時的な死重損失が最小化される。時間を通じて税率を保つのが望ましいとする立場からは，政府支出増加期間（例えば戦時中）に財政赤字を出して，戦後の黒字財政で債務を償還するのが望ましい。ただ，人口高齢化に伴う長期にわたる社会保障支出増大など，恒常的な要因からの政府支出の増加は，増税で対処せねばならない。

補論　市場需要・市場供給について

　社会では，数多くの消費者と生産者が市場に参加する。市場における需要曲線は個々の消費者の需要の総和であり，市場における供給曲線は個々の生産者の供給の総和である。本節では，市場における需要・供給について解説を行う。

　いま，市場に消費者 $A \cdot B \cdot C$，生産者 $a \cdot b$ がいるケースを考える。各生産者 $j(j=a, b)$ が限界費用曲線 $MC^j(X^j)$ を持っていれば，各生産者の供給は (8.2)：$MC^j(X^j)=p$ から決定され，これが供給関数 $X^j=S^j(p)$ を決定する。市場における供給曲線は，

$$S(p)=S^a(p)+S^b(p)$$

で表される。

　同様に，各消費者 J $(J=A, B, C)$ が限界効用曲線 $MU^J(X^J)$ を持っていれば，各消費者の需要は (8.3)：$MU^J(X^J)=q$ から決定され，これが需要関数 $X^J=D^J(q)$ を決定する。市場における需要曲線は，

$$D(q)=D^A(q)+D^B(q)+D^C(q)$$

で表される。

　$D(q^*)=S(p^*)$ を満たす需給均衡では，各消費者が X^{*J} $(J=A, B, C)$，各

14　ここはあくまで課税のミクロ的側面を強調したものである。マクロ的側面に関してはまず，減税（非増税）による景気回復効果が限定的となる諸状況（第3章，第4章）を念頭に入れねばならない。他方，景気が総需要で規定されている状況ならば，消費の過剰反応や増税時の「駆け込み需要」に伴う経済効果がある。

生産者が X^{*j} ($j=a, b$) を持ち，それぞれ，税率との間には，以下のような関係がある：

$$MC(X^{*j}) = MU(X^{*J}) - \tau \quad (j=a, b, J=A, B, C) \tag{8.4}''$$

本文で，価格弾力性や均衡取引量の変化などを取り扱っている場合は，すべて，上で取り扱った市場における需要曲線・供給曲線についてである。他方，租税に伴う需給均衡が生み出す「税のくさび」や，需要・供給曲線の縦方向のシフト，また死重損失の概念の把握においては，需要（供給）と価格の関係を「横（X）から縦（p, q）」に評価する限界費用や限界効用から考察すべきである。本文では，(8.4)″ は記述が煩雑であるため，同質な消費者・生産者という仮定を置いた。この仮定は分析の本質には影響しない。

復習問題

(1) 次の問いの正誤を論ぜよ。

A. アイスクリームへの物品税が消費者に対してではなく生産者に課せられた場合，消費者の租税負担は軽減される。

B. 社会保険料支払を，労使折半から全額雇用主負担に変更した場合，雇用（均衡労働量）は増加する。

C. 費用が 100% 控除されない法人税は，財の均衡消費量に影響を与えない。

D. 当該生産者が低所得者である農産物への補助金は，垂直的公平性の観点から正当化できる。

E. 国際資金移動が完全である小国開放経済においては，企業の資本収益への税の負担は，企業の 100% 負担となる。

F. 土地課税（固定資産税など）は，地主の 100% 負担となる。

(2) (i) 需要の価格弾力性が 0 で，供給曲線が右上がりのケースにおける死重損失はいくらか。図とともに示せ。(ii) 需要曲線が水平で，供給曲線が右上がりのケースはどうか。

(3) 課税平準化仮説から，以下の 2 つの主張の正誤を論ぜよ。

A. いかなる政府支出の増大も，即座の増税によって賄われるべきであり，赤字財政は許容されない。

B. 恒常的な政府支出の増大に対しては，段階的に増税することが望ましい。

発展問題

(1) 課税前の市場均衡（図表 8-4 の X_0）から，課税後の市場均衡（図表 8-4 の X^*）へ変化したときを考え，(8.5)，(8.6) で表される価格弾力性と，租税の帰着の間には，以下のような関係があることを示せ：

$$\frac{\text{消費者の租税支払い}}{\text{生産者の租税支払い}} = \frac{\text{供給の価格弾力性}}{\text{需要の価格弾力性}}$$

すなわち,需要・供給の弾力性の小さい側がより多くの租税負担をする。

(2) 需要曲線が正の定数 a, b について $D(q) = a - bq$ という形であるとする。他方供給は,図表 8-7(b)の,供給の価格弾力性が ∞ のケースを考え,以下を示せ:「死重損失は税率の 2 乗に比例し,また需要の価格弾力性が大きい財場合の方が死重損失はより大きい」。

(解答は,本書サポートページを参照。)

第9章

租税の経済効果 II
：所得税

　本章では所得税の経済効果を分析する。わが国を含む先進国においては，所得税は税収の基幹項目である。所得税で課税対象となる所得は，おおまかにいって，預貯金の利子・株式からの配当や譲渡益といった「**資本所得**」と，サラリーマンの給与所得などの「**労働所得**」に区分される。資本所得は家計の貯蓄運用から生まれるので，資本所得税の経済効果については，第3章で用いたライフサイクルモデル（二期間モデル）を用いて，資本所得税によって家計の貯蓄決定にどのような影響が及ぶかを考察する。労働所得については，労働者の効用最大化行動に関するモデルを導入し，労働所得税（雇用に伴い負担が生じる年金や医療などの社会保険料を含む）によって労働供給の意思決定にどのような影響が及ぶかを考察する。

　労働供給に関する意思決定問題は，地主が所有する土地の一部を賃貸に出さずに自家使用する場合や，農家による農作物の自家消費などと，構造が同一である。所得税の問題は，これらの自家消費がもたらす「**帰属所得**（Imputed Income）」への課税の（不）可能性とも関わっている。また，本章後半では，累進課税や生活保護などの課税・社会保障政策を取り扱う。

9.1　貯蓄の意思決定と租税[1]

▶基本モデル

　本節では，第3章で用いた二期間モデルに基づき，所得税や消費税の導入

が家計の行動をどのように変化させるかを分析する。

まず、二期間モデルを再導入しよう。個人の生涯は第1期（若年期）と第2期（老年期）から成る。第1期には、家計は労働から所得 Y を得て、これを若年期消費 C_1 と貯蓄 S に充てる（労働所得や貯蓄、消費に税が課せられるケースは、対応する取引に対して税を支払う）。本章においては、第2期には家計は労働を行わないとする（$Y_2=0$）。従って、第2期の消費 C_2 の源泉は、貯蓄 S の取り崩し、および貯蓄利子 rS のみであるとする。第3章の基本モデルと同様、遺産はないものとする。

租税がないときにおいて、家計の実現可能な消費・貯蓄を表す「予算制約式」は以下のように表される。第1期・第2期それぞれにおいて、

$$C_1 + S = Y, \quad C_2 = (1+r)S \tag{9.1}$$

(9.1) から S を消去すると、「異時点間の予算制約式」と呼ばれる、総消費（生涯消費の割引現在価値）と労働所得（生涯所得の割引現在価値）の関係[2]：

$$C_1 + \frac{C_2}{1+r} = Y \tag{9.2}$$

が導出される。

▶ 労働所得税、資本所得税、消費税

では、租税が存在するときに、予算制約式がどのように表されるかを示す。まず、所得税から考えよう。本章以降では、所得税を、(i) 労働所得（本節のモデルでは Y）に課せられる**労働所得税**と、(ii) 資本所得（本章のモデルでは第1期の資本蓄積＝貯蓄より派生する rS）に課せられる**資本所得税**に区分して考察する。労働所得税率を τ^w、資本所得税率を τ^r とすると、(9.1) は、

---

[1] 本節・次節の取扱いは、八田達夫 (2009)『ミクロ経済学II――効率化と格差是正』（東洋経済新報社）13-15章、常木 淳 (2002)『公共経済学（第2版）』（新世社）6章などを参照。
[2] 遺産の授受がないので、生涯ベースで考えた資本所得は0。

$$C_1 + S = (1-\tau^w)Y, \quad C_2 = (1+(1-\tau^r)r)S \tag{9.1}'$$

となる[3]。(9.1)′においては，第1期に労働所得を1単位増やしたとき，例えば，$\tau^w = 0.2$（20%）ならば，稼得した所得の80%しか手元に残らない。第2期においては，貯蓄のリターンがr（円）から$(1-\tau^r)r$（円）に減少している。また，(9.2)は，

$$C_1 + \frac{C_2}{1+(1-\tau^r)r} = (1-\tau^w)Y \tag{9.2}'$$

と修正される。

次に，消費税を考察する。本章では，第8章で議論した課税平準化（Tax Smoothing）の原理は所与として進める。すなわち，第1期と第2期の消費には一定の消費税をかける[4]。各時点で一律の消費税率τ^cである消費税を課すと，(9.1)は，

$$(1+\tau^c)C_1 + S = Y, \quad (1+\tau^c)C_2 = (1+r)S \tag{9.1}''$$

となり，(9.2)は，

$$(1+\tau^c)\left(C_1 + \frac{C_2}{1+r}\right) = Y \quad \text{ないし} \quad C_1 + \frac{C_2}{1+r} = \frac{1}{1+\tau^c}Y \tag{9.2}''$$

と修正される。

消費者の選択に影響をもたらすのは，可処分所得（異時点間予算制約式右辺）および消費財の相対価格である。(9.2)′，(9.2)″においては，労働所得税（τ^w）と消費税（τ^c）はともに可処分所得を下げるが，C_1とC_2の相対価格（$1+r$）には影響を与えない。一方，資本所得税（τ^r）は，C_1とC_2の異時点間の相対価格に影響を与える（貯蓄を1単位増やしたときの第2期の可処分所得の増加が$(1+r)$（円）から$(1+(1-\tau^r)r)$（円）に減少している）ことに注意されたい。図表9-1は，所得税に伴う予算制約式を示している。租税がないときの予算制約線を破線B_0B_0として，線分B_1B_1は，$\tau^w > 0$，

---

[3] 本節・次節の基本モデルでは，労働所得税は比例税を考える。累進所得税を含めて，税引き前所得に対応して租税支払が変化するケースは後に考察する。なお，次章で示すように，資本所得税の多くは比例税である。

[4] ただし，貯蓄に税をかけると課税平準化の原理は満たされなくなる。

■図表 9-1　所得税に伴う異時点間予算制約線

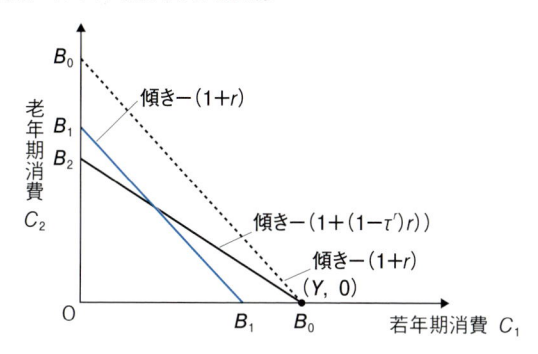

[図：縦軸 老年期消費 C_2、横軸 若年期消費 C_1。点線の傾き $-(1+r)$、黒線の傾き $-(1+(1-\tau^r)r)$、および傾き $-(1+r)$ が $(Y, 0)$ を通る。点 B_0, B_1, B_2 が示されている。]

$\tau^r=0$（労働課税，資本非課税）に伴う (9.2)′，線分 B_0B_2 は，$\tau^w=0$，$\tau^r>0$（労働非課税，資本課税）に伴う (9.2)′ を示している。

効用関数と家計の消費決定

第 3 章・第 8 章で導入したように，家計はライフプランにおける代替的な消費計画から効用を得る。効用関数は第 3 章 (3.2) 式：

$$u = U(C_1, C_2) \tag{3.2}$$

で表されるとする。家計は予算制約式 (9.2)′ ないし (9.2)″ で表される，今期消費と来期消費のトレードオフの中で，自らの効用 (3.2) を最大にする消費計画を選択する。本章での考察対象は，導出される消費・貯蓄行動が，税制の存在によってどのように変化するか，である。

以下の分析では，効用関数について以下の 2 つの仮定を置く：

(i) 家計の効用は，今期消費からの効用 $V_1(C_1)$ と来期消費からの効用 $V_2(C_2)$ の和で表される。V_1，V_2 はそれぞれ C_1，C_2 について増加関数である。
(ii) 来期消費からの効用は，1 単位の消費増加が 1 単位の効用増加に対応する。

仮定 (ii) は，来期消費からの限界効用 $MU_2(C_2) = V_2(C_2+1) - V_2(C_2)$ が，

C_2 の値に関わらず一定であることを意味する[5]。このような仮定を置くと，第8章の分析手法を拡張させた形で，貯蓄に関する意思決定を描写することが可能となる。仮定 (i), (ii) を緩めたケースにおける議論は，本書サポートページの補足「労働供給の後方屈曲」の項を参照のこと。

図表9-2パネル (a) は，横軸に C_1 を置いたときの，**今期消費の限界効用** $(MU_1(C_1)=V_1(C_1+1)-V_1(C_1))$ を示している。図表7-6下と同様，消費からの限界効用は正で逓減していく。パネル (b)〜(d) は，租税がかかる前の予算制約式 (9.1) に基づいた，消費者の消費・貯蓄選択を示している。租税がかかる前の段階で，最大限可能な今期消費水準は Y（図表9-1の座標 $(Y, 0)$）である。パネル (b) においては，利子率が r で与えられているときに，家計が座標 D に相当する今期消費水準を選ぶと，今期消費からの効用 $V_1(C_1)$（面積 $AODB$）[6]と，貯蓄収益 $(1+r)\times(Y-C_1)$ がもたらす来期消費 C_2 からの効用（仮定 (ii) より，$V_2(C_2)=$面積$CDGF$）の総和として，効用水準が与えられる[7]：

$$\text{消費選択に伴う効用}=\text{面積}\,AODB+\text{面積}\,CDGF \tag{9.3}$$

消費者は (9.3) を最大にするように C_1 を決定する。図のパネル (b) においては，消費点における C_1 からの限界効用（$MU_1(C_1)=$点 B の縦座標）が，貯蓄からの限界収益である $(1+r)$ を[8]上回るので，予算の範囲でより C_1 を増やすことで，(9.3) をより大きくすることが可能である。対称的な考察により，C_1 からの限界効用が $(1+r)$ を下回るような選択も効用を最大にしない（パネル (d)）。従って，(9.3) を最大にする消費水準 C_1^* においては，

---

[5] このような関数は，C_2 を価値基準財（Numeraire）とした準線形効用関数（Quasi-Linear Utility Function）と呼ばれ，$U(C_1, C_2)=V_1(C_1)+C_2$ と表される。脚注1の常木（2002）はこの関数に似た形を仮定しており，八田（2009）も，所得の限界効用（所得から派生する，自家消費以外の消費の限界効用）を貨幣と同単位であると暗に考えており，これは仮定 (i), (ii) からの解釈が可能である。

[6] 面積 $AODB=\sum_{D=0}^{C_1-1}MU_1(D)=\sum_{D=0}^{C_1-1}(V_1(D+1)-V_1(D))=V_1(C_1)$。

[7] (9.3) は，八田（2009）により「包括便益」と呼ばれているものに対応する。

[8] 1単位の貯蓄は (9.1) から $(1+r)$ 単位の来期消費を可能とする。仮定 (ii) より限界効用は $(1+r)$ 単位。

■figure 9-2 最適消費・貯蓄の導出

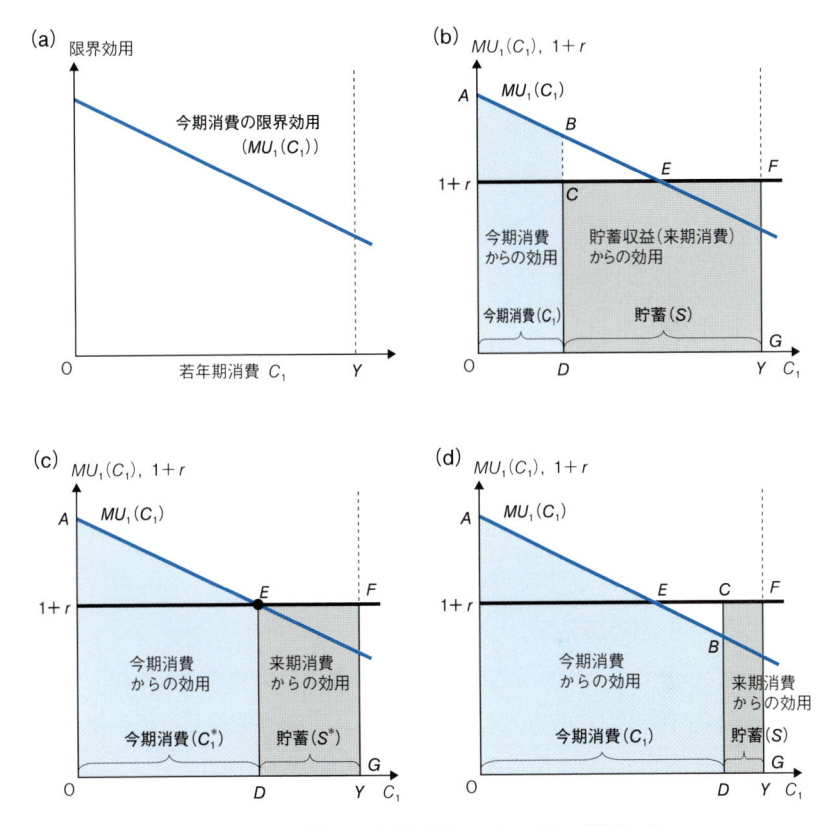

パネル (b):過小な C_1,パネル (c):最適消費選択,パネル (d):過剰な C_1

$$MU_1(C_1^*)=1+r \qquad (9.4)$$

すなわちパネル (c) の消費・貯蓄の組合せによって効用が最大になる。

(9.4) で示される r と C_1 の関係から,$C_1^*=Y-S^*$ という関係を用いることで,貯蓄 S と利子率 r の関係を示すことができる。図表9-3 パネル (b) は,図表9-2 (c) を左右反転させて描いたものである。代替的な r の水準において (9.4) が成立するので,図における右上がりの曲線 $MU_1(Y-S^*)$ は,代替的な r に対して (9.3) を最大にする貯蓄計画を示すものとな

■図表 9-3　家計の貯蓄曲線

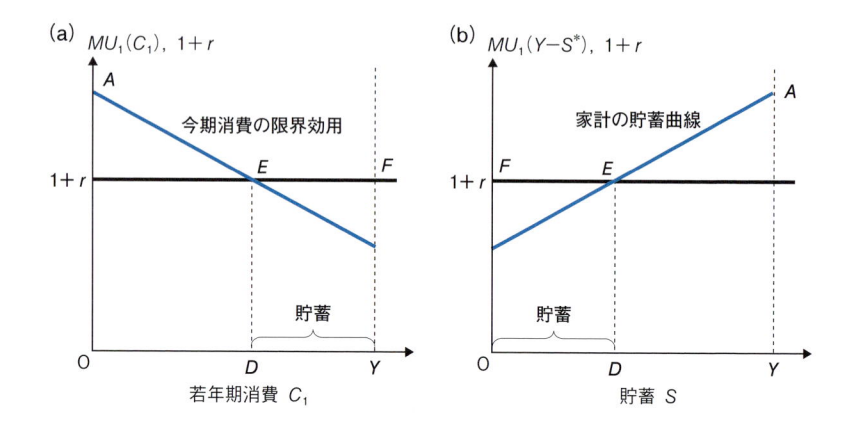

(a) $MU_1(C_1)$, $1+r$

今期消費の限界効用

若年期消費 C_1

貯蓄

(b) $MU_1(Y-S^*)$, $1+r$

家計の貯蓄曲線

貯蓄 S

貯蓄

る。

資本所得税の経済効果

いま $\tau^w=0$, $\tau^r>0$ を仮定する。資本所得税の経済効果は, 上記の効用最大化行動の帰結が, τ^r の存在によってどのように影響を受けるかで分析できる。図表 9-4 は, 資本所得税がもたらす死重損失を描写している。描写は第 8 章のものと同じである。いま, 資本所得税の導入が, 貯蓄のリターンを $1+(1-\tau^r)r$ に下げると, 家計の最適貯蓄は $MU_1(Y-S)$ と $1+(1-\tau^r)r$ が等しい D' となる（貯蓄は下がる）。ここで (9.3) で表される課税前の効用＝面積 $AO'DE$＋面積 $EDOF$, 資本所得税の導入により, 課税後の効用＝面積 $AO'D'E'$＋面積 $E'D'OF'$ である。面積の差をとると, 効用は, 四角形 $FF'E'E$ だけ減少している。このうち, 四角形 $FF'E'J=\tau^r r \times OD'$ に相当する部分は資本所得税収であるが, 効用のタームではこれを上回る損失として三角形 $JE'E$ が生じている[9]。

---

9 ここでは, 資本需要は考察せず, r は所与として描写しているが, 資本需要を考察に含めたときの, 課税による均衡利子率の変化や需要サイドを含めた死重損失の描写は, 第 8 章におけるものと同一である。

■図表 9-4　資本所得税の死重損失

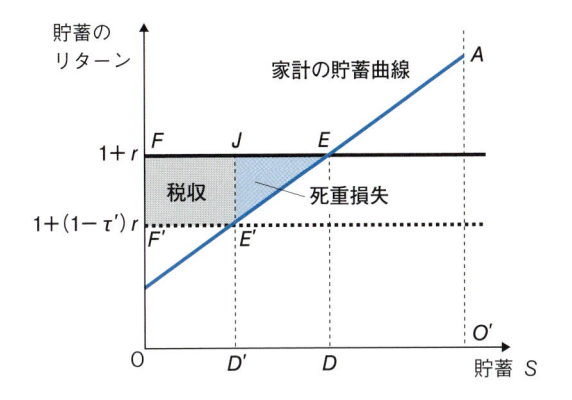

(図：縦軸「貯蓄のリターン」、横軸「貯蓄 S」。家計の貯蓄曲線が右上がり直線 A。水平線 $1+r$ 上に点 F, J, E、水平線 $1+(1-\tau^r)r$ 上に点 F', E'。領域 $FJE'F'$ が「税収」、領域 JEE' が「死重損失」。横軸上に D', D, O'。)

労働所得税の経済効果

次に，$\tau^w > 0$，$\tau^r = 0$ である課税が何を引き起こすかを考察する。労働課税・資本非課税の場合，図表 9-5 においては，最大限可能な今期消費水準が Y から $(1-\tau^w)Y$ に左方シフトする。一方，異時点間の消費の相対価格は $(1+r)$ で，税によって不変であり，最適貯蓄を示す (9.4) も，税の存在によって影響を受けない。また，この場合，税は死重損失を生じさせないことが，以下のように示される。図表 9-5 において，課税後の効用＝面積 $AODE$ ＋面積 $EDG'F'$，税収＝$F'G'GF$[10] であり，これらを合わせた面積は図表 9-2 (c) における課税前の効用を表す。すなわち，租税支払を上回る超過負担は生じていない。

消費税の経済効果

次に，消費税がもたらす経済効果を考える。(9.2)′，(9.2)″を参照すれば分かるように，$\tau^c > 0$ である消費税は，$\tau^w = \tau^c/(1+\tau^c)$ である労働所得税と，消費者の効用に対して等価な効果を与える。従って，消費税がもたらす経済効果は，図表 9-5 と同様，死重損失を生じさせない。

10　四角形 $F'G'GF = (1+r) \times \tau^w Y$ は，労働所得税収 $\tau^w Y$ の第 2 期における価値。

■図表 9-5　労働所得税の経済効果

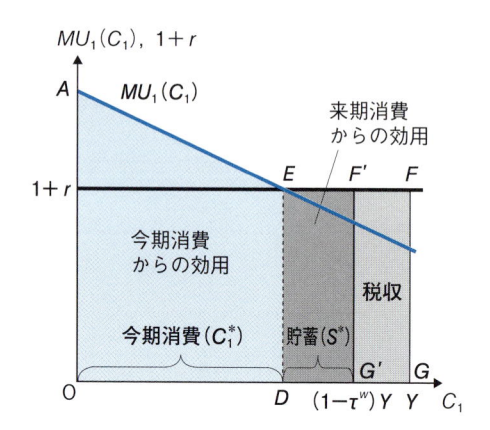

両期間の消費に課税することが死重損失を与えないことの直観は，次のようにも与えられる。(9.2)″より，$C_2 = \frac{1+r}{1+\tau^c} \times (Y - (1+\tau^c)C_1) = (1+r) \times \left(\frac{Y}{1+\tau^c} - C_1\right)$であり，両期間の消費への課税は，使途（Use）に伴う相対価格 $(1+r)$ を変化させない。また，労働所得課税は，(9.2) でいうところの消費の源泉（Source）への課税なので死重損失を生まない。これに対し，貯蓄課税は，消費と貯蓄（実質的には今期消費と将来消費）という使途を差別化したもので，死重損失を生む。

9.2　労働供給と租税(1)：消費-余暇選択

▶ 基本モデル

本節では，労働供給がどのように決まり，課税によって労働供給の意思決定にどのような影響が及ぶかを考察する。

1人の労働者は自由に使える時間を1日24時間持つ。労働者は，与えられた時間を所得稼得行動とそれ以外の時間（自分の時間として家事，休暇，睡眠など）に分ける。前者を「労働時間」，後者を総称して「余暇時間」（な

いし余暇）と呼ぶ[11]。

労働所得は、市場で与えられた時間当たりの賃金 w（円）に対して、雇用に伴い労働時間を L（時間）だけ供給すると労働所得 $wL \equiv Y$ を得るとする。すなわち、24 時間を H、余暇時間を E と表すと、

$$24\text{時間}(H) = \text{労働時間}(L) + \text{余暇時間}(E) \tag{9.5a}$$
$$(\text{課税前の})\text{労働所得}(Y) = \text{賃金}(w) \times \text{労働時間}(L) \tag{9.5b}$$

また、本節では貯蓄は考えず、労働所得はすべて消費（C）に充てられるとする。つまり、

$$C = Y = wL = w(H - E) \tag{9.6}$$

とする。

本節では労働所得税と消費税を考察する。労働所得税は (9.5b) の労働所得を課税ベースとするもので、課税後の予算制約式は、

$$C = (1 - \tau^w)wL \tag{9.6}'$$

で与えられる。他方、消費税は (9.6) 左辺を課税ベースとするもので、

$$(1 + \tau^c)C = wL \tag{9.6}''$$

が課税後の予算制約式である。前節と同様、$\tau^c > 0$ である消費税は、$\tau^w = \tau^c / (1 + \tau^c)$ である労働所得税と、消費者の効用に対して等価な効果を与える。

▶ 課税の消費-余暇選択への影響

(9.6) は、以下のように書き換えることができる：

$$C + wE = wH \tag{9.7}$$

(9.7) 右辺は、労働者の初期保有時間 H の市場価値を表す。左辺第 2 項

11　ライフプランにおける労働時間は、1日（24時間）当たり何時間働くか、1週間当たり何日働くか、何年働くか（いつ退職するか）、また（より高い所得を稼得するための一環として）教育を何年積むか、資格・スキルの獲得のためにどれだけの私的努力をするか、などから決定される。これらが長ければ長いほど労働所得が高いという関係を、単純化して労働所得 $= w \times L$ と示す。

は，あたかも労働者が市場から余暇を買い戻すような記述であり，余暇 E はその機会費用として単位当たり w（円）がかかる，とも読み取ることができる。対応する課税後の予算制約式は，

$$C + (1-\tau^w)wE = (1-\tau^w)wH \qquad (9.7)'$$

(9.7)′では，労働所得税は，初期保有への課税が可処分所得（右辺）を下げる一方，余暇と消費財（C）の相対価格を $(1-\tau^w)w$ に**下げ**ている。

▶ 労働供給の決定

労働者の選択変数は消費 C と労働 L（そして余暇 E）である。(9.7)′で表される家計の予算制約式において，より多くの消費 C を可能にするには，余暇 E を減らさなければならず，逆もまた真である。このような消費と余暇のトレードオフの中で，労働者は自らの効用を最大にする消費・労働計画を選択する。また，導出される労働供給は，税制の存在によって変化する。

余暇時間 E は図表 7-6 の財のように効用を生むものである。図表 9-6 パネル (a) は，横軸に E を置いたときの，余暇の限界効用（$MU_E(E)$ と表す）を示している。余暇からの限界効用は，正で逓減する。パネル (b) は，課税前の予算制約式 (9.6) に基づいた，労働者の余暇・労働選択を示して

■図表 9-6　最適余暇・労働の導出

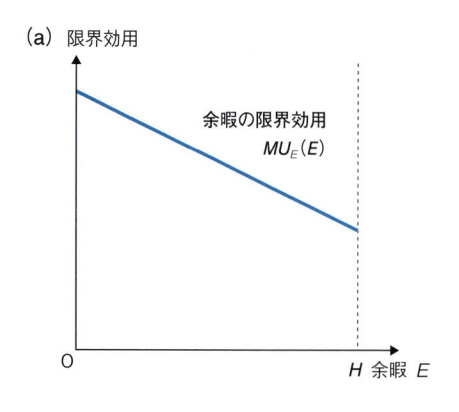

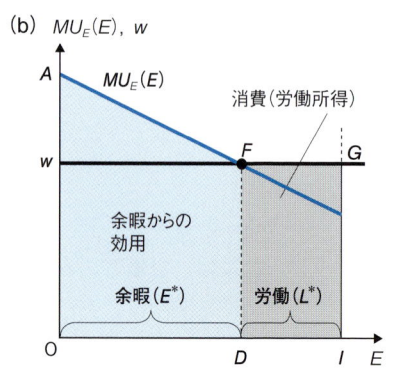

(a) 限界効用／余暇の限界効用 $MU_E(E)$，横軸 H 余暇 E

(b) $MU_E(E), w$／A，$MU_E(E)$，消費（労働所得），w，F，G，余暇からの効用，余暇 (E^*)，労働 (L^*)，O，D，I　E

いる。賃金が w で与えられているときに，労働者が座標 D に相当する余暇水準を選ぶと，余暇からの効用（面積 $AODF$）と労働所得 $w \times (H-E)$（面積 $FDIG$）が決まる。効用水準はこれらの総和で表される。すなわち，

> 余暇選択に伴う効用＝余暇からの効用＋労働所得

図表9-6 パネル（b）においては，座標 F における余暇の限界効用（$MU_E(E^*)=$ 点 F の縦座標）が，余暇を1単位増やすことによる労働所得の減少分 w と等しくなっている：

$$MU_E(E^*) = w \tag{9.8}$$

前節と同様，余暇の限界効用 $MU_E(E)$ が w（労働からの限界収益）を上回るならば，予算の範囲でより余暇を増やすことで，効用水準をより大きくすることができ，逆もまた真である。従って，(9.8) を満たす余暇水準 E^* で，効用が最大になっている。

▶ 労働所得税の経済効果

(9.8) で示される w と E^* の関係から，$E^* = H - L^*$ という関係を用いることで，労働 L と賃金 w の関係を示すことができる。図表9-6(b)を左右反転させて描くと，代替的な w に対して，右上がりの曲線 $MU_E(H-L^*)$ が，労働供給曲線を示すものとなる。

図表9-7 は，労働所得税がもたらす，労働供給の変化と死重損失を描写している。まず，労働所得税の導入が，労働のリターンを $(1-\tau^w)w$ に下げると，労働供給は $MU_E(H-L)$ と $(1-\tau^w)w$ が等しい D' となる（労働供給は減少する）。労働所得税の導入による効用の変化を求めると，課税前の効用－課税後の効用＝（面積 $AO'DE$ ＋面積 $EDOF$）－（面積 $AO'D'E'$ ＋面積 $E'D'OF'$）であり，効用水準は四角形 $FF'E'E$ だけ減少することが分かる。このうち，四角形 $FF'E'J = \tau^w w \times OD'$ に相当する部分は労働所得税収であるが，効用のタームではこれを上回る損失として三角形 $JE'E$ が生じている[12]。

■図表9-7 労働所得税の死重損失（消費-余暇選択において）

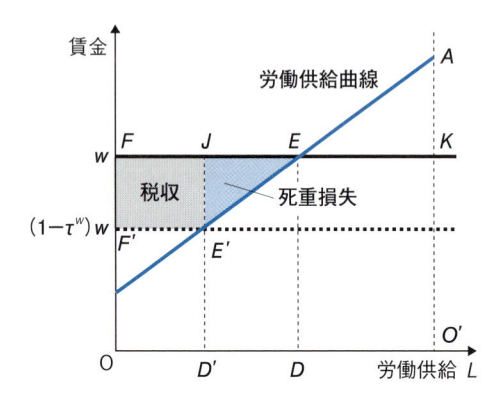

▶効率的課税の可能性：労働所得の場合

前節のモデルにおいては，死重損失を生まない，効率的な課税が可能であった。ここでは議論の本質を再論した上で，本節の余暇（労働）選択の文脈では，死重損失を生まない税の構築は困難であることを学ぶ。

家計ないし労働者が，初期保有の一部を「自家消費」しているとき，自家消費した初期保有の市場価値を，**帰属所得**（Imputed Income）と呼ぶ。本節では，既に議論したとおり，時間の余暇としての使用は，自身の便益のために，外で働けば得られたはずの賃金を犠牲にしている。本節での帰属所得は，(9.7) における wE である。9.1節の枠組みにおいて類似した扱いができるのは第1期の消費（C_1）である。第1期の所得 Y を初期保有とみなせば，今期の消費は，当期の便益のために，貯蓄すれば得られたはずの来期所得を犠牲にしていると考えられる。ここでは，逸失した来期所得を，第2期における価値額 $(1+r)C_1$ で表そう。

帰属所得に対置する概念として，家計ないし労働者が，保有する生産要素を販売することによって得られる所得を，取引所得と呼ぼう。本節での取引所得は労働所得 wL，9.1節での取引所得は $(1+r)S$ で表される。

---

12 資本所得税の死重損失に関する注と同様，労働需要を考察に含めたときの死重損失の描写は，第8章におけるものと同一である。

取引所得と帰属所得の和を総合所得と呼ぶ。(9.7) においては,

$$\text{総合所得} = wL + wE = wH \quad (24\text{時間の潜在的市場価値})$$

また (9.1) においては,

$$\text{総合所得} = (1+r)S + (1+r)C_1$$

で表される。これらはそれぞれ，図表 9-6(b)における，高さ w，長さ H の長方形の面積，また図表 9-2(c)における，高さ $1+r$，長さ Y の長方形の面積に対応する。

9.1 節において効率的課税が可能であったのは，(i) 自家消費相当の C_1 と貯蓄 S に対し同率で課税すること（消費税による。貯蓄 S は，C_2 として実現するときに課税される），ないし (ii) ここでの総合所得（第 1 期の現在価値で Y）へ課税すること（労働所得税による）が可能であったからである。

他方，本節では，労働所得税も消費税も，取引所得 $wL = C$ のみを課税ベースとする。仮に，税務署が個々の労働者の帰属所得（wE）を把握しようとすれば，時間当たり賃金（w）を知る必要がある。他方，税務署は，労働所得（wL）に関しては第 10 章で述べる源泉徴収制度で正確な情報が得られるとしても，個々の労働者の賃金や労働時間（L）までは把握できない。従って，労働者に労働時間を申告してもらって，

$$\text{税務署の類推する } w = \frac{\text{労働所得}}{\text{申告労働時間}}$$

を得なければならない。このような形で賃金（w）への課税が企図されれば，労働者は申告労働時間を過大にすることで税負担を逃れようとするだろう。従って，行政コストを考えれば，労働（余暇）に伴う総合所得を完全に捕捉し，これに課税することは，不可能である[13]。

---

[13] なお，9.1 節の若年期労働所得（Y）が，本節のように，労働供給により $Y = wL$ と内生的に決定される際には，労働供給に関して本節の分析が妥当することになる。すなわち，労働所得税や消費税は余暇の帰属所得を含めた総合所得への課税とはならず，これらの税は一般に死重損失を生む。これに関しては，本書サポートページの第 11 章補足「最適課税理論からみた資本所得課税」の項を参照せよ。

▶帰属所得の問題：他の例

余暇（対労働）のように，帰属所得の評価が問題となる例は数多い。最初の例として，土地課税の問題を考える。土地を持つ経済主体（地主）は，自分が保有している土地の一部は自家消費（自家使用）し，それ以外は他人に賃貸として貸し出す。すなわち，(9.5a) と同様に，

$$\text{土地の初期保有} = \text{賃貸} + \text{自家消費} \quad (9.5a)'$$

ここで，右辺の市場価値を評価する段階で，余暇の帰属所得評価と同様の問題が生じる。賃貸は市場を通じたサービスであり，地主に支払われる家賃などは，地主の所得となるので所得税の対象となる。他方，自家消費に伴い，借家と同様のサービスが消費されていることによる帰属地代（Imputed Rent）は，余暇と同様，サービスが市場化されず，またその評価も難しい。現実にも，多くの国では帰属地代は課税対象から外れている[14]。

次の例として，農家の自家消費を考えよう。農家は自分の農地で採れた農産物を，市場で売却することができる一方，自分で消費することもできる。ここでも，前者は農産物販売による消費税・所得税として捕捉することが可能であるが，後者は農家による申告が必要となる。このほか，自動車などの耐久消費財・資本財の自家消費，専業主婦の家事労働なども，同様の例と考えられる。帰属所得とその課税については，章末の復習問題（2）とその解説において詳しく考察する。ここで上げた帰属所得の多くは，GDPの計上においても問題になる項目であり，国富や経済厚生を測る上でも重要とみなされていることは注意に値する。

▶一括税（Lump-Sum Taxes）

資本所得税や労働所得税，消費税が課税に伴い死重損失をもたらすのは，経済変数に依存して納税額が変化するという，税の特徴が利いているからである。経済主体の行動の変化に税額が依存せず，一定の固定額を納税者から一括して徴収することができれば，ここで議論の対象となっている，課税の

---

[14] スカンジナビア諸国などでは，帰属地代への課税が行われていたことがあった。

非中立性の問題は解消する。このことを考察するため，いま (9.7) に税額 T の一括税を課すと，

$$C + wE = wH - T \qquad (9.7)''$$

となる。一括税による予算制約式においては，消費と余暇の相対価格を変えないので，9.1節の労働所得税や消費税と同様，課税によって死重損失は生まれない。すなわち，一括税は効率的な資源配分をもたらす。現実に存在する一括税，あるいはそれに近い性質を持ったものとしては，例えば地方住民税の均等割りや，国民年金保険料などが挙げられる。しかしながら，全員の支払いを保証するためには，担税力の弱い経済主体にも合わせた税額になるがゆえ，実現可能な徴収額は基本的に少額となる（ないし，課税の累進性や垂直的公平性を犠牲にしなければならない）。他方で，累進的な負担をデザインしようとすれば，実質的な課税ベースが所得や資産に依存せざるを得ない。そのような税はもはや一括税と呼べず，また，本章で述べている行動変化と非中立性は免れられない。

現実の税はそのほとんどが市場取引に依存しているので，一括税に近い税としては，課税により課税ベースが動かないものが望ましいといえる。8.4節で述べた，供給の価格弾力性 (8.5) がゼロの（ないしゼロに近い）財への課税が，それに相当する。代表的な所得の源泉（貯蓄，労働，土地，資本財）でいうと，供給の価格弾力性が比較的小さいのは労働と土地であろう[15]。例えば労働について，(9.6)′ や (9.7)′ は，

$$C + wE = wH - \tau^w wL$$

と書き換えられ，課税ベース（wL）が比較的非弾力であれば，労働所得税（そしてこれと等価な消費税）は (9.7)″ の一形態と解釈することも可能である。8.4節で紹介したヘンリー・ジョージ（H. George）の土地課税の議論のように，供給の価格弾力性が比較的小さい財を中心とした課税のデザインは原則として可能であるが，完全に中立的な課税ではありえないし，またこ

---

[15] ただし，土地については既に8.4節で留保条件を述べた。労働については，次節で議論する。

れらの財のみへの課税は，公平性や簡素性からも必ずしも正当化できない。総合的な税のデザインにおいては，諸原則のトレードオフの内実を踏まえる必要がある。

9.3　労働供給と租税(2)：より発展した分析

次章で詳しく触れるように，日本および諸外国における労働所得税は，所得が大きくなるにつれ税率も増加する累進所得税であり，さらに，年金・医療保険料や低所得者向けの生活保護・税額控除などの社会保障制度を含めると，予算制約式は余暇−消費平面において非線形な形状となる。非線形税制における分析は，予算制約式から実現可能な効用と最適労働選択を，第3章で学んだ無差別曲線（等効用線）を用いて行うのが便利である。

▶労働供給と死重損失：累進所得税の場合

図表9-8パネル（a）は，比例所得税に伴う予算制約式を示している。租税がないときの予算制約式を破線 B_0B_0 として，線分 B_0B_1 は，$\tau^w>0$ に伴う (9.7)′ を示している。

労働者の効用水準は，消費 C と余暇 E について，効用関数：

$$u = U(C, E) \tag{9.9}$$

で表されるとする。効用関数は C および E について増加関数（すなわち労働 L の減少関数）である[16]。図表9-8パネル（b）は，余暇（E）−消費（C）平面上において，(9.9) に対応する無差別曲線を記述したものである。より多くの余暇や消費はより高い効用を与えるので，右上の無差別曲線ほど対応する効用は大きい。また無差別曲線は右下がりで，右下方に行くにつれ傾きの絶対値が小さい（原点に対して凸である）という通常の性質を満たすとす

---

[16] 9.2節では，9.1節の仮定（i）と同様に，労働者の効用は，余暇 E からの効用 $V_E(E)$ と消費 C からの効用の和で表され，同仮定（ii）と同様に，消費 C（所得 Y）からの限界効用が一定であることを仮定していた。

■図表 9-8　労働選択と死重損失（比例所得税）

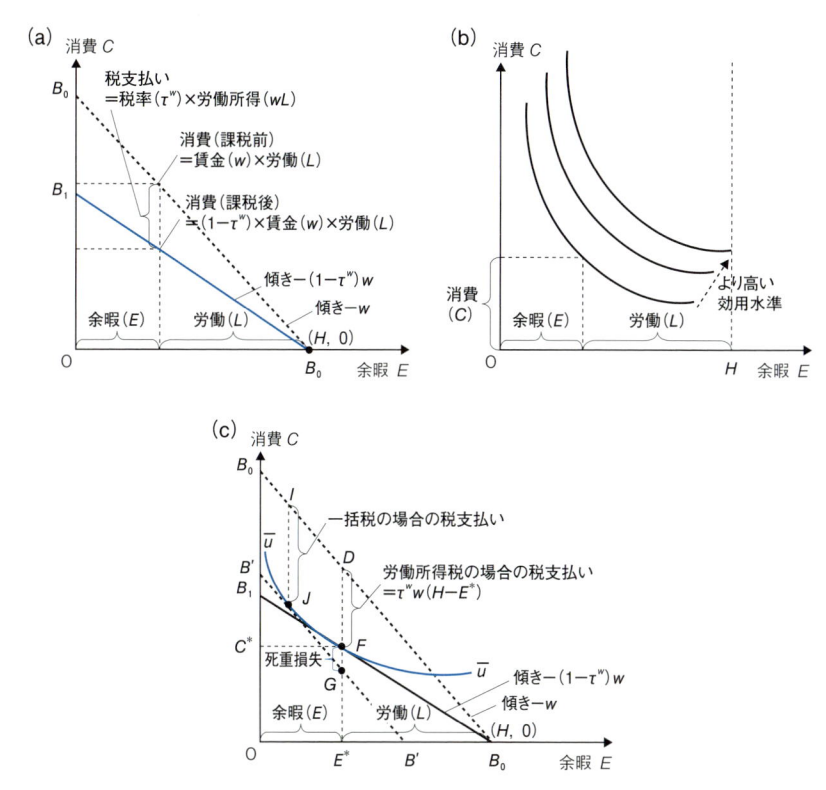

(a) 消費 C
税支払い
＝税率 (τ^w) × 労働所得 (wL)
消費（課税前）
＝賃金 (w) × 労働 (L)
消費（課税後）
＝$(1-\tau^w)$ × 賃金 (w) × 労働 (L)
傾き $-(1-\tau^w)w$
傾き $-w$
余暇 (E)　労働 (L)
$(H, 0)$
B_0　余暇 E

(b) 消費 C
より高い効用水準
消費 (C)
余暇 (E)　労働 (L)
H　余暇 E

(c) 消費 C
B_0
I
一括税の場合の税支払い
$\bar{u}$
D
労働所得税の場合の税支払い
B'
$=\tau^w w(H-E^*)$
B_1
J
C^*
F
死重損失
$\bar{u}$
G
傾き $-(1-\tau^w)w$
傾き $-w$
余暇 (E)　労働 (L)
$(H, 0)$
O　E^*　B'　B_0　余暇 E

パネル（a）：消費-余暇選択に関する予算制約式，パネル（b）：無差別曲線，パネル（c）：労働選択と税支払い

る。図では余暇時間が決定すると（9.5a）に応じて労働時間が決定することも示されている。より多くの労働は，効用を低める。

図表 9-8 パネル（c）では，予算制約式 $B_0 B_1$ において，労働者にとって望ましい労働・消費計画を示している。実行可能な余暇・消費スケジュールから，効用（9.9）を最大にする計画は，対応する無差別曲線が $B_0 B_1$ に接する，座標 $F = (E^*, C^*)$ で表される。対応する労働者の租税支払いは，線分 DF で測られる。

パネル（c）における線分 $B'B'$ は，ここでの労働所得税と，効用に全く

■図表 9-9　労働選択と死重損失（累進所得税）

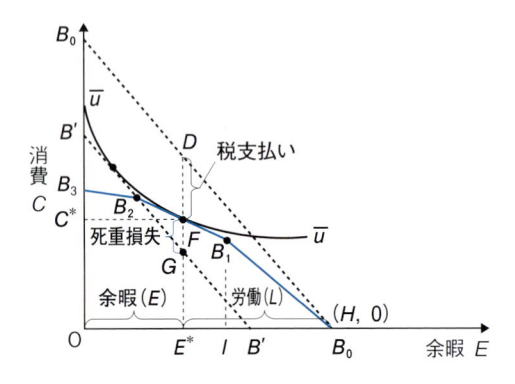

同じ効果を及ぼす一括税による予算制約式（9.7）″である。図の無差別曲線 $\overline{u}\overline{u}$ の効用水準を実現する一括税額は、垂直距離 IJ で与えられるが、予算制約式（9.7）と（9.7）″は平行であるので、この距離は線分 DG に等しい。すなわち、労働選択に歪みを生む労働所得税は、同じ効用水準を実現する一括税に比べ、$DG - DF = FG$ に相当する税収を逸失している。この逸失税収が、本節においては死重損失の尺度となる。

　累進所得税においても、課税前所得が増えるほど（図では、点 $(H, 0)$ から左に測った労働供給が大きいほど）、税支払い（実線の課税後所得と線分 B_0B_1 の縦方向の距離）が大きい。図 9-9 の実線の予算制約式の傾きを決定するのは、対応する労働所得レベルにおける所得税の**限界税率**（1単位の所得増加に対して適用される税率）である。例えば、図の線分 B_0B_1 における所得税の限界税率が 10% であるならば、B_0B_1 の傾きは $0.9 \times w$ で与えられる。同様に、$B_{i-1}B_i (i=2, 3)$ における限界税率が τ_i^w（$\tau_1^w < \tau_2^w < \tau_3^w$）であったなら、予算制約式の傾きは $(1-\tau_i^w)w$ で与えられる。累進所得税下での死重損失発生のメカニズムは、前の図のものと同じである。累進度が強いほど、高い所得における課税後の予算制約式の傾きが小さく（手取り賃金として留保される分が小さく）なる。(9.8) に対応した、非線形労働所得税に伴う労働者選択においては、

$$MU_E(H-L^*) = (1-\tau_i^w)w \qquad (9.8)'$$

を通じて，τ_i^w が大きいほど，労働供給の減少（インセンティブの阻害）が大きく[17]，FG で表される死重損失がより大きくなる。

　労働所得の文脈では，どのようなタイプの労働が，限界税率に対して大きく反応するであろうか。第1に，脚注11で述べたように，ライフプランにおいては，教育・スキルの獲得・退職時期などを含め，労働時間を調整できる多くの機会が存在する。第2に，労働時間を自分で調整できるタイプの自営業者やパート労働者，いつ退職するかを選べる高齢者，海外に労働・居住拠点を移すのが比較的容易な一部の特殊技能者や高所得者などは，労働供給の賃金弾力性が高いであろう。第3に，家計において主要稼得者でない労働者（Secondary Earner。例えば，子供がいる既婚女性）は，家事・育児といったものからの便益が高いと考えられるので，労働供給も弾力的であると考えられる。

❖ コラム　サプライサイド経済学

　1980年代において，アメリカの所得税の最高限界税率は，70％から28％まで減少し，所得税負担の急激な軽減が行われた。この大幅減税の理論的根拠となったのが，サプライサイド経済学（Supply-Side Economics；SSE）として知られる考え方で，減税が人々の労働意欲を高め，税収が増加する可能性があるというものである。

　SSEの考えを把握するために，以下のような考察をする。いま，図表9-9の線分 B_1B_2 における所得税の限界税率を下げ，労働供給をこの範囲で行っている労働者の行動と税収の変化を考察する。図表9-9の線分 IE^* の長さを l とすると，線分 B_1B_2 における所得区分（ブラケット）におけるこの労働者の納税額は，$\tau_2^w wl$ と表される。ここで，限界税率 τ_2^w の減少に伴い，近似的に以下の関係が成立する（導出は補論を参照）：

---

[17] $MU_E(H-L^*)$ は，図表9-7における右上がりの労働供給曲線に対応し，高い限界税率は低い L^* に対応する。本書サポートページの補足「労働供給の後方屈曲」の項で述べる「所得効果」が余暇需要に存在する場合は，課税に伴う労働供給の増減に関する議論は修正されるが，「τ_i^w が大きいほど，死重損失がより大きい」という結論は不変である。

$$\text{税収}(\tau_i^w \times wl)\text{の変化率} = \text{限界税率}(\tau_i^w)\text{の変化率} + \text{課税ベース}(wl)\text{の変化率} \quad (9.10)$$

減税（限界税率の減少）は，l の増加を生む。限界税率の減少が，(9.10) 左辺を正にするには，税率の減少を上回る，労働所得の増加がなければならない。すなわち，$-\dfrac{\text{課税ベースの変化率}}{\text{限界税率の変化率}}$ を，「課税所得の限界税率に対する弾力性」とすると，以下が成立しなければならない：

$$\text{限界税率の減少が税収を増加させる} \Leftrightarrow \text{課税所得の限界税率に対する弾力性が1よりも大きい} \quad (9.11)$$

つまるところ，SSE が想定するように，税率の減少が税収の増加もたらすためには，税率変化に対応して，価格弾力性が 1 を上回る範囲で課税ベースが反応しなければならない。

SSE に関する議論で最も大きなものの一つは，1980 年代の税制改正に関するフェルドシュタイン（M. Feldstein（1995））による研究である[18]。フェルドシュタインは，税制改正の前後では，減税幅の大きかった高所得者の課税所得の変化率がきわめて大きく，減税によって高所得者からの税収が増加した，と主張した。しかし，この課税所得の弾力性の大きな推計値については，法人税と個人所得税の格差の変化に対応した課税上の組織形態や課税所得の内訳の変更（インカム・シフティングと呼ばれる），税率の変更を利用した納税のタイミングの変更，税制改革における高所得者の租税回避の抜け道を排除する制度変更による行動変化などの影響が大きく，高所得者が労働時間を増やしたり熱心に働いたりしたとは必ずしもいえないとの見解も出された[19]。

税率の変化に関連した弾力性については，研究者の間でもさまざまな値が出ており，アメリカの租税政策の評価についても，意見の一致をみない。所得税制変更が伴う納税者の課税所得と納税額の変化は場合によって大きいものの，一般的なコンセンサスとしては，減税は (9.11) がもたらすような税収の増加を伴わない。

---

[18] Feldstein, M. (1995). The Effect of Marginal Tax Rates on Taxable Income: A Panel Study of the 1986 Tax Reform Act. *Journal of Political Economy*, vol.103, 551–572.

[19] Gruber, J., and Saez, E. (2002). The Elasticity of Taxable Income: Evidence and Implications. *Journal of Public Economics*, vol.84, 1–32., Saez, E., Slemrod, J., and Giertz, S. (2012). The Elasticity of Taxable Income with Respect to Marginal Tax Rates: A Critical Review. *Journal of Economic Literature*, 50, 3–50.

▶ 生活保護（所得保証政策）と労働供給[20]

現行制度では，さまざまな理由により労働所得が十分に稼げない人は，制度による要件を満たしている限りにおいて，生活保護給付が受けられる。生活保護は世帯所得が生活保護基準額（以下「保証所得」と呼ぶ）以下の家計に給付されるが，対象世帯に収入がある場合には，原則的には収入部分を生活保護基準額から差し引いた額が給付される。

いま，政府が $y>0$ の所得レベルを保証する生活保護政策をとる状況を考える。対象家計の所得が $wL_1<y$ であれば，生活保護の対象となり，$g=y-wL_1$ の生活保護が給付される。他方，$wL_2>y$ であれば生活保護は給付されない。したがって，家計の予算制約式は，$wL<y$ であれば $C=y$，$wL>y$ であれば $C=wL$ となり，図表9-10 の折れ線 ABD のように与えられる。線分 AB は追加的労働が全く受取所得を増やさない状態（労働所得の増加が，同額の生活保護の減額をもたらす）で，生活保護受給者にとっては，限界税率が100%の労働所得税と同等である。

家計の労働意思決定は，線分 DH のもとでの効用最大化水準が線分 AB 上での最大効用水準，すなわち A 点での効用より高いかどうかで決定される。予算制約線 DBH で効用を最大にする水準での無差別曲線 $\bar{u}\bar{u}$ が，図表9-10 のように，線分 AB と交点を持つとする。この場合家計は，生活保護を受給したとき（A 点）での効用が働いたときの最大効用よりも高いので，生活保護受給を選択する。他方，この家計は，生活保護がなければ，労働を行う（生活保護の無い予算制約線 DBH では，正の労働供給を行う）のだが，生活保護の導入は，それがなければ行っていた労働を行わなくなる。また，保証所得水準が上がれば上がるほど，労働をしなくなる家計が増えるので，財政が厳しい場合，生活保護額や受給資格を厳しくせざるを得ない。また，低賃金（DBH の傾きの絶対値が小さい）の家計ほど逆に働かなくなる。この状況は貧困の罠（Poverty Trap）と呼ばれる。

高い限界税率が労働抑制効果を生んでしまう，生活保護のような所得保

---

[20] 本項の扱いは，林　正義・小川　光・別所俊一郎（2010）『公共経済学』（有斐閣）第10.2節，阿部　彩・國枝繁樹・鈴木　亘・林　正義（2008）『生活保護の経済分析』（東京大学出版会）などを参照。

■図表9-10　生活保護と労働供給

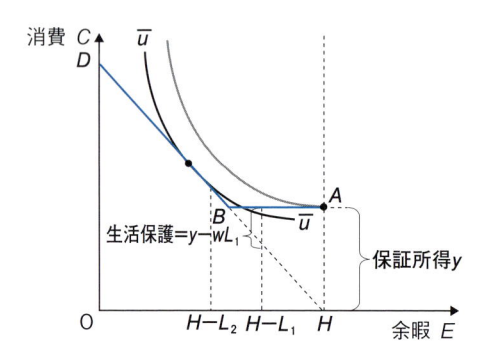

[図：縦軸「消費」、横軸「余暇 E」。点C, D, A, B。曲線 $\bar{u}$。生活保護=$y-wL_1$。保証所得 y。横軸上に $H-L_2$、$H-L_1$、H。]

証政策に対し，労働抑制効果を抑え，ひいては貧しい者の自立を促すような制度が考察された。このことを最初に提唱したのはフリードマン（M. Friedman）[21] の「負の所得税（Negative Income Tax）」と呼ばれる構想である。今日では多くの国で，低所得者へ，労働時間や扶養家族の数に応じた補助金という形で公的扶助を行っている。次章で述べる「勤労所得税額控除（Earned Income Tax Credit；EITC）」もそのような政策の一例である。

補論　(9.10) の証明

ここでは，税収（$\tau_i^w \times wl$）の変化率＝限界税率（τ_i^w）の変化率＋課税ベース（wl）の変化率　を証明する。

ある変数の「変化率」とは，

$$\text{変化率} = \frac{\text{変化後の値} - \text{変化前の値}}{\text{変化前の値}} = \frac{\text{当該変数の変化}}{\text{変化前の値}}$$

である。

ここで，τ_i^w の小さな変化を考える。対応する l および $\tau_i^w \times wl$ の変化も，小さいと考えられるので，

$$\tau_i^w \times wl \text{ の変化} = (\tau_i^w \text{ の変化}) \times wl + \tau_i^w \times (wl \text{ の変化})$$

21　M. フリードマン（著）村井章子（訳）(2008)『資本主義と自由』（日経BP社）。

と近似でき[22]，ゆえに，

$$\tau_i^w \times wl \text{ の変化率} = \frac{(\tau_i^w \text{ の変化}) \times wl + \tau_i^w \times (wl \text{ の変化})}{\tau_i^w \times wl}$$

$$= \frac{\tau_i^w \text{ の変化}}{\tau_i^w} + \frac{wl \text{ の変化}}{wl}$$

である。こうして（9.10）が導出される。

本補論が示す，掛け算の数値の変化と掛け算の構成要素の変化率の関係は，供給独占企業が直面する収入の変化と価格・販売量の変化の関係，企業の限界費用と平均費用の関係など，経済学におけるいくつかの公式の導出に用いられる。

復習問題

(1) 9.1節（貯蓄選択），9.2節（余暇選択）のモデルにおいて，以下の各問に答えよ。

　A. 消費税と比例労働所得税は，消費者の効用に対して等価な効果を与えることを示せ。

　B. 9.1節（貯蓄選択）のモデルにおいて，(i) 利子所得税 (ii) 労働所得税はそれぞれ死重損失を伴うか，伴わないか。

　C. 9.2節（余暇選択）のモデルにおいて，(i) 労働所得税 (ii) 消費税 はそれぞれ死重損失を伴うか，伴わないか。

(2) (i) 余暇，(ii) 土地，(iii) 農家の自家消費，(iv) 専業主婦の家事労働 の4つのケースについて，

　A. 「帰属所得」（Imputed Income）とは何か？

　B. 帰属所得への課税は可能か？

(3) 図表9-7（労働所得税の死重損失（消費-余暇選択において））で，課税後の余暇選択がもたらす，(i) 余暇からの効用，(ii) 消費（労働所得）からの効用，(iii) 取引所得（税引き前），(iv) 総合所得（税引き前）を示せ（例：面積 $AEDO'$）。総合所得は労働者の余暇選択に応じて変化しないが，取引所得は労働者の余暇選択に依存することを確認せよ。

(4) 一括税（Lump-Sum Taxes）とはどのような税か。一括税のメリットとデメリットを述べよ。

発展問題

(1) 図表9-1を用いて，労働所得税が死重損失をもたらさないことを示せ。利子所得税の死重損失は，どのように表されるか。

(2) 図表9-6(b)における余暇の需要曲線を，手取り賃金 $w(1-\tau)$ の関数として $E(w(1-\tau))$ と表し，これが正の定数 a，b について $E(w(1-\tau))=a-bw(1-\tau)$ という形

---

[22] $(\tau_i^w \text{ の変化}) \times (wl \text{ の変化})$ が十分に0に近い際にこの近似が成立する。

であるとする。また，租税が税引き前賃金 w を変化させないと考える。図表9-7より，以下を示せ：「死重損失は税率の2乗に比例し，また労働供給の賃金弾力性が大きい方が死重損失はより大きい」。

（解答は，本書サポートページを参照。）

第 10 章

所 得 税 制
：理念と現実，および変遷

　本章では所得税の制度を取り扱う。シャウプ勧告に基づくわが国の所得税は，戦後の各先進国と同様，所得の源泉を問わず合算して課税する「**包括的所得税**（総合課税）」と，高額の所得階層に対してより高い税率を適用する「**累進課税**」の原則から成る。しかし，その後の制度の適用において，経済環境の変化に伴う現実の所得取引の高度化・多様化は，現実の制度を理念と乖離させていくとともに，さまざまな問題が指摘されるようになった。

　税制のインフラでいうと，わが国の所得税の特色は，源泉徴収制度の整備と納税者番号制度の長期にわたる不在が挙げられる。制度と税支払いの適用がどのようになされ，その過程でどのような問題が生じているのかを考察するのが，本章の目的である。本章後半では，各国の所得税制の変遷の特徴である，累進課税のフラット化や税額控除の利用などを紹介する。

10.1　所得税の理念と現実

▶所得税の理念

　わが国の所得税の理念（原則）は3つ挙げられる。

(i) 所得に対して，その源泉を問わず合算して課税する**包括的所得税**（総合課税）の原則。
(ii) 家族構成・職業・年齢などの人的事情に応じたさまざまな**控除**の制度。

さまざまな控除の適用によって，収入が「課税最低限」と呼ばれるある一定未満の対象には所得税が非課税となる。
(iii) 算定された課税所得について，高額の所得階層に対してより高い税率を適用する累進課税の体系。現在の国税の所得税においては，税率は5％から最高税率の40％まで，6段階に区分されている。

従って，ある家計に生じた収入は，原則的には以下のように課税される。
ステップ1：収入から必要経費を引いたものを所得とする。所得は，給与所得・事業所得・金融所得など，発生要因に関わらず合算される。これを，包括所得と呼ぼう：

$$\text{所得} = \text{収入} - \text{必要経費} \tag{10.1}$$
$$\text{包括所得} = \text{対象世帯に発生した所得の合計}$$

ステップ2：一部の必要経費の申告の煩雑さを避けるため，また課税の公平性を確保するため，家族構成・職業・年齢などの人的事情に応じた控除が適用される。このステップで適用される控除を，「所得控除」と呼ぶ。総合所得から所得控除を引いた値を，包括的課税所得と呼ぼう：

$$\text{包括的課税所得} = \text{包括所得} - \text{所得控除} \tag{10.2}$$

なお，包括所得が所得控除を下回ったときには，課税所得は0とみなされる（この点は後に，「税額控除」に関する説明において再述する）。
ステップ3：課税所得（原則 (i) と整合的であるには包括的課税所得）に対して，後述する累進課税表に基づいて，所得税額が決定する。

$$\text{所得税(包括的所得税)} = \text{包括的課税所得に対する累進課税} \tag{10.3}$$

▶ 所得税の仕組み：現実

現実には，個人の収入は，その発生要因により税務署による把握の仕方が異なる。例えば，サラリーマンの給与や一部の金融所得は後述する「源泉徴収制度」により税務署と勤務先・金融機関のやりとりによって把握されるが，

■図表 10-1　課税所得の区分

給与所得	俸給，給料，賃金，歳費および賞与並びにこれらの性質を有する給与に係る所得
事業所得	農業，漁業，製造業，卸売業，小売業，サービス業など，政令で定める事業から生ずる所得（山林所得または譲渡所得に該当するものを除く）
不動産所得	不動産，不動産の上に存する権利，船舶又は航空機の貸付けによる所得（事業所得又は譲渡所得に該当するものを含まない）
退職所得	退職手当，一時恩給その他の退職により一時に受ける給与およびこれらの性質を有する給与に係る所得
配当所得	法人から受ける利益の配当，剰余金の分配，基金利息並びに投資信託および特定目的信託の収益の分配に係る所得
譲渡所得	株式・土地・建物等の資産の譲渡による所得（事業用の商品などの棚卸資産，山林，減価償却資産のうち一定のものなどを譲渡することによって生ずる所得を含まない）
利子所得	公社債および預貯金の利子並びに合同運用信託，公社債投資信託および公募公社債等運用投資信託の収益の分配に係る所得
山林所得	取得してから5年以上の山林の伐採または譲渡による所得
一時所得	賞金，競馬の配当金，生命保険の一時金など，営利を目的とする継続的行為から生じた所得以外の一時の所得（労務又は資産の譲渡の対価としての性質を有しないもの）
雑所得	上記9項目のいずれにも該当しない所得。公的年金，非営業用貸金の利子，著述家や作家以外の人が受ける原稿料や印税など

　その他の収入の多くは，必要経費とともに収支計算などを申告する。また，必要経費・所得控除や課税最低限も，所得の性質によって異なるとみなされる。これらの理由により，発生した所得はいったん区分される。所得税法による区分は**図表 10-1**のとおりである。これらの内，給与所得・退職所得・（給与所得から派生する）公的年金などは**労働所得**，配当所得・譲渡所得・利子所得は**資本所得**と区分できる。事業所得・不動産所得・山林所得は，労働所得と資本所得の結合と考えられる。

　図表 10-2のとおり，前項で述べた原則（i）～（iii）に従い，これらの所得は区分項目ごとに，まず必要経費を除いたものが計算されて合算（損失があった場合は一定の範囲で損益通算）される（ステップ1（10.1）に対応）。次に，合算された所得に対して所得控除が適用される（ステップ2に対応）。

■図表 10-2　現実の所得税計算過程

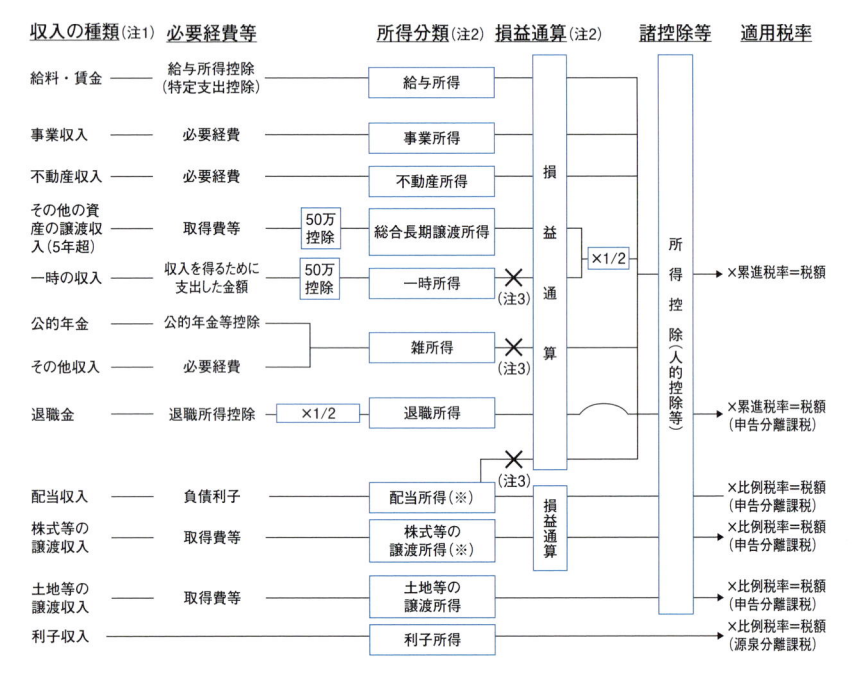

収入の種類(注1)	必要経費等	所得分類(注2)	損益通算(注2)	諸控除等	適用税率
給料・賃金	給与所得控除（特定支出控除）	給与所得	損益通算	所得控除（人的控除等）	×累進税率＝税額
事業収入	必要経費	事業所得			
不動産収入	必要経費	不動産所得			
その他の資産の譲渡収入（5年超）	取得費等	50万控除 → 総合長期譲渡所得	×1/2		
一時の収入	収入を得るために支出した金額	50万控除 → 一時所得	×（注3）		
公的年金	公的年金等控除	雑所得	×（注3）		
その他収入	必要経費				
退職金	退職所得控除	×1/2 → 退職所得			×累進税率＝税額（申告分離課税）
			×（注3）		
配当収入	負債利子	配当所得(※)	損益通算		×比例税率＝税額（申告分離課税）
株式等の譲渡収入	取得費等	株式等の譲渡所得(※)			×比例税率＝税額（申告分離課税）
土地等の譲渡収入	取得費等	土地等の譲渡所得			×比例税率＝税額（申告分離課税）
利子収入		利子所得			×比例税率＝税額（源泉分離課税）

（注1）　主な収入を掲げており，この他に「山林所得」，「先物取引に係る雑所得等」などがある。また，各種所得の課税方法についても，上記の課税方法のほか，源泉分離課税や申告分離課税等が適用される場合がある。
（注2）　各種所得の金額及び課税所得の金額の計算上，一定の特別控除額等が適用される場合がある。
（注3）　これらの所得に係る損失額は他の所得金額と通算することができない。
（※）　「配当所得」及び「株式等の譲渡所得」については，一定の要件の下，源泉徴収のみで納税を完了することができる（確定申告不要）。「上場株式等の配当所得」については，申告する際，総合課税（配当控除適用可）と申告分離課税のいずれかを選択可能。「上場株式等の譲渡損失」と「上場株式等の配当所得」との間は損益通算可能。
（出所）　財務省ホームページ

しかし，課税所得を導出する過程で，配当所得，株式・不動産の譲渡所得，利子所得など（つまり資本所得の多く）は，後に述べる理由により，「**分離課税**」として，別個に処理される[1]。すなわち，課税所得は2つのカテゴリーに分かれ，

$$\begin{aligned} 課税所得1 &= 包括課税対象項目 - 所得控除 \\ 課税所得2 &= 分離課税対象項目 \end{aligned} \quad (10.2)'$$

となる。ステップ3においては，上式の課税所得1に対しては累進課税が適用されるが，分離課税対象となる所得に対しては，累進税率ではなく，一律で課税所得の何％という形の**比例税率**が適用される。

$$\begin{aligned} 所得税 = &課税所得1に対する累進課税 \\ &+ 課税所得2に対する比例課税[2] \end{aligned} \quad (10.3)'$$

つまり，現実の所得税は，一部所得が包括課税対象項目から外れることで(i)から乖離し，分離課税部分に累進課税が適用されないことより(iii)から乖離する。

10.2 所得税の計算と適用

所得税の現実の計算のされ方 (10.1)，$(10.2)'$，$(10.3)'$ は，対象となる所得や世帯形態で異なる。本節では，最も単純なケースとして，単一の勤務先の給与所得のみを収入源とするサラリーマンの所得税額が，どのように計算され，どのように税の支払いが執行されるかを概観する。

---

[1] 資本所得への分離課税は，後に説明する源泉徴収と確定申告によるものに分かれる。このほか退職所得と山林所得も分離課税である。退職所得には累進課税が適用されるが，$(10.3)'$ では議論から省いている。

[2] なお，分離課税対象項目しか所得がない者は，課税所得2に対して所得控除が適用される。ただ，金融機関と税務署の間で税務が完了する利子所得に対しては，納税者が人的事情などを申告する機会がないので，所得控除が適用されない。また，金融所得の一部には優遇税制が課せられる場合もあるので，その場合は課税所得に適用される税率は3種類以上に細分化されることになる。

■図表 10-3　給与所得控除

給与収入金額	給与所得控除額
180 万円以下	収入金額×40％ 65 万円に満たない場合には 65 万円
180 万円超　360 万円以下	収入金額×30％＋18 万円
360 万円超　660 万円以下	収入金額×20％＋54 万円
660 万円超　1,000 万円以下	収入金額×10％＋120 万円
1,000 万円超	収入金額×5％＋170 万円（注）

(注) 2013 年度より，給与収入が 1,500 万円を超える場合の給与所得控除は 245 万円を上限とする。

副業等のないサラリーマンの場合

まず，給与収入に対して適用されるステップ 1 (10.1) において，会社員には，必要経費の申告に代えて，給与収入から差し引くことができる控除分が，**給与所得控除**として定められている[3]。給与所得控除は給与収入に従って図表 10-3 のように定められている。

従って，(10.1) での所得は，「給与所得」として，

$$給与所得＝給与収入－給与所得控除$$

と与えられる。

ステップ 2 において適用される控除の種類は多いが，いくつか代表的なものを図表 10-4 に挙げておく。

ステップ 2 において，所得税が非課税となる最大所得額（ここでは給与所得＝所得控除となる所得水準）を，「**課税最低限**」と呼ぶ。例えば，夫婦子 2 人，専業主婦，子のうち 1 人は特定扶養親族に該当の給与所得者の場合，課税最低限に対応する給与水準 Y_0 は，(10.1)，(10.2) および図表 10-4 より，以下のように導出される。

---

[3] サラリーマンの職務に関する支出額の合計額が，給与所得控除額を超えるときは，申告によりその超える金額を差し引くことができる制度がある（特定支出控除）。この控除に認められる支出は，転勤に伴う転居のための支出や，職務に直接必要な技術や資格を得ることを目的とした支出などである。

■図表 10-4　主な所得控除

本人	基礎控除		38 万円
配偶者	配偶者控除		38 万円
	配偶者特別控除		（注 1）
被扶養者	一般の控除対象扶養親族		38 万円
	特定扶養親族（19 歳以上 23 歳未満）		63 万円
	老人	同居老親等	58 万円
		その他	48 万円
所得の性質等	社会保険料控除		（注 2）
	公的年金控除		（注 3）

（注 1）　配偶者の所得が 38 万円以下である場合に配偶者控除が，38 万円から 76 万円の際に，配偶者の所得に従った配偶者特別控除（図表 10-9）が適用される。配偶者の年齢が 70 歳以上のときは，配偶者控除が 48 万円となる。
（注 2）　納税者が自己又および生計を一にする親族に関する社会保険料支払いが，全額所得控除となる。
（注 3）　公的年金の収入金額と年齢から適用される。公的年金などの収入金額の合計額において，65 歳未満は 70 万円，65 歳以上は 120 万円が課税最低限となる。

$$Y_0 \text{ が課税最低限} \Leftrightarrow Y_0 - \text{給与所得控除} \\ - (\text{基礎控除} + \text{配偶者控除} + \text{特定扶養控除}) \\ - \text{社会保険料控除} = 0$$

図表 10-4 より，本人および家族に関する控除は，合わせて 139 万円（＝ 38 万円＋38 万円＋63 万円）である。また，サラリーマンの年金・医療保険などの支払いは，被保険者負担を約 10％ と考え，これは全額社会保険料控除と算入される。こうしてこうして導出される Y_0 の値は，図表 10-3 における「180 万円超 360 万円以下」に対応するので，計算すると[4]，

$$\text{夫婦子 2 人，専業主婦，子のうち 1 人は特定扶養親族であるサラリーマンの課税最低限＝約 262 万円} \quad (10.4)$$

[4]　$Y_0 - (Y_0 \times 0.3 + 180,000) - Y_0 \times 0.1 - 1,390,000 = 0$ を満たす Y_0 は，261.7 万円である。

となることが分かる。

▶世帯構成による課税最低限の違い

世帯構成による課税負担の違いは,課税最低限水準を参照することで理解できる。まず,夫婦のみの給与所得者の場合,上のケースで考察した特定扶養控除がなくなる。(10.4)と同様の計算をすると,

$$\text{夫婦のみ(専業主婦)の給与所得者の場合の課税最低限} = 約157万円^5 \quad (10.4)'$$

となる。

さらに,共働きの給与所得者の場合は,配偶者が一定以上の給与所得を得ると配偶者控除(38万円)がなくなる。独身ないし共働きの場合は,脚注5と同様の計算により,

$$\text{独身ないし共働きの場合の課税最低限} = 約114万円 \quad (10.4)''$$

他方,年金受給者の夫婦で,配偶者が70歳未満である場合を考える。医療,介護などの社会保険料を10万円とすると,公的年金控除(120万円)+社会保険料控除(10万円)+基礎控除+配偶者控除(計76万円)の合計として,

$$\text{年金受給者の課税最低限} = 約206万円 \quad (10.4)'''$$

わが国の現在の制度では,年金は支払いのときも社会保険料控除として控除され,受け取りのときもその一部が公的年金控除として控除される。課税最低限は,住宅ローン支払いや子供の養育などの費用負担のある,現役の給与所得者よりも高い。つまり高齢者は,税制上優遇されている。

---

5 この場合,課税最低限に対応する給与所得控除の加算額は,図表10-3の「65万円」まで下がる。$Y_0 - 650{,}000$(給与所得控除)$- Y_0 \times 0.1$(社会保険料控除)$- 760{,}000$(基礎控除+配偶者控除)$= 0$ を満たす Y_0 は,156.7万円である。

■図表 10-5　所得税の限界税率表

課税所得	税率
195 万円以下	5%
195 万円超　330 万円以下	10%
330 万円超　695 万円以下	20%

課税所得	税率
695 万円超　900 万円以下	23%
900 万円超　1,800 万円以下	33%
1,800 万円超	40%

▶ 累進課税

　所得税（国税）の税率は，分離課税に対するものなどを除くと，5％から40％の6段階に区分されている。課税される総所得金額に対する所得税の金額は，図表 10-5 で求められる。

　例えば課税所得が 350 万円の場合には，税額は次のように求められる。上の表は，「課税所得金額 195 万円までは 5％，195 万円から 330 万円までは 10％，330 万円から 350 万円までは 20％」という意味で，

$$所得税 = 195\,万円 \times 0.05 + (330-195)\,万円 \times 0.1 + (350-330)\,万円 \times 0.2 = 27\,万\,2{,}500\,円\text{[6]}$$

である。夫婦子供 2 人（専業主婦，子のうち 1 人は特定扶養親族）で，年収 750 万円であれば，給与所得控除と諸所得控除の総計は 400 万円を超える[7]。従って，課税所得＝収入－諸控除＝350 万円であれば，上記が大体の所得税額である。もしこの人が，副業や臨時収入などから，追加的に（分離課税の対象でない）所得を得たときには，その追加的所得に対する税率は 20％ である。このパーセンテージを**限界税率**と呼ぶのであった。

　既に，社会保険料の被保険者負担は 10％（比例税率）であると述べた[8]。

---

[6] 確定申告のガイドなどでは，この部分の計算に有用な速算表がついている。

[7] 所得控除には，図表 10-4 のリストのほかにも，生命保険・地震保険や医療費など，多くの控除が存在する。

[8] 支払い社会保険料は制度によって異なるが，保険財政の逼迫を反映して各種制度において累次の引上げが行われてきた。現在では，年金・医療・介護保険を合わせた被保険者負担分は，10％を超える場合も多い。

そうすると，給与収入 750 万円に対する社会保険料は約 75 万円であり，上で計算された所得税額を大きく上回る。現在の日本では，かなり上位の収入階層まで，社会保険料の支払いが，所得税を大きく上回っている。これは，所得控除の数と総額が所得税の課税ベースを大きく浸食しているのみならず，サラリーマンの社会保険料は原則として控除の無い所得比例負担であるからである[9]。賦課方式下の社会保険料は，税と同様の負担と考えるのが自然であるから，所得税＋社会保険料の負担でみた累進性は，所得税の原則（iii）での想定よりもかなり低いものとなっているということができる。

▶ 年末調整と確定申告

では，(10.1)，(10.2)′，(10.3)′のステップで計算上得られる所得税額の，実際の納税のステップを見てみよう。計算どおりの税額を確定させ納付するには，収入・必要経費・該当する所得控除を，税務署が把握するか納税者が申告するかの必要がある。その際に用いられるのが，年末調整と確定申告という，2つのシステムである。以下，順に述べて行く。

前項に引続き，会社員の所得税の適用過程を述べる。典型的には，所得税の納税は以下の3つのステップ a〜c をとる[10]。

ステップ a：雇用者（企業）は発生した給与収入を税務署に通知する（所定の法定調書を提出する）。雇用契約の際に労働者（所得税納税者）が扶養家族の内訳などを雇用者に通知していれば，それらに応じた概算の所得税額が，給与より天引きされて，国に納付される。これを所得税の源泉徴収と呼ぶ（図表 10-6）。後に述べる年金・医療保険料も，同様の徴収形態がとられる。

ステップ b：年末近くにおいて，雇用主は従業員の1年間の源泉徴収額の合計額から，過不足金額を精算する。1年の納税額を確定し完結させるために行う手続きを，年末調整という。

例えば，1年の途中で配偶者や扶養家族に異動や就業があった場合は，図表 10-4 に従った家族構成による所得控除の算入も変更となる。また，支払

---

[9] 加えていうと，所得に比例する社会保険料が全額控除（社会保険料控除）になるということは，(10.3) の課税ベースと累進性を更に引き下げているということになる。

[10] ステップ a〜c は，所得発生から納税までの流れであり，所得税計算のステップ1〜3とは関係ない。

■図表 10-6　源泉徴収課税

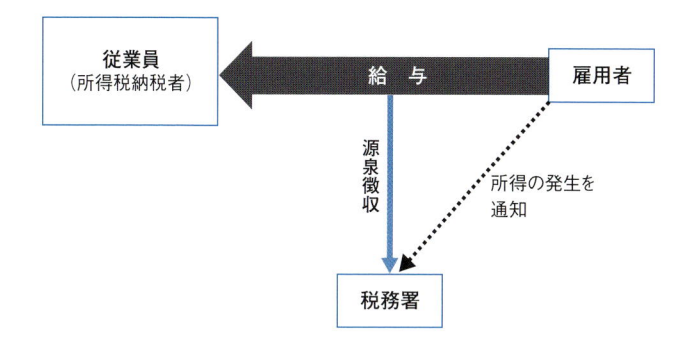

```
従業員                    給　与           雇用者
（所得税納税者） ←━━━━━━━━━━━━━━
    │                                  ┊
 源泉│                              所得の発生を
 徴収│                                  通知
    ↓                                  ┊
                  税務署  ←┄┄┄┄┄┄┄┄
```

った生命保険料や住宅ローンなども，所得税控除対象となる。従業員が年末調整の際に雇用主に証拠書類（所定の保険料控除証明書など）を提出すると，関連する所得控除がすべて調整される。年収が課税最低限（独身者で社会保険料を納付している者で約114万円）に達しなければ税金を払う必要がないので，ステップaでいったん源泉徴収された税額は，すべて年末調整で戻ってくる（ある月の給与とともに還付される）ことになる。また，このステップで，(10.2)に該当する所得控除を**すべて**調整できる場合は，(10.3)に対応する納税が年末調整で完了し，次のステップで述べる「確定申告」の必要がない。

ステップc：ステップa，bは原則として単一の勤務先と従業員（納税者）のやりとりなので，副収入や複数の勤務先があったときには，納税すべき額は年末調整では清算されない。また，控除の中でも医療費控除などは，年末調整では清算されない。これらの収入や控除がある場合には，税務署に総収入・控除や収支計算に必要な書類をそろえて，所定の申告書によって税務署で納税額ないし還付額を確定させる。このステップを**確定申告**という。

　ステップaないしbを経ている従業員は，勤務先より源泉徴収額どおりの額を記載した源泉徴収票という書式をもらい，確定申告に臨む。そして，源泉徴収額と最終支払額の調整（還付ないし支払い）を行う。

10.3 所得税および社会保険料における諸問題

▶ 給与所得 対 事業所得

給与所得者の源泉徴収と年末調整（ステップa，b）のシステムから，所得が遺漏する可能性は低い。他方，年末調整のシステムは，サラリーマンにとっては納税協力コストを下げる上で極めて利便性が高い。これに対し，自営業者や農家など事業者は，ステップa，bがないため，必要経費を自ら算出して確定申告をせねばならない。しかし，通常問題になるのは，事業所得における必要経費の範囲である。家屋と店舗・事務所，事業用の車と自家用車など，収支における必要経費の算定は客観的に難しいことが多い。本来課税対象となる所得のうち，税務署が実際に把握できている度合いが，業種により格差があると思われていることは，いわゆる「**クロヨン**」（給与所得者は課税対象の9割が把握され，個人事業所得者は6割，農業所得者は4割）という言葉で知られている。

ただし，クロヨン問題は，自営業者などがサラリーマンよりも所得税制上優遇されているとを即意味しない。第1に，サラリーマンにはかなり多額の給与所得控除（図表10-3）が認められている上に，雇用に伴って生じる社宅などの福利厚生が非課税となっている。第2に，納税協力コストは，事業所得の方がより高い。サラリーマンの確定申告は，その必要が発生したとしても，副業に事業などがない限り，事業所得者よりは容易である。第3に，必要経費の範囲が難しいことは，必要な経費が認められないケースを排除しない。したがって，事業所得（経費）の範囲の問題は，「事業所得と給与所得の公平な扱いが難しい」ということであり，所得税制においてどちらが優遇されているとは一概にはいえない。

▶ 労働所得 対 資本所得

配当所得・株式譲渡益などの資本所得についてもステップbはない。金融機関を通じて資本所得の捕捉が可能な場合には，金融機関と税務署の間でステップa（図表10-6）の源泉徴収を行う。銀行預金の利子所得（国税・地

方税合わせて20％の比例課税）はこの方式である。また，株式の譲渡益については，証券会社に「特定口座」という種類の口座を持っていると，売買損益の決済の際に，決済額から税金を引き落とし，納税を行う源泉徴収制度を選択することができる。このほかの資本所得があるとき，また損益通算（異なる証券会社口座間の株式売買損益の通算）などが必要な場合は，確定申告にて書類を提出し，納税額を確定させる。資本所得の多くには，分離課税が適用される。

　資本所得課税を煩雑にする要因の一つは，株式・不動産などの資本取引が譲渡益と元本（資産投資資金の返済）込で行われる場合に，前者を抽出しなければならない点である[11]。また，資本所得に必要な控除は，損失が生じた場合の損益通算や損失繰越し，資産の減耗などがあった場合の減価償却費・維持費などであるが，これらのためには場合によっては長期間となる記録管理などが必要になる。更に，リスクのある資本から対価を得るためには相応の金銭的・心理的・時間的負担がかかる場合も少なくないが，以下に述べる理由で，資本所得には合算して所得控除を適用するということをしていないため，給与所得控除のような手厚い控除がされない。

▶納税者番号制度の不在

　資本所得や自営業者らの所得を含め，所得の総合的把握のためには，各種の取引を納税者ベースで告知・管理することが必要になる。諸外国においては，各納税者に番号を付与し，各種の取引による所得および所得移動をこの番号によって把握する制度，すなわち**納税者番号制度**（あるいは社会保障・税の共通番号制度）を用いている。納税者番号制度においては，各種の取引に際して，納税者が取引の相手方（金融機関など）に番号を告知し，発生した所得に関する資料は，税務署において，納税者番号をキーとしてマッチング（突き合わせ）して整理・管理される（**図表10-7**）。勤務先や金融機関，および税務署は，こうして管理された情報をもとに，税額を源泉徴収したり，確定申告に必要な書類を提供したりできる。当然，納税者は納税者番号つき

11　譲渡益算出の煩雑さを避けるために，資本取引の一定割合を譲渡益と「みなして」課税する「みなし課税」（Presumptive Tax）が採用されることがある。

■図表10-7　納税者番号制度

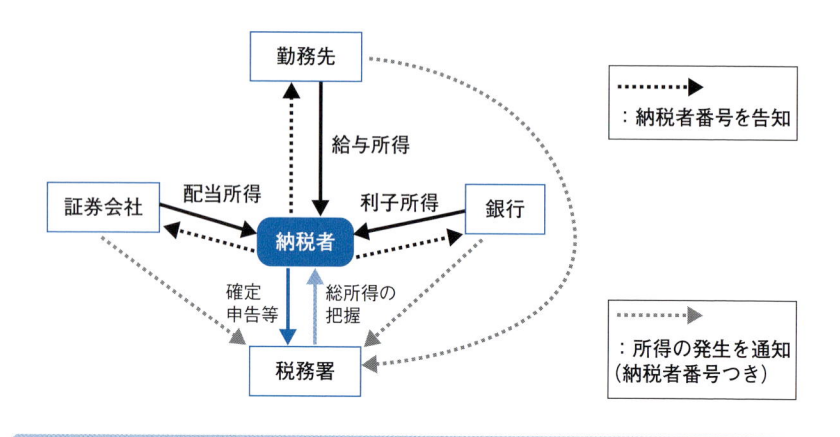

```
                    勤務先
                      ↕
          配当所得   給与所得   利子所得
   証券会社 ←――――→ 納税者 ←――――→ 銀行
                   ↗    ↖
              確定    総所得の
              申告等   把握
                  税務署
```

┈┈┈▶ ：納税者番号を告知

┈┈┈▶ ：所得の発生を通知
　　　　（納税者番号つき）

で確定申告を行う。スウェーデンなどでは，確定申告時に税務当局が，把握している納税者のすべての所得情報・源泉徴収額を記載した記入済み申告用紙（Pre Populated Tax Return）を送付する。納税者は用紙の記載事項をチェックし，追加申告事項などがあればそれらを加えて，署名・郵送することによって確定申告が終了する。

　例えば，サラリーマンが預金（利子所得）や株式（配当所得や譲渡益）を所有したとしても，源泉徴収と年末調整のみではこれらの所得を把握できない。納税者番号がなければ複数の所得源を同一の納税者とマッチングさせて税務署が管理することは難しい。氏名や住所によるマッチングでは，改姓や住所変更があった際の確認作業が大変である。わが国の源泉徴収制度はかなり整備されたものであるが，上述した「源泉徴収で所得税を完了する（確定申告の納税協力コストを省力する）」ものと整合的にするために，納税者番号制度がないわが国の税制は，資本所得を分離課税に**せざるをえなかった**というのが実情であろう。こうして，包括的所得税の原則からの逸脱が生じた[12]。また，分離課税分には（納税者の他の所得とマッチングさせないの

12　資本所得に対する課税は紆余曲折を経験した。包括的所得税の原則に対して，納税者番号制度の不在が，多様な金融取引に対する整合的な扱いを長らく不可能にしてきたのである。概略は11.4節を参照。

で) 累進税率が適用できない。これが, (10.3)′が所得税の原則 (iii) に反してしまう理由である。

▶ 専業主婦の優遇と業種格差：社会保険料について

本節までで触れた所得税が持ついくつかの問題のうち, 家族構成 (とりわけ, 配偶者が就業しているかどうか) と職種 (サラリーマンと自営業) の違いがもたらす負担の不公平性という問題は, ほぼ同じ形で, 社会保険料の負担においても存在している。ここでは, 公的年金と医療保険について概観する。

まず, 年金についてである。わが国の公的年金制度は, 国民すべてが国民年金制度に加入し, 年金給付を受けるという「国民皆年金」の仕組みをとる。戦後発展した年金は, 分立した制度体系をとっていたが, 1985年の改正において, 全国民共通に給付される基礎年金を創設するとともに, サラリーマンの厚生年金などの被用者年金は, 基礎年金給付の上乗せの「2階部分」として, 報酬比例年金を給付する制度へと編成された。現在の年金制度は (i) 自営業者などの「第1号被保険者」, (ii) サラリーマンや公務員などの「第2号被保険者」, (iii) サラリーマンや公務員などの配偶者で所得が0か一定額未満の「第3号被保険者」と区分され, 各々の保険料は図表10-8のように決まっている。

「1階部分」と呼ばれる国民年金は原則として全員加入である。第1号被

■図表10-8　わが国の公的年金（保険料負担）

		「1階部分」への拠出	「2階部分」への拠出
第1号被保険者 （自営業者, 学生, 無職者等）		国民年金 （定額支払い）	国民年金基金 （口数制, 任意加入）
第2号被保険者	民間のサラリーマン	厚生年金（給与収入から比例徴収）	
	公務員	共済年金（給与収入から比例徴収）	
第3号被保険者 （第2号被保険者の被扶養配偶者）		支払い義務なし	

保険者は定額の国民年金保険料を支払い，第2号被保険者（厚生・共済年金の支払者）は，老後には報酬比例分と合わせて基礎年金（1階部分）の受給資格を持つ。第3号被保険者は，扶養配偶者の保険料支払いによって，基礎年金の受給資格が発生するが，扶養者である第2号被保険者の保険料支払いは，独身や共働きであった場合と**変わらない**。つまり，所得税の配偶者控除と同様，専業主婦の家計への優遇が生じている。これは「第3号被保険者問題」と呼ばれる。なお，第1号被保険者の配偶者は，第1号ないし第2号被保険者である。

第1号・第2号被保険者の保険料支払いの違いは，10.2節および本節で述べた，所得税の業種間格差の問題とも関連している。第2号被保険者の保険料支払い過程は，10.2節**図表10-6**と同様で，雇用契約に従った政府（この場合社会保険庁）への通知と，保険料の給与からの天引きが行われる。国民皆保険の原則の適用により，この保険料支払いは義務（年金への強制加入）である。他方，第1号被保険者はこのようなシステムを持たないため，国民年金へは事実上任意加入である。更に，自営業者の所得の捕捉が難しいことにも由来しているが，第1号被保険者の保険料は定額払いであり，負担の逆進性から低所得者の負担が大きく，未納も社会問題化している。他方「2階部分」に相当する国民年金基金は，所得比例ではなく加入者が拠出額を選択する口数制であり，国民年金基金加入率は，2012年3月末で約2.7%にすぎない。すなわち，職業による取扱いの違いが，国民皆保険の原則を浸食している[13]。

分立した制度体系がもたらす同様の不公平性の問題は，医療保険にも存在している。医療保険は主に，(i) 自営業者などの国民健康保険[14]，(ii) サラリーマンが加入する健康保険組合，(iii) 公務員が加入する共済保険，(iv) 中小企業が加盟する全国健康保険協会管掌健康保険（協会けんぽ），(v) 75歳以上の高齢者が加入する後期高齢者医療制度　というふうに分けられている。市町村が運営主体の国民健康保険の自治体間の保険料格差の問題，協会

---

[13] 自営業者が負担を逃れているという見方も，自営業者に報酬比例年金給付が確保されないという見方も可能である。

[14] 国民健康保険は，世帯の所得に応じて算定される所得割，世帯の資産に応じて算定される資産割という「応能割」が存在する。

けんぽの健康保険組合や共済との保険料格差など，追加的な問題が指摘されうるが，専業主婦の優遇と業種間格差に関しては，年金と同じ構造を持つ。

▶ **所得税・社会保障と女性の労働供給**

　第9章で学んだように，所得税や社会保険料は予算制約式の形状に影響を与えるので，労働供給の決定に重要な要因となる。ここでは，本章で紹介した制度のもとで，専業主婦が就業した場合に直面する予算制約式と労働インセンティブの問題を考察する。

　主婦が労働をする場合，収入が一定額を超えると，配偶者（夫）の所得控除額に影響が出て，所得税負担が増える。具体的には，主婦が正社員ないしパートの給与所得者として就業した場合，収入が，給与所得控除の最低限である65万円（図表10-3）と基礎控除の38万円（図表10-4）の和である103万円を超えると，夫の所得税から配偶者控除の適用が認められなくなり，夫の所得税負担が増える。これを「103万円の壁」という。主婦の収入が103万円（＝38万円＋65万円）から141万円（＝103万円＋38万円）までの間は，夫の所得にはなおも「配偶者特別控除」が適用されるが，適用控除額は主婦の所得とともに漸減する（図表10-9）。すなわち，この区間の妻の収入は夫の所得控除を下げ，実質的にこの家計所得増加に正の限界税率が課せられる。

　また，主婦の収入が130万円未満であれば，夫の扶養家族として，主婦の

■図表10-9　配偶者特別控除

配偶者の合計所得金額 （給与所得控除65万円を除く）	配偶者特別 控除の控除額	配偶者の合計所得金額 （給与所得控除65万円を除く）	配偶者特別 控除の控除額
38万円を超え40万円未満	38万円	60万円以上65万円未満	16万円
40万円以上45万円未満	36万円	65万円以上70万円未満	11万円
45万円以上50万円未満	31万円	70万円以上75万円未満	6万円
50万円以上55万円未満	26万円	75万円以上76万円未満	3万円
55万円以上60万円未満	21万円	76万円以上	0円

社会保険料負担（医療保険や年金保険料など）はない[15]。しかし，主婦の収入が130万円（月収約10万8千円）を超える[16]と，主婦の職場での社会保険に加入となり，厚生年金と健康保険のある職場での給与所得の場合[17]，保険料（被保険者負担を約10％とすると13万円）により手取り賃金が下がる。これを「130万円の壁」という。

第9章で考えた消費－余暇選択を考えよう。所得税・社会保険料が存在するときの主婦の労働（L）と，主婦の所得（wL）がもたらす社会保険料負担と夫の所得税負担軽減を考慮に入れた予算制約式を，

$$C = wL - (主婦の社会保険料 - 配偶者控除ないし\\配偶者特別控除からの夫の所得税負担軽減)$$

で表そう。例えば，夫の所得税の税率が20％（課税所得が330万円から695万円の間）の場合，妻の給与収入 wL が103（万円）未満ならば，夫の所得税額は38万円×20％＝7万6千円軽減する計算になる。この値を図表10-10では HG で表している。横軸に E，縦軸に C をとった平面での予算制約式の傾きは，(i) 課税前所得が年間103万円未満ならば $-w$（課税前と同じ），(ii) 課税前所得が103万円を超えると，控除額の減少が実質的に所得税の限界税率と同じ役割を果たして予算制約式の傾きの絶対値を下げ（図表10-9から導出される予算制約式は複雑であるが，ここではイメージとして一定の限界税率で近似している），(iii) 130万円の壁を超えるところでは，限界税率は100％超である。実質的に正の限界税率に直面する主婦は，労働供給を点 A ないし点 B の手前でやめてしまうかもしれない。図は，(ii) の103万円のところで労働供給をやめてしまうケースを記述している。

15　夫の社会保険料負担は，主婦が扶養家族であってもなくても変わらないのは，既に述べたとおり。

16　このほか所定労働時間に関する規定（正社員の4分の3以上）も存在する。

17　業種により，主婦自身が国民年金（第1号被保険者）と国民健康保険に加入するケースも考えられる。また，夫が自営業者で，国民年金の第1号被保険者（年金）および国民健康保険（医療）加入者であれば，これらの制度には扶養家族の概念がないため（国民年金については，妻は年収がゼロでも原則第1号被保険者扱い，国民健康保険は，世帯の収入や人数によって保険料が決まっている），「扶養から外れる」という概念もない。

■図表 10-10　被扶養配偶者の予算制約線と労働供給

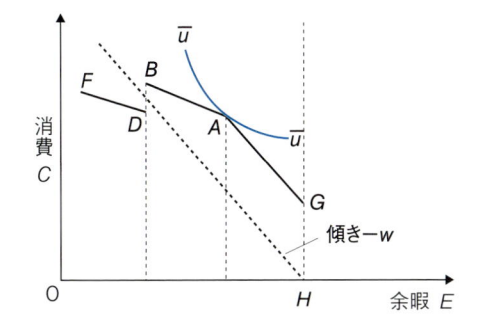

10.4　所得税の変遷と今後

　先進各国の所得税制は，経済環境の変化などを受け，第2次世界大戦後の包括的所得税・多段階累進課税体系からの移行を進めている。移行の方向や程度は国によってまちまちであるが，ここでは，累進課税のフラット化，資本所得課税の見直し，税額控除の利用の3つについて取り扱う。

▶ 累進課税のフラット化

　高額所得者からの課税と所得再分配を重視していた，戦後から1970年代までの世界の所得税制は，今日よりも段階が多く最高限界税率も高いものであった。わが国においても，消費税導入前の1986年においては，所得税の限界税率表は15段階からなり，最高限界税率は70％（地方税を合わせると88％）であったのが，今日では6段階・最高限界税率40％（地方税を合わせると50％）となっている。累進度の段階を減らし，合わせて限界税率を軽減させる政策を，所得税のフラット化と呼ぶ。

　所得税のフラット化の経済効果の一部は，9.3節の消費-余暇選択のフレームワークを用いて図表10-11のように表すことができる。当初，この経済には図表9-9のように限界税率が増加する累進課税の所得税が存在し，労働

■ 図表 10-11　所得税のフラット化

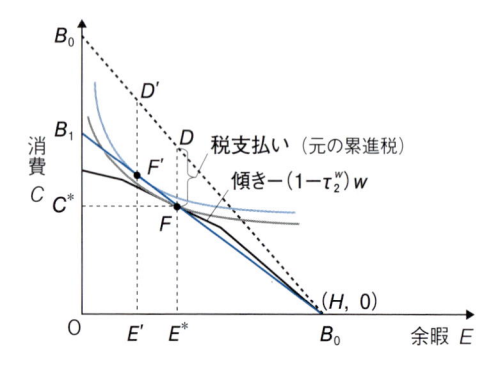

者は図の F にて効用を最大にしている。ここで，代替的に点 F を通過する比例所得税を伴う予算制約線 B_0B_1（図の青線）を導入し，税収と消費者の効用の変化を考えてみよう。B_0B_1 は，累進税のもとでの最大効用水準に対応する無差別曲線（点 F において傾き $-(1-\tau_2^w)w$）と交差する。また，B_0B_1 の傾きの絶対値は $(1-\tau_2^w)w$ より大きいので，図では労働者の労働意欲を増大させ，労働者へのより高い効用水準（青の無差別曲線）とより高い税収（線分 $D'F'>DF$）をもたらす。すなわち，よりフラットな所得税制（ここでは比例税）の導入は，より大きな効用（より少ない効用の損失)，より多い労働供給とより高い税収をもたらす（！）。

　課税の死重損失の大きさは限界税率に関係している。よりフラットな税は，より低い限界税率を伴うことで，労働供給・税収・労働者の効用に正の影響を及ぼしうるのが，フラット化の便益である。他方で，新しい青の予算線が導入されると，もとの累進課税下で点 F よりも低い労働所得の労働者（低所得者）の厚生は下がり，また高所得者（図の第 3 ブラケット）からの税収も下がることも分かる。すなわち，中所得者からの税収の増加と，中高所得者の死重損失の除去[18]に伴うゲインが，青線よりも低い比例税（より上方の予算制約線）を保証するのでない限り，比例税が累進税よりも社会厚生上望ましいということにはならない。

▶ 資本所得課税の見直し

前節では、現行のわが国の税制では資本所得は分離課税とせざるを得なかったと述べたが、仮に納税者番号制度のような総所得（包括所得）の把握がより容易なシステムがあったとしても、資本所得を包括所得に含め、累進課税下に組み込む**べき**かは、また別の問題である。

年間の資本所得は、一定期間を通じて資本が生む報酬であるが、それを課税所得として確定しようとすると、その発生額をどうとらえるかという問題が生じる。株式や土地などの資産の譲渡益（キャピタルゲイン）の場合、保有している資産が値上がりした際には、売却しなくても「含み益」（値下がりの際には損失）が発生する。資産を担保に消費をすることが可能であれば、所得としては、発生ベースでとらえるべきである。しかし、キャピタルゲインが実現していない以上は、未実現キャピタルゲインに課税をしようとしても納税のためのキャッシュがないかもしれない。現実には、キャピタルゲインは実現時にのみ課税されることが多いが、**未実現のキャピタルゲインへの非課税**は、資産保有・売却行動に非効率性を生むことが知られている。資産の売却時に税金が課されるので、資産保有者は、資本所得税がなければ売却していた資産を、税支払い回避のために、過剰に長く保有することが得になる場合が存在するのである。このように、税制が資産保有の流動性を下げることを、「**資産凍結効果**（ロックイン効果）」という[19]。また、そのような誘因は、所得税（の限界税率）が高いほど高い。

また、資産保有期間中に起きる物価の変化によって課税所得および控除額が影響を受ける。累進課税であれば、これらの影響は更に増加する。スカン

---

18 高所得者への高い限界税率が、租税回避の抜け道の利用や課税対象資産構成の複雑な変更、更には海外への課税所得移転や脱税まで誘発する可能性はあり、経済のグローバル化や資本取引の高度化はそういった誘因を高めたであろうが、限界税率の低下がそういった社会的費用をどの程度減少させ得るかも含めて、総合的な考察の必要がある。

なお、第11章で触れるホール（R. E. Hall）とラブシュカ（A. Rabushka）の「フラット・タックス（Flat Tax）」においては、累進度のフラット化は提言の一部ではあるが中心ではないと考えるべきである。詳しくは次章で触れる。

19 逆に、短期的に損失が出た資産に対して、損失の控除扱いが可能であれば、長期的視点からして保有すべき資産を、税控除がもたらす便益のために手放すような行動も生じる。詳しくは、鈴木将覚（2009）「キャピタルゲイン税改革について——「ロックイン効果」をいかに回避するか」（みずほ政策インサイト）を参照。

ジナビア諸国では，帰属地代への課税が行われていた（第9章脚注14）ときに，住宅ローンの利子が控除できる制度となっていた。例えば，金利が10%であり，高額所得者の限界税率が60%であるとき，支払利子が課税所得から控除されることによる借入金の実効金利は，10%×(1−0.6)＝4%にも下がる。このとき，住宅などの投資対象や，その他非課税ないし租税優遇措置の適用される資産の税引き後の収益率が4%を超えていれば，借金をしてでも，資産投資をすることによって利益を上げることができる。インフレによる税引き後の実質利子率の低下は，投資誘因をさらに強めた。このような税制による便益は，高額所得者により強く働くことになるので，これらの国では高額所得者の過度な住宅投資と租税回避が，所得税収を大幅に毀損するほど増加し，一般の人々には不公平感を与えた。

包括的所得税・累進課税における資本所得への課税に関する問題は，これだけにとどまらない。キャピタルゲイン実現への回避（あるいは発生所得の算定の問題）や課税所得の物価調整が困難であることが引き起こす問題は，機械・建物などの資産においても生じる。また，企業が投資資金の調達を借入・株式発行および内部留保のいずれから行うか，という際にも生じる。こうした中で，資本所得課税のあり方に抜本的な改革が必要であるという認識が，欧米諸国では確立していった。欧米とは異なる形で資本所得の分離課税を進めていたわが国が，欧米のより新しい所得税から何を学べるかについては，次章で詳しく学ぶ。

▶ 税額控除の利用[20]

いままででみてきた控除は，課税所得金額を算出・確定するために収入額から差し引くもので，このような控除を**所得控除**と呼ぶ。これに対して，「所得税額から直接金額を差し引く」形式の控除も存在し，これを**税額控除**という。

税額控除においては，控除を累進税率適用**前**の (10.2) に用いるのではなく，(10.3)（ないし (10.3)′）の**後**に適用し，

---

[20] 森信茂樹（編）(2008)『給付つき税額控除——日本型児童税額控除の提言』（中央経済社）に，税額控除政策の概要と税制中立的政策に関するシミュレーションがある。

$$\text{所得税支払い}=(10.3)\text{の税額}-\text{税額控除} \qquad (10.5)$$

とする。代表的な税額控除に「住宅ローン控除(住宅借入金等特別控除)」があり，2010年から導入された子ども手当(現児童手当)なども，もともとは税額控除形式の福祉政策をモデルとしていた。

　住宅ローン控除とは，住宅を借入で購入，または増改築した場合に，年末の借入残高に応じて所得税が還付される税額控除のことである。ただし，住宅ローン控除においては，納税者の所得税を上回る還付は受けられない(例えば，住宅ローン控除相当額が40万円で，対象納税者の所得税が30万円だった場合は，所得税還付は30万円である)が，税額を上回る控除額を給付として許容した形にしたものを，「給付つき税額控除」と呼ぶ。

　所得控除は累進課税制度のもとでは高所得の納税者の方が限界的な税負担軽減が大きいため，税負担の累進性を阻み，また課税ベースを狭めるため，所得控除を新設・拡充しても低所得者に恩恵が及ばなかったり，徴収効率が下がったりするなどの問題が生じる。これに対して，税額控除は，課税所得を侵食するものでなく，恩恵が逆進的になることもない。給付つき税額控除では，課税最低限未満の所得者への施策が可能になるので，累進性は更に上がると考えられる。ただし，給付に当たっては所得税収の減少が生じる。また，給付なし税額控除はサラリーマンの場合，徴税業務の一環として源泉徴収・年末調整で対応が可能であるのに対して，給付が必要な場合は還付に関する確定申告(あるいは市役所などを通じた給付手続き)を行わなければならない。

　給付つき税額控除として最近注目されているのは，カナダなどで行われている，消費税負担分を低所得者に還付する制度である。カナダの消費税税額控除(GST Tax Credit)においては，確定申告の際に申告された所得・家族構成(配偶者や扶養家族)に応じて，一定以下の低所得者に対して，必要最小限の消費支出にかかる消費税の相当額を，税額控除として給付する。形式的には，所得制限付きの子ども手当とも考えられる。この政策は目的が分かり易いのみならず，給付の算定も所得と家族構成という外形標準に則る簡素なものである[21]。ただし，総所得の把握と円滑な執行のためには，納税者番

なお，税額控除の導入は類似した所得控除の廃止を伴うべきである。例えば，給付つき税額控除政策として子ども手当を考えるならば，所得控除，とりわけ対応する扶養控除などは削減・廃止の対象とならねばならない。実際に子ども手当導入の際には，扶養控除は縮小され（以前は15歳未満の扶養親族に与えられていた扶養控除（38万円）は，子ども手当と引き換えに廃止された），所得税の課税最低限は引き下げられた。

▶ 就業と公的扶助

9.3節では，現在のわが国の公的扶助の一つである生活保護政策は，労働供給への強い負の誘因を与えていることを示した。諸外国でも，貧しい家計に所得保証を与えようとすると，その家計が福祉政策に依存してしまう，というジレンマは，長年の課題であった。アメリカでは，公的扶助受給者には就労を促す（条件とする）という政策が形作られていき，それは**勤労所得税額控除**（Earned Income Tax Credit；EITC）という形で強化されていった。

EITCは給付つき税額控除の一類型である。受給に関しては，就労が条件になる（**図表10-12**の座標 A を参照）。低所得者への補助金は次の3つの段階に分けられる。

フェーズイン段階：所得が非常に低い段階（AB）では，所得の一定割合に対して補助金 $s>0$ が付加される。この区間では，働けば，雇用者からの賃金以上が，政府から給付される。

フラット段階：所得が BD に対応する段階では追加的な補助金はなくなる。この区間では限界税率が0の定額給付が与えられる。

フェーズアウト段階：所得が D に対応する段階を超えると，補助金は所得の増加に応じ徐々に減少し，F のところで補助金が0になる。

フェーズイン段階では追加的な補助金をもらうので限界税率は負，フラット段階では限界税率は0である。フェーズアウト段階では限界税率は正であ

---

21 このほかにオランダでは，低額所得者の社会保険料負担を所得税の税額控除と相殺する給付なし税額控除が存在する。所得税よりも累進度の低い社会保険料負担が所得税よりも相対的にかなり大きいわが国にとっては，興味深い政策と思える。

■図表10-12　勤労所得税額控除

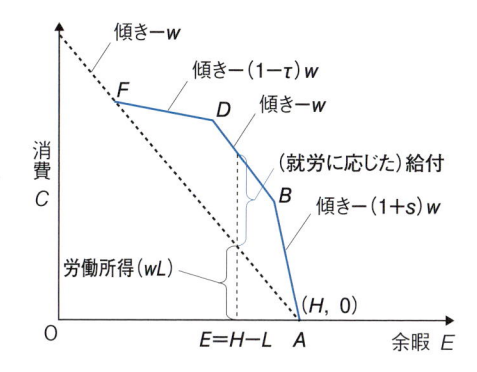

図中ラベル：傾き$-w$、傾き$-(1-\tau)w$、F、D、傾き$-w$、(就労に応じた)給付、B、傾き$-(1+s)w$、消費C、労働所得(wL)、$(H, 0)$、O、$E=H-L$、A、余暇E

るが，生活保護のように100%ではない。従って限界税率は生活保護の場合より低く，労働抑制効果が起きる領域（DF）もより小さい。とりわけ，線分AB部分では手取り所得が労働とともに増えるという労働促進の誘因を持たせることで貧困からの脱却を促すという，生活保護と逆の発想を用いている。

　この制度が所得保証および財政負担に与える影響は，いずれも対象者の労働供給の（手取り）賃金弾力性に依存する。例えば，線分ABでは，労働供給が手取り賃金に弾力的であるほど，所得保証の政策目的は達成される（補助金による財政負担も増えるが，生活保護と違い，一部は受給者自身の就労所得である）。線分DFでは，労働供給が手取り賃金に弾力的であるほど，受給者の所得低下も財政負担も上がることになる。政策効果の大きさは，実証分析に委ねられる。EITCは，政策の目的どおり，対象者の労働供給に正の効果を与えているとする研究が多い[22]。

　なお，EITCを含めた給付つき税額控除において重要になるのは，受給資格となる個人・世帯の所得の捕捉である。給付つき税額控除を導入している諸外国では，納税者番号制度を導入しており，対象者の所得や資産などの審

---

[22] 第9章脚注20で挙げた阿部　彩・國枝繁樹・鈴木　亘・林　正義（2008）『生活保護の経済分析』（東京大学出版会）などを参照。

査を経て，受給者を決定する。

復習問題

(1) わが国の所得税の理念を3つ述べ，現実がどのように乖離しているかを述べよ。
(2) 副業等のないサラリーマンの場合の所得税額の計算過程（ステップ1～3）と適用過程（ステップa～c）を述べよ。
(3) 夫婦子供2人（専業主婦，子のうち1人は特定扶養親族）で，年収が750万円であるときの，この家計の所得税額を求めよ。社会保険料はいくらか。
(4) 源泉徴収制度と納税者番号制度のメリットを述べよ。わが国にあるのはどちらか。
(5) (i) 所得控除と税額控除の違いを述べ，後者のメリットを述べよ。(ii) 給付なし税額控除の例を述べよ。(iii) 給付つき税額控除の例を述べよ。

発展問題

(1) 累進課税のフラット化のメリットとデメリットを述べよ。
(2) 生活保護とEITCの違いを述べよ。

（解答は，本書サポートページを参照。）

第 11 章

税制改革の視点

わが国の税収の構成要素で最も高い3つの税は**所得税・法人税・消費税**であり，税率や対国民所得比などの国際比較でみて，それぞれ低い・高い・低いのであった。今後の税制の設計においては，これら3つの税をどのようにしていくかが重要な問題となる。所得税の構成要素で最も高くかつ安定した要素は，サラリーマンや公務員の給与所得である（**図表11-1 参照**）。サラリーマンや公務員は，所得税のほかに年金や医療に関する**社会保険料**を徴収されている。これらは，負担や死重損失の意味で労働所得税と同じ効果を持ち，また所得税と同様の業種間格差の問題を抱えている。

本章では，簡単な経済モデルを通じて消費税と所得税を比較検討し，合わせて前2章で取り上げた所得税の問題を再考察する。また，課税ベースを所得とするか消費とするか，あるいは資本所得の税負担がどの程度か，を考察するには，実は法人税を考察に含めなければならないことを示す。更に，包括的所得税の原則に代わるべき租税原則・ルールとして提唱・考察されてきた所得税および法人税体系の諸類型を紹介し，わが国の税制改革への含意を議論する。

11.1　基本モデル：所得税と消費税

議論の出発点として，第9章9.1節と9.2節のモデルを統合した以下のような体系を考える。家計の生涯は第1期（若年期）と第2期（老年期）から

■ 図表 11-1　消費税収（上）と所得税収（下）の推移

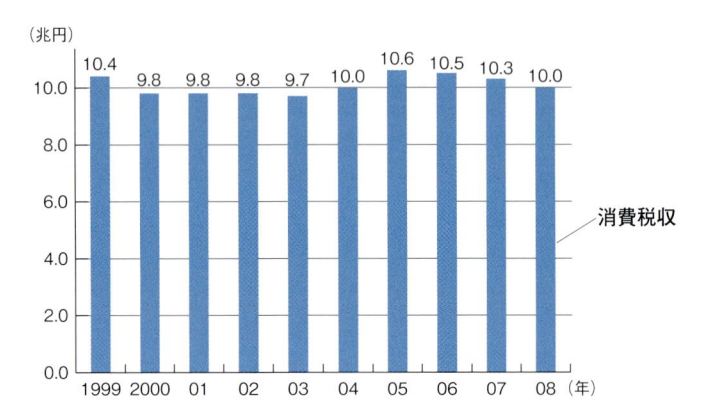

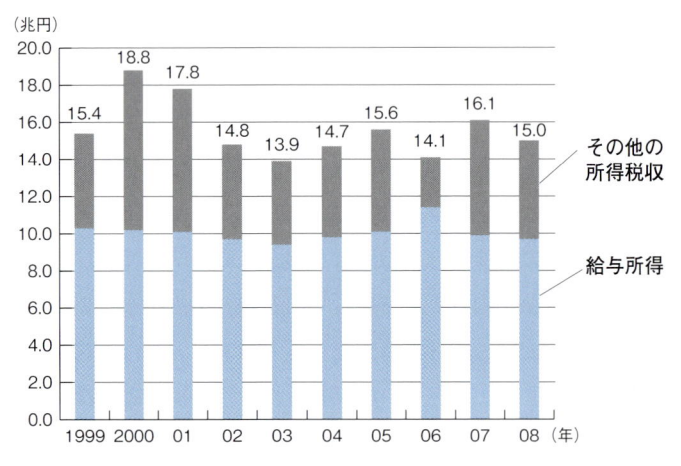

（出所）　財政金融統計月報，財務省ホームページ

成る。第1期には，労働時間および貯蓄に関する意思決定を行う。家計は与えられた時間を労働（所得稼得行動）とそれ以外の時間（余暇）に分ける。労働所得 Y が賃金 (w)×労働時間 (L) と決まった上で，家計は Y を若年消費 C_1 と貯蓄 S に充てる。第2期には家計は労働供給を行わないとする。貯蓄 S には利子 $r>0$ がついて老年期の消費 C_2 に充てられる。また，本章では閉鎖経済を仮定する。

まず，所得税を考える。本節ではまず，9.2節で考察したような比例税率

の労働所得税を考える（さしあたって資本所得税は考えず，$\tau^r=0$ とする。資本所得税および累進所得税は後で議論する）。労働所得 $wL=Y$ に税率 τ^w の所得税を課すと，税引き後での異時点間予算制約式は，9.1節の (9.2)′ および9.2節の (9.6)′ を参照すると，以下のようになることが分かる：

$$C_1+\frac{C_2}{1+r}=(1-\tau^w)wL \tag{11.1a}$$

次に，消費税を考察する。第1期と第2期の消費に，一律の消費税率 τ^C である消費税を課すと，税引き後での異時点間予算制約式は，9.1節の (9.2)″ および9.2節の (9.6)″ を参照すると，以下のようになることが分かる：

$$(1+\tau^c)\left(C_1+\frac{C_2}{1+r}\right)=wL \quad \text{ないし} \quad C_1+\frac{C_2}{1+r}=\frac{1}{1+\tau^C}wL \tag{11.1b}$$

(11.1a) と (11.1b) を比較してみると，以下のことがいえる：

所得税と消費税の等価性：税率 τ^C の消費税は，比例税率 $\tau^w=\tau^C/(1+\tau^C)$ の労働所得税と，消費者の効用に対して等価である。

この事実は，第9章において部分的に述べられているが（正確な証明は第9章復習問題 (1) A.の解説を参照），基本性質として強調に値するものであり，本章ではここから議論をスタートさせる。まず，3つの注を述べる。

第1に，家計が生涯に得られる可処分所得に従い生涯消費を決定させる，「恒常所得仮説」の想定もとでは，生涯消費（予算制約式の左辺）を課税ベースとする消費税と，生涯所得（予算制約式の右辺）を課税ベースとする所得税は，等価な経済効果をもたらす。直接税・間接税の分類においては，所得税が直接税，消費税が間接税に属する。しかし，ここで示した等価性からは，いわゆる「直間比率」は**重要でない**。

第2に，ここでは消費税は**比例税**ととらえられることに注意されたい。よく，「消費税は**逆進的な**税である」と言われる。なぜ「逆進的」と言われるかは，(i)「より」累進的な所得税と比べれば「相対的に」逆進的[1] (ii) 変

---

[1] しかし，職種別の所得控除やさまざまな租税回避措置が，高所得階層に便益を与える場合は，所得税の実質的な累進性は割り引いて考えられなければならない。

動所得を含めた当期所得と当期消費の関係を考えれば,平均消費性向は低所得者の方が高くなる からである。後者からみた逆進性は,生涯効用で考える立場からは必ずしも正当化されない。高齢化社会において,当期所得と恒常所得の差が顕著に表れるのが,引退世代である。引退世代の当期所得(本モデルでは rS)は消費より低いため,当期所得と当期消費の関係をみてしまうと,ここでの真の担税力を示す恒常所得(生涯単位で本モデルの wL)で考えた場合と比べて,逆進性が過度に示されてしまう[2]。

第3に,ここで考察した,比例所得税と消費税の等価性は,比例所得税と付加価値税(Value Added Tax)の等価性を考えることでも得られる。一定期間に経済におけるすべての人々が受け取る国民所得は,経済全体の財やサービスの総生産に等しい。所得に対する比例課税は,消費に対する一律課税と同等になる。ここで考える消費税の課税ベースは,製造・卸売・小売といったそれぞれの段階での付加価値か,最終消費者の消費かのいずれかである。前者を課税ベースとするものを付加価値税,後者への税を小売売上税と呼ぶ。企業レベルでの消費財課税においては,一般には投資財は全額控除である。経済全体では貯蓄と投資が等しかったことを想起すると,

$$消費 = 国民所得 - 総貯蓄 = 総生産 - 総投資 \quad (11.2)$$

と考えることができる。これを課税ベースから考えると,消費課税は,(i) 家計レベルで貯蓄を控除した所得課税および (ii) 企業レベルで投資を控除した付加価値税ないし小売売上税と等価である。(i) は後に述べる支出税(Expenditure Tax),(ii) は,支払給与や支払利子などを控除しない売上税である[3]。ここでの議論は,上の直接税と間接税と同様,家計に課税するか企業に課税するかは重要ではなく,何を課税ベースとするかが重要であることを示唆している。

---

[2] 大竹文雄・小原美紀 (2005)「消費税は本当に逆進的か——負担の公平性を考える」(論座,127号,44-51),八塩裕之・長谷川裕一 (2009)「わが国家計の消費税負担の実態について」(経済分析,182号,27-47)。

11.2　等価性：いくつかのポイント

▶ 資本所得税の存在

実際の所得税では，労働所得 Y のみならず資本所得（ここでは利子所得 rS）も課税対象である。現実には，預金利子，配当，株式譲渡益，不動産譲渡益などである。第 10 章では，わが国の所得税の中心原則の一つとしての包括的所得税と，資本所得に関する分離課税を学んだ。なお，投資収益の一部は，法人税として企業レベルで課税されている。

いま，税率 τ^w の労働所得税に加えて資本所得に税率 $\tau^r > 0$ の資本所得税を課すと，(9.2)′ より，

$$C_1 + \frac{C_2}{1+(1-\tau^r)r} = (1-\tau^w)wL \qquad (11.1a)'$$

となる。(11.1a)′ と (11.1b) を比較すると，$\tau^r = 0$ でない限り，所得税と消費税は等価ではないことが分かる。

従って，資本所得にどのような課税がなされているかが，税制の特性を決定する。例えば，戦後の所得税制の中心原理であった包括的所得税（総合課税）においては，資本所得は労働所得と同じ扱い（比例税制のもとでは $\tau^r = \tau^w > 0$ と書ける）であり，わが国の所得税では労働所得と資本所得が事実上別扱いになっているが，多くの資本所得は非課税ではない（比例税制のもとでは，$\tau^r \neq \tau^w$，$\tau^r > 0$ と書ける）。

他方で，所得税と消費税が組み合わさった税体系においては，(i) 資本所得税率 τ^r が低いほど消費課税に近く，また (ii) 消費税率 τ^c が高いほど実質的な課税ベースは資本から労働にシフトする，といえる。欧米でいうと，

3　後に詳しく述べるが，労働や資本への報酬支払は付加価値の一部なので，企業ないし家計レベルにおいて，課税ベースに含まれる。ただし，原材料の仕入れは控除（ないし卸売レベルの取引は非課税）とする。なお，企業の利潤（企業報酬）が家計に分配されていない場合は，(i) には企業への課税が加味される。企業報酬は，経営者や株主への将来の報酬や，再投資資金など多様な用途を含んだものなので，労働所得と資本所得の結合と考えるのが適切である。11.3 節で言及するフラット・タックス（Flat Tax）においては，企業報酬は (ii) での付加価値税率下にあり，他方，二元的所得税（Dual Income Tax）においては，企業報酬には資本所得と同率の税が課せられる。

所得税のウエイトの高いアメリカでは，個人退職年金勘定（IRA）への一定範囲の免税や401（k）型年金など，資本所得にはいくつかの免税・軽減措置が敷かれており，EU諸国では，標準税率15％の付加価値税が政府財源の基幹であるがゆえ，いずれも実質的に資本軽課の方向へシフトしているということができる。

▶ 課 税 ベ ー ス

次に，代替的な税の課税ベースと税額を，生涯単位・期間単位でみていくことにする。

まず，労働所得税と消費税の比較においては，同額の生涯税負担（$\tau^w = \tau^C/(1+\tau^C)$）であっても，所得税の税負担は現役期に偏るのに対して，消費税の課税ベースは，期間ごとに分散される。この場合，(9.1)′による最適民間貯蓄 S^{*w} は，家計の最適消費 C_1^* について，

$$S^{*w} = (1-\tau^w)Y - C_1^* = Y - C_1^* - \tau^w Y$$

であるのに対し，同額の税収（税負担）をもたらす消費税 (9.2)′による最適民間貯蓄 S^{*C} は，

$$S^{*C} = Y - (1+\tau^C)C_1^* = Y - C_1^* - \tau^C C_1^*$$

である（等価性により，同じ C_1^* が選択されていることに注意）。ところが，等価な生涯税負担を与える所得税と消費税については，

$$\tau^w Y = \tau^c(C_1^* + C_2^*/(1+r)) > \tau^c C_1^* \Leftrightarrow S^{*w} < S^{*C}$$

すなわち，同額の生涯税負担であるように設定されても，若年期のキャッシュ・フローや，資本蓄積に用いられる民間貯蓄は，消費税の方が多い。これは，課税のタイミングが資本蓄積を通じて経済成長に影響を与える場合であり，消費課税の方がマクロの資本蓄積や経済成長にとって望ましいことを意味する[4]。これに対して，家計が若年期に借入制約に直面しているときには，

---

[4] Ihori, T. (1987). Tax Reform and Intergeneration Incidence. *Journal of Public Economics*, 33, 377-387.

■図表11-2 支払い税額

	第1期	第2期	備考
消費税	$\tau^c C_1^*$	$\tau^c C_2^*$	$\tau^w=\tau^c/(1+\tau^c)$, $\tau^r=0$
労働所得税	$\tau^w wL^*$	0	ならば，同額の生涯税負担
資本所得税	0	$\tau^r rS^*$	

利子所得税が人生の初期段階への消費の課税軽減になっていることを通じて厚生を増加させることを示す研究もある[5]。

また，マクロ経済の文脈では，恒常所得を課税ベースとする消費税は，景気・雇用情勢に左右されず，**安定的な税収**が得られる。他方，一時所得も課税ベースに含む所得税は，景気に感応的であり，**自動安定化機能**（第2章・第6章）を期待することができる。

なお，**図表11-2**では更に，同じ生涯所得額（$Y=wL^*$）の個人であっても，貯蓄性向の高い個人（最適貯蓄 S^* が高い個人）がより多くの所得税負担をすることが示されている。すなわち，資本所得に課税をする体系は，課税の**水平的公平性**に反するといえる。

▶ 中 立 性

包括的課税を含め，資本所得税がゼロでない税制は，実質的には異時点間の消費に異なる税を課しているのと等しい。これは，9.1節で議論したように，消費-貯蓄選択において**死重損失**を与える。他方，労働所得税は，9.2節で見たように，労働-余暇選択に死重損失をもたらす。等価性はここにおいても妥当することに注意されたい（消費税は，労働所得税と同様，労働-余暇選択に死重損失をもたらす）。ただし，第10章で述べたように，多くの所得控除が所得税の課税ベースを狭め，更に業種間格差や累進課税により，

---

[5] Hubbard, G., and Judd, L. (1986). Liquidity Constraints, Fiscal Policy, and Consumption. *Brookings Papers on Economic Activity*, 1, 1-59. 借入制約に直面していない家計からより多くの税収を上げられる累進的労働所得税も，この文脈では効果的である。

税負担が偏っている状態においては，同額の税負担であっても，所得税よりも消費税の方が，控除・非課税となっている所得などへの課税を通じた「広く・薄い」課税が可能になり，税率の2乗に比例する死重損失（**図表 8-9** 参照）を減少させることは可能である。また，(11.1a, b) の右辺に資産譲渡益・保有益や年金などの非労働所得があった場合，同式の左辺に課税をする消費税の方が課税ベースは広く[6]，対応する死重損失はより少ない。

▶課税ベースと中立性：企業レベルも含んだ議論[7]

課税ベースを所得とするか消費とするか，あるいは資本所得の税負担がどの程度か，を考察するには，実は法人税の課税ベースも考察せねばならない。

企業は，原材料・労働・資本を用いて製品を作り，市場で利益を得る。資本設備は，借入・株式の発行などを通じて資金が調達される。典型的には，法人税の課税ベースは以下のように表される：

$$\begin{aligned}
\text{法人税の課税ベース} &= \text{売上} - \text{原材料費} - \text{給与} - \text{支払利子} \\
&\quad - \text{減価償却費} + \text{資産譲渡益} \quad (11.3a) \\
&= \text{支払配当} + \text{企業報酬} + \text{資産譲渡益}
\end{aligned}$$

売上から原材料費・労働への報酬支払と支払利子などを引いたものが企業の利潤であり，そこからさらに株主への配当を引いたものを企業報酬と呼ぶ。ただし，この値は減価償却費を差し引いたもの（すなわち，企業報酬＝粗企業報酬－減価償却費）である。また資産譲渡益は，資本設備や，資産運用目的で保有している資産の価値の変動による所得（マイナスならば損失）である。以下では，粗企業報酬と資産譲渡益を合わせて内部留保と呼ぶ。

他方，家計レベルの所得税の課税ベースは，労働所得が企業からの給与所得，資本所得が利子・配当・株式譲渡所得から成るとして，

---

[6] 他方で，所得控除が問題であればその整理縮小，業種間格差が問題であれば，給与所得控除や事業所得の課税方法の見直し，資産所得へは固定資産税などを通じて直接課税が可能である。消費税がこれらの所得に間接的に課税できることからの有用性が強調されることが多いが，この理由からの消費税へのシフトは，直接税の改革が困難である場合の次善の手段に過ぎない。

[7] 本項の取扱いは，八塩裕之（2008）「米国大統領諮問委員会による税制改革提案と給付つき税額控除」森信茂樹（編）『給付つき税額控除──日本型児童税額控除の提言』（中央経済社）第5章に基づく。

$$\text{所得税の課税ベース}=給与+受取利子+受取配当+株式譲渡益 \quad (11.3\text{b})$$

と与えられる。すなわち，合わせた課税ベースは，

$$\begin{aligned}\text{法人・個人所得税の}\\ \text{課税ベース}\end{aligned} = \begin{aligned}&給与+受取利子+[受取配当+支払配当]\\ &+[株式譲渡益+内部留保]-減価償却費\end{aligned} \quad (11.3\text{c})$$

となる。

(11.3c) においては，企業レベルを含めた，資本所得課税における諸問題を指摘することができる。

(i) 二重課税問題　家計レベルで労働所得と資本所得を課税ベースとすると，図表11-2 が示すように，家計は労働所得 Y に課税される上で，税引き後の報酬を資本所得に回した収益（rS^*）に再度資本所得税が課せられる。(11.3c) における二重課税は以下のとおりである。(11.3a) において，企業が借入によって資金調達する際は，支払利子が控除されるが，株式によって調達される際の配当は控除されない。すなわち，配当には (11.3a) における支払時と，(11.3b) における受取時で，二重課税が生じる[8]。また，(11.3a) の企業報酬や資産譲渡益は株価（企業価値）上昇に反映するので，家計レベルでは (11.3b) で株式譲渡益が発生する。すなわち，キャピタルゲインへも二重課税が生じる。

(ii) 資金調達手段への非中立性　前述した，配当や内部留保への重複課税は，企業の資金調達手段に影響を与える。すなわち，借入による資金調達が，株式発行や内部留保からの資金調達よりも有利になるため，税制は企業の資金調達に関する意思決定を歪める。

(iii) 減価償却費や未実現のキャピタルゲインの扱い　このほか，第10章において述べた，資産の減耗などの評価やインフレの調整，キャピタルゲインの実現タイミングを利用した節税行為などは，企業レベルでも同じである。

---

[8] わが国では，法人税と所得税の二重課税を調整するために設けられた「配当控除」がある。ただし，配当控除の適用を受けるには，家計レベルで，源泉・申告分離課税（比例税率）ではなく総合課税（(10.2)′の「課税所得1」）の一環として確定申告を行わなければならない。総合課税ベースでの限界税率が高い個人や，配当所得が少額の個人には，配当控除適用のメリットは少ない。

例えば，インフレ（デフレ）が生じた際の，企業の資本設備の減耗分の名目価値や，資産譲渡損益における取得費用の名目価値などの調整の難しさが，これに相当する。

企業レベルも含んだ課税ベースの調整・二重課税の解消を伴う，消費ベースの課税の提案や，所得ベース課税における各国の取組みは，次節を参照。

▶ 垂直的・水平的公平性

いままでの議論を踏まえ，一般的な所得税（資本課税・累進課税を許容したもの）と消費税は，図表11-3のように比較することができよう。

では，年金・医療といった社会保障の問題に，現在の論点を当てはめてみよう。既に第10章で述べたように，負担面における現在の社会保険のシステムは，業種間格差（自営業者，専業主婦やパートタイマーの負担に関する問題），負担の逆進性や未納（国民年金第1号被保険者）といった問題を抱えていると述べた。また，サラリーマン（国民年金第2号被保険者）は原則雇用に基づいた負担（図表10-8）を基軸としていたが，雇用の流動化，負担増に耐えられない企業の増加という問題も強まりつつあり，少子高齢化の担い手としては限界に直面しつつある。現在ある議論の一つは，基礎年金（図表10-8の「1階部分」）を消費税でファイナンスすることである。第1

■図表11-3　所得税と消費税（比較）

所得税（資本課税・累進課税を許容）	消費税
●資本所得課税（τ'）が可能 　（分離課税を含め） ●累進度・控除 　（税率や課税ベースをYのレベルなどに応じて変化させる）を通じて，納税者の個別事情を反映した税体系の構築が可能（注1）	●貯蓄に対する二重課税がなく，貯蓄に対する中立性が得られる ●同額の生涯所得の個人の税負担が等しい 　（水平的公平性） ●業種間格差・世帯間格差の問題がより少ない ●より「広く・薄い」課税ベース 　（納税者層が多いので負担が偏らず，景気・雇用情勢に左右されず，安定的な税収が得られる（注2））

（注1）　累進度のフラット化，課税最低限の引き下げは，消費課税への移行と等価。
（注2）　これに対し，景気に感応的な所得税は，自動安定化機能（第2章，第6章）を期待することができる。

号被保険者にとっては,逆進性の緩和と未納問題の解決という効果がある[9][10]。医療も,消費税を財源とした国庫負担の増加が今後重要になる。ここでは,雇用(労働所得)を基軸とした社会保険料のシステムと消費税は等価ではないことに注意。

▶その他の論点

このほかにも,遺産が存在するときでも,所得税と消費税の等価性は成立しない。第3章で議論したように,遺産およびその受け取りがあると,異時点間の予算制約式は「生涯消費(の割引現在価値)=生涯所得(の割引現在価値)」ではなくなる[11]。また,徴税コストや納税協力コストの内容も異なる。具体的には,中小企業や少額所得の,租税や社会保険料の扱いに現れる[12]。

本節におけるポイントは,単純な直間比率ではない,税制全体における特性の把握が重要ということである。例えば,所得税の中でも,資本所得税や累進度の設定次第で全く異なる経済配分を伴い,また実態が消費課税に近い所得税体系を考察することは可能である。資源配分や所得分配にどのような影響をもたらすかを留意しつつ,実質的な課税ベースと税率の体系を考察することが,税制設計の本質である。

---

9 高山憲之(2004)『信頼と安心の年金改革』(東洋経済新報社),橘木俊詔(2005)『消費税15%による年金改革』(東洋経済新報社)などを参照。なお,所得税の有用性を述べる論者もいる。八田達夫・小口登良(1999)『年金改革論——積立方式へ移行せよ』(日本経済新聞社)を参照。ただし,保険料として支払っている年金は,拠出(加入)期間と受取に対応関係があるため,税負担へ移行する過程においては,既存の拠出額および加入期間との整合性をつける必要がある。

10 年金の2階部分に対しては,私的な積立方式(第4章)に移行すべきという意見がある。賦課方式の内部では,所得税との一体改正があるべき姿であろう。

11 遺産に関わる相続税・贈与税は,通常所得税・消費税とは別の税体系にあるが,ここでの議論との関連では,資本所得税を補完する役割がある。

12 消費税においては,税務の簡素化の観点から,小規模企業は免税や簡易課税制度と呼ばれる特別措置が行われる。また,社会保険料については,パートタイマーなど少額の給与に対しては年金の2階部分が適用されず,企業の側でも,源泉徴収制度などの納税代行に伴う納税協力コストは,中小企業の方が高いといえる。

11.3 税制改革の諸類型[13]

本節では、包括的所得税の原則に代わるべき租税原則・ルールとして提唱・考察されてきたものを議論する。議論の対象となるのは、(i) 消費を課税ベースとする累進課税としての「支出税」、(ii) 企業レベルの課税ベースを支出でとらえる「キャッシュ・フロー法人税」と支出税を組み合わせた「フラット・タックス」および「エックス・タックス」、そして、(iii) 労働所得には累進税率を、資本所得は分離して比例税率を課す「二元的所得税」の3つである。

▶ 支出税

資本所得も課税ベースに含み累進性を確保できる所得税と、貯蓄行動への中立性を確保できる消費税には一長一短があるようにみえる（図表11-3）。これに対して、所得から貯蓄を控除したものを課税ベースとし、そこに累進課税を適用する、というアイディアが古くから提唱されていた。これは、ミル（J. S. Mill）、フィッシャー（I. Fisher）、カルドア（N. Kaldor）といった、英米の著名な経済学者によって提唱された支出税（Expenditure Tax）である。

支出税においては、課税ベースは、第1期に $Y-S=C_1$、第2期に $(1+r)S=C_2$ であり、生涯割引現在価値では、$(Y-S)+\dfrac{(1+r)S}{1+r}=Y$ となる。すなわち、消費税・労働所得税におけるものと等しい（図表11-2）。生涯ベースで考えるならば、所得よりも支出の方が担税力や経済厚生からして正し

---

[13] 本節の取扱いは、田近栄治（2002）「資本所得課税の展開と日本の選択」（フィナンシャル・レビュー、第65号、21-37）、鈴木将覚（2008）「ノルウェーの株主所得税について——二元的所得税の弱点克服に向けた取組み」（みずほ政策インサイト）、川勝健志（2009）「日本の金融所得一体課税論と二元的所得税——スウェーデンとの比較から」諸富 徹（編）『グローバル時代の税制改革——公平性と財源確保の相克』（ミネルヴァ書房、第10章）、森信茂樹（2010）「二元的所得税再考——公平と効率の両立に向けて」土居丈朗（編）『日本の税をどう見直すか』（日本経済新聞出版社、第3章）などを参照。なお、包括所得税の原則に代わる租税体系の模索の中では、経済理論の文脈から望ましい課税形態を考察した最適課税理論（Theory of Optimal Taxation）の意義が挙げられることが多い。詳しくは本書サポートページの補足「最適課税理論から見た資本所得課税」の項を参照。

い課税ベースである。更に，支出税は貯蓄行動への中立性や水平的公平性，および累進性を保つことで垂直的公平性も満たす税である。また，すべての貯蓄は消費として実現された際に課税されるので，第10章で述べた，減価償却費や未実現のキャピタルゲインなどを算出する必要がない。

しかし，支出税は税制改革を考察する際の理念型となることはあっても，現在ではこの税を実際に採用している国はない。問題点としては第1に，支出の把握には所得と貯蓄の把握が必要であり，とりわけ，すべての資本所得の元本の100%控除は実は難しいことである[14]。例えば，貯蓄（資産購入）とも消費とも考えられる，土地や耐久消費財などの購入は，課税における取扱いが難しい。第2に，納税コストの観点からは，源泉徴収課税が行えないことも重要である。課税ベースは所得からすべての貯蓄を差し引いたものであるから，所得に対する源泉徴収課税では貯蓄が斟酌されず，すべての貯蓄の把握および申告業務の簡素化に関しては，納税者番号制度および金融機関などによる記録・管理など，税制のインフラが整っていなければならない。第3に，法人や高所得者を含め，資本所得からの税収がかなり多い現行システムから，資本課税を全くなくすことは，歳入（おそらくは歳出も）の体系を根本的に変えることを意味するので，国民から理解を得るのは難しい。

▶ キャッシュ・フロー法人税

支出税の体系を完結させるには，法人税の課税ベースも見直さなければならない。ミード報告において考察・提案されたのが，以下に述べる「キャッシュ・フロー法人税」である。これは，企業レベルの課税ベースを，利潤ではなく，企業の総支出でとらえるものである。現行の法人税は，株式による資金調達や未実現のキャピタルゲインの課税上の取扱いが不完全であり，企業の投資に対する意思決定に中立的ではない。これに対しキャッシュ・フロー法人税は，投資の決定に対して中立的である。

---

[14] 貯蓄時に非課税（所得控除）をするような支出税の方式は，適格勘定（Qualified Account）方式と呼ばれる。これに対しアンドリュース（W. Andrews）は，貯蓄（資産購入・資金積立など）時には所得控除をせず，運用・取り崩しを非課税とする前納勘定（Tax Prepayment Account）方式を提案した。前納勘定方式はここで議論するいくつかの問題をクリアするが，他方で独自の問題点を含んでいる。本書サポートページの補足「前納勘定方式と消費課税」の項を参照。

具体的には,課税ベースとしての法人のキャッシュ・フロー(純資金流入額＝総資金流入額－総資金流出額)を,

$$総資金流入額＝売上＋資産譲渡収入 \quad (11.4a)$$
$$総資金流出額＝原材料費＋給与^{15}＋資産購入額 \quad (11.4b)$$

とする(実物取引ベースのキャッシュ・フロー法人税と呼ばれる)。通常の法人税のように,支払利子を資金流出(控除)として含める場合は,借入金の純増を資金流入に含め,金融取引全体を課税ベースに含める(実物・金融取引ベースのキャッシュ・フロー法人税と呼ばれる)。以下では実物取引ベースのキャッシュ・フロー法人税に絞って考察を進める。

企業の投資財の購入(減価償却費を含んだ粗投資費用)は(11.4b)の資金流出の一部である故,キャッシュ・フロー法人税では,資金調達手段に関わらず全額控除され,その収益が(11.4a)において製品の売り上げなどで実現された際に課税される。従って,減価償却費や未実現のキャピタルゲインなどを算出する必要がない。投資財購入の全額控除は,「100%の即時償却」とも呼ばれる。これは,8.5節における$\beta=1$のケースに相当するため,企業の利潤最大化の意思決定(ここでは,投資の意思決定)に関する**中立性**が満たされる。また,支払利子控除がなく,借入が新株発行や内部留保からの投資と同等に扱われるので,資金調達手段に対する中立性も満たされる。

問題点としては,第1に,キャッシュ・フローや設備投資は利潤よりも年々の変化が大きいため,税負担の変動が現行の法人税より大きく,また課税ベースが小さくなり,税率が高まることである。第2に,現行の税からの移行期においては,資本設備(すなわち,既に行われた投資)と新規投資の税制における取扱いの公平性の問題が生じる。第3に,キャッシュ・フローは期間においてマイナスにも成り得るので,初期費用に対して巨額な負の税(給付金)が必要になった場合の,税務上の取扱いの問題がある。

---

15 給与は家計レベルでの課税ベースになるので,企業レベルと家計レベルを総合した課税ベースは,(11.2)と同等になる。

▶ フラット・タックス,エックス・タックス

フラット・タックス (Flat Tax) は,ホール (R. E. Hall) とラブシュカ (A. Rabushka) が1980年代に考案した税制[16]で,家計レベルにおける支出税と法人レベルにおけるキャッシュ・フロー法人税を組合せたものである。その名が示すとおり,個人所得税における限界税率は単一であるが,この税制の全貌は所得税制のフラット化にとどまらない。

フラット・タックスにおいては,すべての課税対象に対して,企業・家計を通して課税は1回限りとし,(11.3c) での,配当や内部留保の二重課税などの問題を解消させる。企業レベルでの課税ベースは付加価値税に類似し,売上から仕入額,給与,設備投資などを控除するが,支払利子控除は廃止される。家計レベルでは,給与,年金給付など現実の受取額に限定する。サラリーマンの便益の一部である,社宅などの福利厚生は企業レベルで課税する一方,企業レベルでは年金拠出金を控除する。また,家計レベルでは,利子・配当・株式譲渡益には課税されない(他方で住宅ローン控除なども廃止される)ことで,二重課税が排除される。また,企業・家計レベルでは,同じ単一税率が適用される。所得税は大幅に簡素化し,すべての所得稼得者に付与される基礎控除を現状より拡充する以外,すべての所得控除を廃止する。基礎控除が十分に大きければ,中小所得者の平均所得税率が下がり,累進性はそこで保つ[17]。所得の種類や職種によって差の多い所得控除が撤廃されることは,課税の水平的公平性を上げる。また,所得控除などが簡素化することに伴って,申告に必要な情報も縮小できるので,所得税の確定申告書が葉書大まで縮小できるとも述べられている。

フラット・タックスの変形としては,ブラッドフォード (D. Bradford) によるエックス・タックス (X Tax) が考えられる。これは,法人に対しては,フラット・タックスと同様のキャッシュ・フロー法人税を用いるのに加え,個人(労働所得税)に対しては,キャッシュ・フロー法人税と同じ税率を最高税率とする,累進税率で課税する,というものである。第10章で議

---

[16] Hall, R. E., and Rabushka, A. (2007). *The Flat Tax,* 2nd ed., Hoover Institution Press.
[17] 課税ベースは,第10章で述べた現行の所得税より大幅に拡大するので,低い税率で必要な税収が確保される可能性が生じるが,このことの妥当性や,公平性を含めた包括的な考察は,10.4節を参照。

■図表11-4　消費課税の諸類型

租税体系・類型	家計レベル		法人税課税ベース
	労働所得税	資本所得税率（注2）	
消費税 （付加価値税）	比例 (11.1b)	0	支出 (11.2)
支出税	累進	0	支出
フラット・タックスおよび エックス・タックス	累進 （注1）	0	支出 (11.4a, b)

括弧つきの番号は，関連する本章での数式番号を表す。

（注1）　フラット・タックスにおいては，基礎控除＋単一税率。
（注2）　貯蓄収益への税率（理論モデルのr'に相当）を指す。

論した税額控除を活用すれば，累進度は更に強化できる。

　ここまでで触れた，消費課税を基軸とする税体系は，課税ベースの観点から，図表11-4のようにまとめられる。

　(11.2)において，(国民)所得＝労働所得（給与など）＋資本所得（利子・配当など）[18] とすると，

$$消費＝労働所得＋資本所得－総投資 \qquad (11.2)'$$

と考えられる（より詳しくは，章末の復習問題(2)を参照）。支出税やフラット・タックスは，(11.2)′の左辺（**消費**）に対する累進的課税を目指し，実際の法人税と所得税への適用過程において，右辺の**労働所得には累進課税**（基礎控除・税額控除を含む），**資本所得には比例課税**（企業レベルで支払利子などを控除しなかったことに注意）を適用するものであることが分かる。

▶ 二元的所得税(1)：概念

　現実の所得税が包括的所得税の原則から乖離した一方で，消費を課税ベースとした支出税やキャッシュ・フロー法人税は，税制改革を考察する際の理

---

[18]　企業の利潤（企業報酬）の取扱いについては脚注3を参照。

■図表 11-5　二元的所得税（原則）

(i)	労働所得は，給与のみならず，雇用に伴って生じる社宅などの福利厚生，年金などの社会保障給付なども含める。労働所得へは，所得再分配機能の重要性から，累進税率で課税する。より近年では，第10章で議論した，税額控除による扶助を導入している。
(ii)	資本所得は，金融資産・実物資産から生じる所得であり，利子，配当，株式譲渡益のほか，投資収益，不動産譲渡益なども含まれる。地主の家賃所得や事業所得は，投資収益に対応する部分を資本所得とする。資本所得は，合算して，低率の比例税率で課税する。
(iii)	資本所得の範囲内で損益を通算（相殺）させる。資本所得の損失は労働所得とは通算できない。また，資産を取得するための経費は原則として控除される（借入利子控除など）。他方，高所得者の租税回避行動などを生む資本所得への優遇措置は可能な限り整理する。
(iv)	資本所得課税は，企業段階か，利子・配当を扱う金融機関の段階における源泉徴収を行う。

（出所）　脚注 13 の文献などを参考に筆者作成

念型となることはあっても，実務上の問題から，やはり完全な形で現実の税制に適用されたことは，アメリカや西欧ではない[19]。他方で，貯蓄利子や株式の配当・譲渡益など，源泉徴収課税が可能な金融取引の範囲が広がり，税収の確保や累進性の補完の観点から，資本所得は非課税とするよりも，課税扱いとした方が現実的と考えられるようになった。

1990 年代に北欧諸国で導入された「二元的所得税」（Dual Income Tax）とは，個人所得を労働所得と資本所得の 2 つに分け，労働所得には累進税率を課す一方で，資本所得は分離して比例税率を課す，という内容の税制である。近年ではオランダやドイツでも類似した課税方式がとられているほか，アメリカでは類似した税制改革案がしばしば提案・調査の対象となっている。詳細な内容は，国によって異なるが，クノッセン（S. Cnossen）やソレンセン（P. Sorensen）らによって挙げられた原則としては，図表 11-5 のように

---

[19] ロシアや東欧で導入されているフラット・タックスは，法人税や消費税と併存していたり，所得税の控除体系が残ったままであったり，さまざまである。何より，消費課税ではなく，単一の個人所得税率が資本所得にも適用されている。ロシアでは，脱税の厳罰化を同時に推進したこともあり，脱税が減り，所得の申告が増えたといわれる。

まとめることができる。

資本課税に対しては，原則（ii）で累進課税を放棄した一方，比例税率は，高位の所得ブラケット（高い限界税率）に対して借入が控除されることから生じる租税回避行動などを抑制させる効果があり，また，一律課税は原則（iv）による簡素な課税とも整合的になる。より具体的な問題としては，何％の税率が望ましいか，という話になるが，北欧諸国では，税負担軽減目的で，資本所得をほかの所得へ変換すること（あるいはその逆）や家族内の所得分割などを用いて租税回避をする誘因（インカム・シフティング）を防ぐために，

$$\text{労働所得への最低限界税率} = \text{資本所得税率} = \text{法人税率} \qquad (11.5a)$$

と設定している。

▶ 二元的所得税（2）：適用

二元的所得税は，その理念としては，前項（11.2）′で議論したように，**労働所得には累進課税，資本所得には比例課税**する消費課税を志向している（労働に重課しているので，11.1節の消費課税にも近い）が，実態としては所得課税であるゆえ，(11.3a〜c) で議論した，配当やキャピタルゲインへの二重課税，また未実現のキャピタルゲインへの課税問題に対処せねばならない。また，通常の所得税と同様，自営業主への課税の問題もある。

まず，配当所得に対して，企業からの支払時と，家計における受取時で，二重課税される問題から述べよう[20]。欧州諸国では，配当所得の負担調整は，**インピュテーション**（法人税株主帰属）**方式**で行ってきた。この方式においては，支払配当に対する法人税額の全部または一部を受取配当所得に加算し，ほかの所得と合算して算出された所得税額から加算した法人税額の全部また

---

[20] 配当と支払利子については，資本所得課税を法人ないし個人段階の片方でのみ行うという提言がある。1992年にアメリカ財務省が提言した包括的企業所得税（Comprehensive Business Income Tax；CBIT）では，企業段階では支払配当とともに支払利子も課税ベースから控除せず，個人段階で利子と配当を非課税にする。一方，1991年にイギリスで提案された法人自己資本控除（Allowance for Corporate Equity；ACE）では，企業段階で支払利子控除だけでなく株式発行の機会費用相当分も課税ベースから控除する。ACEはクロアチア，ブラジル，イタリア，オーストリア，ベルギーなどで導入されている。

は一部を控除する。しかしこの方式は複雑すぎ，かつ，この制度のない外国居住の株主に対しては，投資の中立性を欠くとして，EU裁判所より違憲判決が下されたことに起因し，インピュテーション方式は廃れてきた。

(11.5a) と同様，労働所得の限界税率が資本所得にかかる実効税率よりも高いと，自営業者や高所得者は，申告所得を金融所得や法人所得にシフトさせるインカム・シフティングへの誘因が生じ，逆もまた真である。従って，配当所得への二重課税を調整しないまま，資本所得への税率と高額所得者の労働所得への課税をバランスさせるためには，

$$法人税率＋実効配当所得税率＝最高労働所得税率 \quad (11.5b)$$

である必要がある。例えばドイツでは，法人税率が30％，配当所得税率が25％であり，(11.5b) 左辺＝0.3＋(1−0.3)×0.25＝0.475で，同式右辺 (45％) とほぼ等しくなっている。

次に，キャピタルゲイン課税についてである。ノルウェーでは，個人の株式譲渡益には課税済みの内部留保部分が含まれているとの考えから，個別株主に帰属する評価額相当分は，家計レベルでは課税されないことで，内部留保と株式譲渡益への二重課税を回避している[21]。スウェーデンでは，非上場株式の株式譲渡損（キャピタルロス）は，その70％しか控除の対象とならない。これは，第10章で述べた「**資産凍結効果**」を一定程度相殺するためである。また，キャピタルゲイン課税に関しては，保有資産の含み益への間接的課税となる，資産課税のあり方も実は重要である。スウェーデンでは二元的所得税の導入に伴い不動産税が導入され，帰属地代や未実現キャピタルゲインへの間接的課税や垂直的公平性への配慮を行った。オランダでは，金融資産の保有額の収益率を4％であるとみなして，それに30％（すなわち純資産の1.2％の課税）を行っている[22]。

事業所得の取扱いは，通常の所得税同様難しい。事業所得は本来，資本所

---

[21] RISK方式と呼ばれる。2006年からは，やはり株式より帰属収益を控除する株主所得税 (Shareholder Income Tax) が導入された。

[22] なお，これらの国での資産課税は，課税の垂直的公平性を補完する上で重要であるという意見がある一方，スウェーデンでは相続税が廃止されたほか，スウェーデン・オランダ両国とも，資産課税からの税収は相対的に少額でしかないという指摘もある。

得と労働所得の結合というべきで，課税所得の計算においては，それぞれに区分けしなければならないが，この区分けは容易ではない。明確に資本所得への低税率が適用されている場合，問題を更に深めるのが，税負担軽減目的のインカム・シフティングへの誘因である。二元的所得税では，事業資産の税法上の収益率を資本所得と充て，残りを労働所得とする「所得分割制度」を設定しているが，個人用と事業用の双方に資産が使われている場合の事業資産の定義の問題，事業資産価値とその収益率の評価の問題などが生じる。また，ノルウェーでは，所得分割制度を，自営業者に加えてオーナー経営が行われている非上場法人に適用していたが，後者への適用はうまくいかなかった[23]ため，家計レベルでインカム・シフティングの誘因を防ぐ別の方式に変更された。

11.4 税制改革のステップ

図表11-6は，本章でこれまで述べてきた租税体系・類型として，包括的所得税，消費税，支出税，フラット・タックスおよびエックス・タックス，そして二元的所得税の5つをまとめて比較したものである。これらの体系・類型は，大まかに，労働所得課税の累進度，家計レベルの資本所得税率，法人税の課税ベースから特徴づけることができる。

多くの先進国と同様，わが国の税制は，労働所得が課税ベースである消費税や社会保険料の比重の上昇，資本所得への比例・分離課税など，消費課税と所得課税の中間形態の税制をとってきた。本節では，いままでの議論を踏まえて，わが国の税制改革のステップとして，資本所得税の整理・法人税の改正・納税者番号制度の3つを議論する。

---

[23] 株式の3分の2を保有しているか，配当の3分の2を受け取っている経営者が，「能動的オーナー」として所得分割制度の対象とされたが，縁故者間の株式保有率を変更することで，所得分割制度の対象となることを回避することができた。実際に，所得分割制度に従う法人の割合は年々減少したため，2006年以降は，前述した株主所得税（Shareholder Income Tax）による，株主（家計）レベルでインカム・シフティングの誘因を防ぐ方式に変更された。

■図表 11-6　租税体系・類型のまとめ

租税体系・類型	家計レベル 労働所得税	家計レベル 資本所得税率 (注2)	法人税課税ベース	メリット	問題点
包括的所得税	累進（総合課税）		所得(注3)	●総合課税の課税ベースに応じた累進性	●資本所得の記録管理，および総合課税は困難 ●配当やキャピタルゲインへの二重課税（11.3c） ●未実現キャピタルゲインへの非課税
消費税	比例(11.1b)	0	支出(11.2)	●図表 11-3 右参照	●累進度・控除を通じた，納税者の個別事情を反映できない
支出税	累進	0	支出	●担税力や経済厚生からして正しい課税ベースである ●貯蓄行動への中立性や水平的公平性，および垂直的公平性を満たす ●減価償却費や未実現のキャピタルゲインなどを算出する必要がない	●すべての資本所得の元本の100％控除は困難 ●源泉徴収課税が行えず，すべての貯蓄の把握および申告業務の簡素化には，税制のインフラが整っていなければならない
フラット・タックスおよびエックス・タックス	累進(注1)	0	支出(11.4a, b)	上記の支出税のすべてのメリットに加えて， ●法人・家計レベルの二重課税を排除 ●所得税制の簡素化	法人レベルでの問題点は， ●税負担の変動が所得ベースの法人税より大きく，また課税ベースが小さくなり，税率が高まる ●現行の税からの移行期における，既存資本設備と新規投資の税制における取り扱いの公平性の問題
二元的所得税	累進(11.5a, b)	法人税率(11.5a)	所得(注4)	●最低限の資本所得税収の確保 ●租税回避行動の抑制 ●簡素な課税とも整合的	●資本所得には課税するゆえ，上記の包括的所得税のすべての問題点に配慮する必要 ●整合的な資産課税のデザイン ●事業所得の資本所得と労働所得への区分け

(注1)　図表 11-4 を参照。
(注2)　図表 11-4 を参照。
(注3)　利潤（11.3a）を指す。ただし，配当所得への二重課税には配慮するのが原則となっている。
(注4)　(11.3a)に準ずる。ただし，キャピタルゲインへの二重課税やインカム・シフティングに配慮。

▶ 資本所得税の整理

資本所得に対するわが国の課税はばらばらな取扱いであった。例えば，配当は原則として**包括所得**の一部（給与所得などと合算：(10.2)′の「課税所得1」）に属していたが，株式の譲渡益に対しては，「**有価証券取引税**」（1953～1999年）として長い間，売買額への課税が行われていた。すなわち，同じ金融商品でも，保有段階と売却時で税制上の取扱いが異なっていた。また，金融商品によっては優遇措置がとられている場合があった。例えば，預貯金については，過去には少額貯蓄非課税制度（マル優）などが広く適用でき，預金利息は広範囲にわたって**非課税**であった[24]。これは，税の存在が資産の選択・保有・売却の意思決定に関する中立性を損なっていることを意味したといえよう。現在は，すべての資本所得に対して，比例税率（20％）の分離課税を，確定申告ないし源泉徴収で行う方向に一本化されつつある。

前節の二元的所得税が，わが国の政府税制調査会や実務家レベルでの関心を集めたのは，家計レベルの資本所得税のあり方が，前節で挙げた原則 (i)（累進的労働所得税との分離），(ii)（低率の比例税率で課税），(iv)（証券会社の「特定口座」による，源泉徴収課税が可能な範囲の拡大）を満たすという意味で，現行のわが国の所得税制に近いからである。二元的所得税の原則 (iii)（損益通算）については，考察点は多様である。資産投資のリスクテイクを促進させるためにも，金融所得から生じる損失は別の所得の利益で相殺できるようにすべきという考えもあれば，キャピタルゲインに対して実現ベースでしか課税できないままで損益通算をあまり広く認めてしまうと，裁定の機会が生じて投資行動に歪みをもたらしたり，資本所得税収を大きく減少させたりする恐れがある，という考えもある。諸外国でも，借入利子控除を含め，負の金融所得の取扱いや損益通算についてのスタンスはさまざまである。

---

[24] 詳しくは石 弘光（2008）『現代税制改革史——終戦からバブル崩壊まで』（東洋経済新報社）などを参照。

▶法人税の改正

本章でたびたび強調してきたように，税制のあり方は法人税を含めて考察せねばならない。ここでネックになるのはわが国の法人税の高さである。現在，法人税は標準税率で国・地方合わせて35%を超え，金融所得一体課税が目指す資本所得税率の20%よりかなり高く，(11.5a)が満たされていない。北欧ではこれらの値は25～30%程度である。わが国の国・地方の法人税依存度合を考えるに，法人税の下げ幅には限界があり，資本所得税率を上げるのも合意が難しい。他方，高所得者の労働・資本所得に対する(11.5b)に対しては，資本所得への実効税率＝0.36（法人税率）＋(1−0.36)×0.2＝0.49（49%），労働所得への最高限界税率が50%（国税40%，地方税10%）と，ほぼ等しくなっている。控除や損金算入などのあり方を見直しながら，課税ベースを広げつつ税率を下げるのが，法人税の改正の基本となる[25]。

また，完全な消費課税の実現が容易でない限りは，資産の含み益への間接的課税である固定資産税や，生前に実現しなかったキャピタルゲインの清算手段でもある相続税のあり方も重要になる。更に，労働課税に関しても，社宅などの福利厚生や，年金などの社会保険の拠出ないし給付時の課税問題，そして税額控除のあり方の問題など，多くの論点がある。

これらのステップで照準とすべき資本所得税・法人税・資産課税の体系が明らかになれば，関連する不動産所得税や不動産譲渡益税などへのあるべき税率・税体系も明らかになる。基幹となる所得税と消費税の比率・体系は，10.4節や11.1～3節で議論した，比例労働所得税と消費税の等価性，累進課税のあり方や貯蓄・投資課税のあり方などを鑑みながら，決まってくることとなる。もちろん，総合的な累進度と国民負担率は，異なる税による効率性・公平性への影響の程度，歳出への需要と所得再分配への国民の選好度などに依存する。

---

[25] 法人税の課税ベースを所得（利潤）から支出（付加価値）に移行させることは，所得ベースの法人税率を引き下げて消費税率を引き上げるのと等しい。しかし，地方レベルでは，地方交付税交付金を含めた，国と地方，および地方間の財源の調整が必要になる。佐藤主光（2011）『地方税改革の経済学』（日本経済新聞出版社）を参照。

▶ 納税者番号制度

　所得の総合的把握のためには，各種の所得を納税者ベースで告知・管理することが必要になる。諸外国においては，各納税者に番号を付与し，各種の取引による所得および所得移動をこの番号によって把握する制度，すなわち**納税者番号制度**（あるいは社会保障・税の共通番号制度）を用いている。納税者番号制度においては，(i) 資本所得を（損益通算・損失繰越しを含め）総合的に把握できる，(ii) より正確な所得情報に基づいた，所得税の徴収や年金・医療制度の改正・一元化など，より適正な課税や給付事務の効率化に有用である，(iii) 給付つき税額控除や所得制限を伴う福祉給付など，税と社会保障を一体化させた政策の実効性を拡大できる　など，多くの有益性が指摘できる。

　納税者番号制度には，アメリカ・カナダ（社会保障番号方式），北欧諸国（住民登録番号方式）などの方式がある。わが国においては，1980年代に，マル優制度下の非課税貯蓄の仮名口座防止と，利子・配当所得の総合課税化のために，グリーン・カード制度（少額貯蓄等利用者カード）の導入が提案された。1980年3月には，グリーン・カード制度の導入を盛り込んだ所得税法の一部を改正する法律が可決されたが，不安に感じた国民が，預金から現物資産や海外の債券に資金をシフトさせ，また国民各層の反発が強まったことから，同法の実施は延期，その後廃止となった。その後，社会保険庁所管で1997年から基礎年金番号を実施し，総務省所管で2002年に住民基本台帳ネットワークが開始された。このほか，健康保険被保険者番号，パスポート番号，運転免許証番号など，政府が目的別に管理する個人番号は多く存在するが，情報の生成と管理業務が縦割り・重複しているともいえる。

　納税者番号制度の導入における問題は，(i) 増税への反発がもともと強いわが国において，所得情報を「ガラス張り」にするのは課税をより容易にするのではないかという反発，(ii) 政府に個人を特定化できる情報を持たせるのは，管理社会を連想させるという不安，(iii) 情報漏えいなどによる，セキュリティおよびプライバシー流出への懸念，などである。政府は住民基本台帳ネットワークの設定と機を一にして個人情報保護法を施行し，プライバシーを厳格に守る方針を立てている。2012年に提出された**共通番号制度**

（マイナンバー）関連法案においては，納税者番号の提供を受ける側の安全管理や本人確認義務が記されている。

復習問題

(1) 消費税はなぜ「逆進的」といわれるか。本文で述べた2つの理由につき，その是非を述べよ。

(2) (11.3a)〜(11.3c) および (11.4a, b) を参考に，(11.2)´で概略されている，フラット・タックスとエックス・タックスの課税ベースは以下のようであることを求めよ：

(11.3c)´ フラット・タックスおよびエックス・タックスの課税ベース＝給与＋支払利子＋支払配当＋粗企業報酬＋資産譲渡収入－資産購入額

ここでの資産購入額は粗投資費用を含み，また，(11.3c) の株式譲渡益，資産譲渡損益および減価償却費は，課税ベースに含まれない。

(3) フラット・タックスおよび二元的所得税について，以下の問いに答えよ。

A. フラット・タックスの特徴を（個人所得税における限界税率が単一であること以外）述べよ。この税のメリットと問題点は何か。

B. 二元的所得税の特徴を述べよ。また，現行のわが国の所得税制に近いところと，そうでないところを挙げよ。

発展問題

(1) 現行の所得税・法人税の体系をそのままにしたまま，消費税率を上げたのみでは，租税体系が本章で述べた消費課税の体系に移行したことにはならない。なぜか。

（解答は，本書サポートページを参照。）

文献案内

　本書では各章に詳細な参考文献を記載するスタイルをとっている。個別のトピックに関連した書籍や論文などは，各章での引用を参照されたい。ここでは，体系的な学習のためにも重要な，いくつかの代表的な書籍を再掲・紹介する。以下で紹介するテキスト等は，本書の読後に読んでも，あるいは並行して読んでも有用である。

1. 財政学全般
　本書は，わが国が直面している重要な問題を説明するために，ほかの財政学のテキストよりもトピックを厳選して，丁寧に説明している。本書でカバーしていないトピックも含め，財政学をよりよく身につけたい読者には，易しさの順に，以下の本をお薦めしたい。

釣　雅雄・宮崎智視（2009）『グラフィック 財政学』新世社
畑農鋭矢・林　正義・吉田　浩（2008）『財政学をつかむ』有斐閣
小塩隆士（2003）『コア・テキスト 財政学』新世社
井堀利宏（2013）『財政学（第4版）』新世社

　釣・宮崎（2009）および畑農・林・吉田（2008）は，財政と社会保障に関する幅広いトピックをカバーしている。小塩（2003）および井堀（2013）は，標準的なミクロ経済学およびマクロ経済学に基づいて，理論と現実の説明を交えながら，経済における財政の役割を説明している。

2. ミクロ経済学
　経済モデルを用いた分析の基礎になるのは，ミクロ経済学である。本書で引用したテキストは以下の2冊であり，更に学ぶためにも適している。

G. マンキュー（著）足立英之ほか（訳）（2005）『マンキュー経済学〈1〉――ミクロ編』東洋経済新報社
八田達夫（2008, 2009）『ミクロ経済学Ⅰ, Ⅱ』東洋経済新報社

　マンキュー（2005）は世界的に用いられる標準的な教科書である。マクロ経済学の入門書と一体となっている『マンキュー入門経済学』（2008）で学ぶのもよいであろう。八田（2008, 2009）は，わが国が直面しているさまざまな経済政策問題を，効率性と公平性の観点から議論している。

3．マクロ経済学

本書第2章から第6章までは，マクロ経済学に関連して書かれている。やはり，更に学ぶためにも適しているのは，以下の3冊である。

G. マンキュー（著）足立英之ほか（訳）(2011, 2012)『マンキューマクロ経済学Ⅰ，Ⅱ（第3版）』東洋経済新報社
A. エーベル，B. バーナンキ（著）伊多波良雄ほか（訳）(2006, 2007)『マクロ経済学 上，下』シーエーピー出版
宮尾龍蔵(2005)『コア・テキスト マクロ経済学』 新世社

マンキュー(2011, 2012)とエーベル・バーナンキ(2006, 2007)は世界的に用いられる標準的な教科書である。宮尾(2005)はわが国の現実と関連させて学ぶのに適している。

4．公共経済学

本書第7章から第11章までは，租税に関するトピックを扱っているが，経済モデルとしては，公共経済学におけるものを用いている。公共経済学は，財政学と同様に公共部門の経済学的役割を探求する分野であり，主要な追及テーマは資源配分機能と所得再分配機能である。

常木 淳(2002)『公共経済学（第2版）』新世社
J. スティグリッツ（著）薮下史郎（訳）(2003, 2004)『スティグリッツ 公共経済学 上，下（第2版）』東洋経済新報社
林 正義・小川 光・別所俊一郎(2010)『公共経済学』有斐閣

常木(2002)は，シンプルな理論モデルに基づいて書かれており，スティグリッツ(2003, 2004)は，理論と制度に関する幅広いトピックをカバーしている。林・小川・別所(2010)は，より直近の理論トピックも扱った，優れたテキストである。

5．統 計・制 度

日本経済とその中における財政の理解には，以下が非常に有用である。

『図説日本の財政（各年度版）』東洋経済新報社
『図説日本の税制（各年度版）』東洋経済新報社
内閣府『経済財政白書（各年度版）』

制度の仕組みおよび，関連経済統計の現状や推移といった情報については，関係省庁のホームページも有用である。財政制度全般については財務省，政府の政策審議などについては内閣府，公共投資や社会資本については国土交通省，地方財政については総務省，社会保障については厚生労働省などが代表的である。

6. 学会機関誌

　学会機関誌は最先端の学術論文の掲載を主とするが，いくつかの学会の年次大会では，有識者によるパネル討論（シンポジウム）にて，今日的にも重要な経済問題が議論され，その内容が学会機関誌に収録・掲載されている。例えば，日本経済学会と日本財政学会における機関誌：

日本経済学会『現代経済学の潮流（各年度版）』東洋経済新報社
日本財政学会『財政研究（各年度版）』有斐閣

において，本書に関連するパネル討論としては，「マクロ経済学は『失われた10年』から何を学んだか」（『現代経済学の潮流2007』所収），「少子高齢化社会の財政システム」（『財政研究』第5巻所収），「社会保障と財政——今後の方向性」（『財政研究』第8巻所収）などがある。

7. 英語の書物

Slemrod, J., and Bakija, J. (2008). *Taxing Ourselves : A Citizen's Guide to the Debate over Taxes,* 4th ed., The MIT Press.
Rosen, H., and Gayer, T. （2010）. *Public Finance,* 9th Revised Ed., McGraw-Hill Higher Education.

　スレムロッド・バキジャ（J. Slemrod and J. Bakija（2008））は，一般向けに書かれた所得税に関する書物である。本書でも言及した公平性，簡素，租税回避，税制改革案などが，アメリカの実情に合わせて書かれている。ローゼン・ゲイヤー（H. Rosen and T. Gayer（2010））は，定評のある財政学の標準的なテキストである。

8. ブログ

　岩本康志東京大学教授ブログにおいては，財政学・経済学の時事的な話題を，学術的な観点を踏まえてとりあげ，議論している。本書で学習している（ないし本書を読了した）読者には，有用な記事が多いであろう。

「岩本康志のブログ」　http://blogs.yahoo.co.jp/iwamotoseminar/

人名索引

あ行

赤井伸郎　113
アトキンソン（A. B. Atkinson）　189
阿部　彩　223, 251
アンドリュース（W. Andrews）　265

石　弘光　19, 274
石原秀彦　99
伊藤隆敏　86, 93
井堀利宏　86, 91, 99, 198, 258
岩田規久男　20
岩本康志　20, 44, 83, 110, 117, 145, 191

エーベル（A. Abel）　31, 51, 89, 146

大竹文雄　111, 256
小黒一正　76, 86, 90
小塩隆士　51, 76
オドリスコル（G. O'Driscoll）　99

か行

加藤久和　86
加藤　涼　142
亀田啓悟　99

カルドア（N. Kaldor）　264
川勝健志　264
川崎一泰　112

クノッセン（S. Cnossen）　269
グルーバー（J. Gruber）　222

ケインズ（J. M. Keynes）　7, 27

権　赫旭　138

さ行

サイモンズ（H. Simons）　159
佐藤主光　275

シャウプ（C. Shoup）　160
ジュヴァッツィ（F. Giavazzi）　99
ジョージ（H. George）　192, 217
白川方明　139

鈴木将覚　247, 264
鈴木　亘　76
スティグリッツ（J. E. Stiglitz）　189
スミス（A. Smith）　3, 163
スレムロッド（J. Slemrod）　i

セイエズ（E. Saez）222

ソレンセン（P. Sorensen）269

た 行

高山憲之　263
竹田陽介　148
竹中平蔵　90
田近栄治　264
橘木俊詔　263

常木　淳　189, 203, 206
釣　雅雄（M. Tsuri）145

ディートン（A. S. Deaton）189
テイラー（J. Taylor）146

土居丈朗　37, 91, 93, 111, 121, 264
ドーマー（E. Domar）89

な 行

中里　透　21, 198

西田安範　9
西村清彦　138

は 行

八田達夫　21, 76, 112, 164, 203, 206, 263

ハバード（G. Hubbard）259
林　文夫　64, 135, 138
林　正義　193, 223
バロー（R. Barro）59, 69, 70, 198

肥後雅博　103, 121, 123

フィッシャー（I. Fisher）264
フェルドシュタイン（M. Feldstein）222
ブキャナン（J. Buchanan）70, 99
福田慎一　139
ブラッドフォード（D. Bradford）267
フリードマン（M. Friedman）224
ブロダ（C. Broda）93

ヘイグ（R. Haig）159

ボーエン（G. Bowen）70
ポーリー（M. Pauly）197
ホリオカ（C. Y. Horioka）63, 64
ホール（R. E. Hall）247, 267
ボール（L. Ball）90
ボーン（H. Bohn）91, 93

ま 行

マスグレイブ（R. Musgrave）3, 163
増田悦佐　112
マーリーズ（J. Mirrlees）174
マンキュー（G. Mankiw）3, 24, 49, 145

宮尾龍蔵　139, 140

ミル（J. S. Mill） 264
モジリアーニ（F. Modigliani） 47, 71
森信茂樹　248, 260
諸富　徹　264

や 行

八塩裕之　256, 260

吉川　洋　90
吉田和男　145
吉田　浩　84
吉野直行　111

ら 行

ラーナー（A. Lerner）　70, 71

ラムゼイ（F. P. Ramsey）　188

リカード（D. Ricardo）　59, 63, 99
リンダール（E. Lindahl）　168

ルーカス（R. Lucas）　60

ローマー（D. Romer）　48, 49, 130

わ 行

ワグナー（A. Wagner）　163
ワルラス（L. Walras）　166, 180

事項索引

あ 行

安定的な税収　174, 259

遺産動機　61, 82
異時点間の予算制約式　53, 197, 203, 263
一括税　37, 67, 96, 167, 216
一般会計　8, 102, 151
一般政府　1, 93, 102
インカム・シフティング　222, 270
インセンティブ　6, 170, 221
インピュテーション方式　270

エックス・タックス　161, 264

応益原則　168
応能原則　168

か 行

外部性　4
開放経済　29
　小国――　38, 61, 192
確定給付方式　96
確定拠出　85
確定申告　172, 236, 261

隠れ借金（埋蔵借金）　117
家計　1, 30, 51, 76, 104, 139, 154, 202, 228, 253
過剰反応　65, 142, 199
可処分所得　32, 52, 79, 129, 204, 255
課税最低限　228
課税のタイミング　258
課税平準化　69, 198, 204
課税ベース　159, 177, 211, 236, 253
株式譲渡益　176, 238, 257
貨幣市場　38, 130
借入制約　65, 139, 258
簡易保険　17, 103
間接税　158, 255
簡素　163, 249, 270

企業　1, 30, 60, 97, 101, 127, 160, 176, 225, 236, 256
基準財政収入額　114
基準財政需要額　114
帰属所得　161, 202
帰属地代　216, 248, 271
基礎年金　13, 241, 262
逆進税　170
逆進的　170, 249, 255
逆選択　138

事項索引

キャッシュ・フロー法人税　264
給与所得　26, 52, 158, 202, 228, 253
供給曲線　166, 183
強制貯蓄　97
共通番号制度関連法案　276
均衡財政原則　17
勤労所得税額控除　224, 250

クラウディング・アウト　27, 71, 82
　直接的――　45, 133
クロヨン　169, 238

経済安定化機能　3, 35
経済モデル　1, 29, 52, 76, 105, 163, 177, 253
ケインズ派　7, 27, 75, 127
結婚税・結婚ボーナス　169
限界効用　5, 165, 179, 205
限界消費性向　32, 51, 150
限界生産性逓減　106, 164
限界税率　170, 220, 235, 267
限界費用　5, 163, 178, 225
健康保険料　153
減税を伴う公債発行　57
建設国債（建設公債）　9, 102
源泉　160, 203, 227
源泉徴収　158, 215, 227, 265

恒久減税　21, 64
公共財　4, 101, 168
公共事業　1, 29, 102, 128
公債依存度　9

控除　68, 153, 193, 218, 227, 256
恒常所得　65, 98, 134, 256
恒常所得仮説　51, 99, 142, 169, 255
厚生年金の積立金　103
厚生年金保険料　153
構造改革　7, 29, 122, 135
構造的財政赤字　143
公的企業　2, 101
行動変化　51, 145, 167, 217
公平性　6, 63, 76, 168, 218, 228, 266
効用関数　54, 77, 163, 177, 205
効率−公平のトレードオフ　6, 171, 189
効率性　5, 44, 124, 128, 157, 185, 275
国債費　9, 115
国税　10, 114, 151, 228, 275
国民経済計算　1, 93
国民負担率　145, 155, 275
国庫支出金　114
固定資産税　151, 200, 275
古典派　6, 29, 127
今期消費の限界効用　206

さ 行

財源調整機能　114
財源保証機能　114
財政赤字（公債金収入）　5, 27, 51, 76, 101, 143, 156, 198
財政構造改革の推進について（財政構造改革法）　21, 134
財政投融資　10, 102
最適消費計画（最適消費）　56, 129, 207,

286

258

最適貯蓄　56, 77, 208, 259

最適余暇　212

財投機関債　104

財投債　104

裁量政策　7, 122, 143

サプライサイド経済学　221

時間的非整合性　138

資源配分　4, 51, 76, 105, 135, 159, 185, 217, 263

資源配分機能　3, 163

資産課税　157, 271

資産凍結効果　247, 271

資産の純増　159

死重損失　96, 184, 246, 253

自主運用　103

支出税　161, 256

市場均衡　3, 30, 163, 176

市場の失敗　4, 29, 149

執行　10, 121, 145, 172, 231

実質金利　130, 146

実質的な負担　26, 159, 183

実証分析　23, 45, 63, 110, 140, 198, 251

私的な扶養負担　95

使途　10, 114, 192, 210

自動安定化機能　145, 259

自動安定化装置　7, 35, 143

資本　17, 27, 81, 102, 128, 163, 176, 202, 239, 257

資本所得　160, 202, 229, 253

資本の限界生産性　81, 105, 128

シャウプ勧告　160, 227

社会資本　9, 85, 101, 128

社会保険料　12, 52, 85, 151, 190, 202, 233, 253

社会保障　2, 35, 76, 115, 151, 199, 218, 239, 262

従価税　177

従量税　177

受益　13, 84, 167

需要曲線　166, 181

循環的財政赤字　143

純便益　81, 148, 191

純輸出　29, 59

乗数

　均衡予算——　34, 148

　減税——　34, 59, 98, 145

　政府支出——　31, 75, 99, 150

乗数効果　27, 59, 133

消費　2, 27, 51, 76, 129, 171, 176, 202, 244, 253

消費課税　154, 194, 256

消費税　9, 37, 65, 85, 113, 151, 176, 202, 245, 253

情報の非対称性　4, 138

所得　5, 27, 51, 76, 123, 127, 153, 202, 227, 253

所得控除　228, 259

　給与——　232, 260

　社会保険料控除　233

　配偶者控除　233

　配偶者特別控除　233

所得再分配機能　3, 168

事項索引

所得税　5, 35, 65, 113, 143, 151, 202, 227, 253
　　資本——　202, 247, 257
　　労働——　124, 174, 202, 253
所得税と消費税の等価性　255
所得分配　85, 123, 159
シーリング　18
人口成長率　80
人的資本　124

垂直的公平性　168, 217, 262
水平的公平性　168, 259

税額控除　218, 227, 268
　　給付つき——　249
　　勤労所得——　224, 250
　　消費税——　170, 249
生活保護　5, 86, 170, 202, 250
生産関数　28, 105, 128, 163
生産要素　3, 28, 105, 128, 163, 176, 214
正循環的　122
税のくさび　181
セイの法則　6, 29
政府　1, 27, 51, 77, 101, 134, 151, 176, 223, 242, 258
政府の失敗　5
政府保証債　104
税務行政費用　172
税率　5, 35, 68, 94, 116, 152, 176, 203, 227, 258
世代会計　84
世代間扶養　76, 172

世代重複モデル　76
ゼロ金利の罠　147
潜在 GDP　132
全要素生産性（TFP）　128

総供給　27, 127
総供給曲線（AS 曲線）　131
　　短期——　132
　　長期——　132
総合経済対策　19, 112
総需要　7, 27, 60, 90, 127, 199
総需要曲線　129
相続税　9, 37, 96, 152, 275
租税の帰着　183

た 行

第 1 号被保険者　241, 262
第 2 号被保険者　241, 262
第 3 号被保険者　241
短期均衡　31, 127
弾力性
　　課税所得の限界税率に対する——　222
　　供給の価格——　186, 217
　　需要の価格——　23, 186
　　労働供給の賃金——　221

小さな政府　18
地方交付税交付金　5, 114
地方債　102
地方財政計画　113
地方財政対策　116

地方債の元利償還措置　117
地方消費税　14, 151
地方税　113, 151, 176, 238, 275
地方政府（地方自治体）　1, 101, 158
地方単独事業　20, 119
中央政府　1, 101, 151
中立性　79, 163, 188, 259
長期均衡　46, 89, 122, 127, 189
直接税　158, 255
貯蓄　34, 51, 76, 104, 159, 192, 202, 254

積立方式　78, 263

ディレイ・コスト　198
デフィシット・ギャンブル　90
デフレ　7, 90, 127, 198, 262
転嫁　159, 182

動学的に非効率　81
投資　2, 27, 59, 79, 102, 129, 157, 193, 248, 256
道徳的危険　138, 197
特別会計　2, 102
　　――予算　8
　　交付税譲与税配付金――　10
　　国債整理基金――　11
　　社会資本整備事業――　11
特別減税（一時減税）　20, 64
特例国債（赤字国債，特例公債）　9, 134
土地　159, 192, 202, 247, 265
土地課税　192, 216

ドーマー条件　87

な 行

二元的所得税　173, 264
二重課税　160, 261
二重の負担　83
認知　20, 145

年金　2, 52, 76, 103, 151, 190, 202, 229, 253
年末調整　236

納税協力費用　172
納税者番号制度　67, 227, 265

は 行

配当所得　160, 231, 270
反循環的　35, 122

非課税　66, 97, 170, 190, 205, 228, 257
非ケインズ効果　98
費用　11, 45, 96, 109, 129, 163, 178, 212, 234, 262
費用便益分析　143, 168
比例課税　174, 231, 256
比例税　80, 170, 246, 255
比例税率　231, 254
貧困の罠　223

フィッシャー方程式　146

事項索引

付加価値税　154, 256
賦課方式　13, 78, 172, 236, 263
福祉国家　5, 156
不交付団体　114
物価　6, 31, 127, 177, 247
物品税　154, 176
不動産譲渡益税　275
不動産所得税　275
負の所得税　224
プライマリー収支　16, 86
フラット・タックス　161, 247, 264
フラット化　36, 173, 227, 267
フリーライダー　4
振替効果　149
分離課税　160, 231, 257

平均税率　170
閉鎖経済　29, 129, 192, 254

包括所得　228, 274
包括的所得税　160, 227, 253
法人擬制説　162
法人実在説　162
法人税　8, 37, 66, 113, 143, 151, 176, 222, 253
法定率分　116
補助事業　119

ま 行

マクロ経済学　3, 27, 77, 127
マクロ経済スライド制　97

マーリーズ報告　174

ミード報告　161, 265
見えざる手　3, 110, 163
ミクロ経済学　3, 189
未実現のキャピタルゲイン　247, 261
民営化　18, 105

無差別曲線　55, 218, 246

名目金利　146

や 行

有価証券取引税　274
有償状態監査　138
郵便貯金　17, 103
輸入性向　36

余暇　149, 161, 210, 244, 254
予算　1, 34, 53, 77, 102, 134, 151, 206, 243
　暫定——　8
　当初——　8, 102
　補正——　8, 120
予備的貯蓄　99, 134

ら 行

ライフサイクルモデル　51, 197, 202
ラムゼイルール　188

リカードの等価定理（リカード＝バローの等価定理）　47, 51, 76, 127
　遺産を伴う――　63, 95
　積立年金での――　79
利潤　3, 30, 109, 129, 162, 178, 265
利子率　31, 53, 78, 129, 192, 206, 248
流動性選好理論　41, 149

累進課税　35, 124, 144, 153, 202, 227, 259
累進性　174, 217, 236, 264
累進税　170, 231, 264
ルーカス批判　60, 142

労働　6, 27, 52, 83, 111, 128, 163, 176, 202, 243, 254

労働所得　160, 191, 202, 229, 253

わ 行

割引現在価値　53, 85, 197, 203, 263

数字・欧字

45度線分析　31, 147
GDPギャップ　132
*IS–LM*分析　127
*IS–MP*分析　127
*IS*曲線　38, 129
*MP*曲線（金融政策（反応）曲線）　42, 129
Social Security Wealth　81

著者略歴

西村　幸浩（にしむら　ゆきひろ）

1972 年　広島県生まれ
1995 年　一橋大学経済学部卒業
2002 年　クイーンズ大学（カナダ）経済学部 Ph. D. 取得
2002 年　横浜国立大学経済学部助教授（2007 年 4 月より准教授）
現　在　大阪大学大学院経済学研究科准教授

主要著書・論文

「地方分権化と経済発展の関係について」（日本地方財政学会編『地方財政の理論的進展と地方消費税』，2-6 頁，勁草書房，2011 年）

「環境政策と戦略的投票」（寺井公子との共著，田中愛治監修・小西秀樹編著『政治経済学の新潮流』，95-117 頁，勁草書房，2012 年）

"A Voluntary Participation Game through a Unit-by-Unit Cost Share Mechanism of a Non-Excludable Public Good", (with Ryusuke Shinohara) *Social Choice and Welfare*, Vol.40 (3), March 2013, 793-814.

"Redistributive Taxation and Social Insurance under Adverse Selection in the Insurance Market", *International Tax and Public Finance*, Vol.16 (2), April 2009, 176-197.

"Optimal Non-linear Income Taxation for Reduction of Envy", *Journal of Public Economics*, Vol.87 (2), February 2003, 363-386.

経済学叢書 Introductory
財政学入門

2013 年 7 月 25 日 Ⓒ　　　　　初 版 発 行

著 者　西 村 幸 浩　　発行者　木 下 敏 孝
　　　　　　　　　　　　印刷者　加 藤 純 男
　　　　　　　　　　　　製本者　米 良 孝 司

【発行】　　　　　　　　　株式会社　新世社
〒151-0051　東京都渋谷区千駄ヶ谷 1 丁目 3 番 25 号
編集☎(03)5474-8818(代)　　　サイエンスビル

【発売】　　　　　　　　　株式会社　サイエンス社
〒151-0051　東京都渋谷区千駄ヶ谷 1 丁目 3 番 25 号
営業☎(03)5474-8500(代)　　　振替 00170-7-2387
FAX☎(03)5474-8900

印刷　加藤文明社　　　　製本　ブックアート
《検印省略》

サイエンス社・新世社のホームページのご案内　　本書の内容を無断で複写複製することは，著作者および出
http://www.saiensu.co.jp　　　　　　　　　　版者の権利を侵害することがありますので，その場合には
ご意見・ご要望は　　　　　　　　　　　　　あらかじめ小社あて許諾をお求めください。
shin@saiensu.co.jp まで。

ISBN 978-4-88384-195-0
PRINTED IN JAPAN

経済学叢書 Introductory

地方財政論入門

佐藤主光 著
A5判／368頁／本体2800円（税抜き）

近年，日本では中央集権から地方分権に向けて改革が行われており，その中で地方財政のあり方も大きく変わりつつある．本書は，その現状・課題を経済学と財政論の視点から理解し，さらに解釈・評価することを試みるテキストである．初学者のために，難解な数式を極力避け，初級レベルのミクロ経済学の理論のみで理解できるよう配慮した．行政関係者にもおすすめの一冊である．

【主要目次】
地方財政入門／地方財政の機能／地方財政の理論／地方分権の経済的・政治的帰結／地方税と地方の財政責任／政府間財政移転の理論／わが国の政府間関係の実際と課題／地方分権改革に向けて

発行　新世社　　　発売　サイエンス社